A Historical Study of the Cross-border Mobile Population Management in the Yunnan-Vietnamese Border Region

滇越边民跨境流动社会管理的历史与现实

安学斌　卢鹏　等/著

社会科学文献出版社
SOCIAL SCIENCES ACADEMIC PRESS (CHINA)

本书为2013年云南省省院省校合作研究项目
“滇越边民跨境流动社会管理对策研究”（SYSX201317）的主要研究成果
本书由云南师范大学中国史一级学科博士点建设经费资助出版

目 录

绪 论

一 问题的缘起

位于祖国西南边陲的云南，与越南、老挝、缅甸三国接壤，邻近东南亚、南亚其他国家，是我国通往南亚、东南亚的重要陆路通道，具有极为重要的战略地位和独特的区位优势。2009 年 7 月，胡锦涛同志考察云南，提出了要“切实巩固提升云南省作为全国面向南亚、东南亚开放的重要桥头堡地位”的目标。2015 年 1 月，习近平同志考察云南，深刻阐述了云南在全国发展大局中的战略定位，提出用全面建成小康社会、全面深化改革、全面依法治国、全面从严治党引领各项工作，着力保持经济平稳健康发展、着力推进现代农业建设、着力推进生态环境保护、着力推动民族团结进步事业、着力发挥党组织作用，主动服务和融入国家发展战略，闯出一条跨越式发展的路子来，努力成为民族团结进步示范区、生态文明建设排头兵、面向南亚东南亚辐射中心，谱写好“中国梦”的云南篇章。党和国家的重要战略部署以及党和国家主要领导人的重要讲话高瞻远瞩、思想深邃、内涵丰富，着眼新时代新要求和全国发展大局，为云南建设发展确立了新的坐标、明确了新的定位、赋予了新的使命、描绘了新的蓝图，是中国特色社会主义新时代云南推进改革开放、决胜全面建成小康社会、开启全面建设社会主义现代化新征程的根本遵循和行动指南，具有重大的现实意义和深远的历史意义。

启动和推进新时代云南全面建设社会主义现代化新征程，必须清醒认知和准确把握云南作为典型的边境、边疆、民族、贫困省份的省情与实际。云南与越南、老挝、缅甸接壤，边境线长达4060公里，其中，中越边境线为1353公里。在滇越边境线附近，我国境内居住着汉族、哈尼族、彝族、苗族、瑶族、壮族、傣族、拉祜族、布依族、布朗族（莽人）、回族等11个跨境民族。由于中越民族识别的差异性，与中国这11个民族具有同源共祖关系的越南民族主要是华族、艾族、哈尼族、西拉族、贡族、倮倮族、普拉族、赫蒙族、瑶族、巴天族、山由族、岱族、侬族、布标族、拉基族、山斋族、泰族、泐族、拉祜族、布依族、热依族、莽族、占族等23个跨境民族。这些跨境民族具有共同的祖源和血缘，所居住的村寨大多山水相连、田畴交错，相互之间没有不可逾越的天险阻隔，因此，虽然分处两国，但其语言、文化、宗教信仰、节日习俗、生产生活方式等基本上大同小异。长期以来，生活在滇越边境线附近的跨境民族以便利的地缘为条件，以共同的族缘、亲缘为纽带进行着频繁的跨境交往活动。

跨境民族的跨境流动属于国家之间的民间交往行为，其活动不仅会对边境地区产生重要影响，同时也会对国家之间的政治、经贸、文化、外交等产生重要影响。实现中华民族伟大复兴，推进云南全面建成小康社会，必须高度重视跨境民族的跨境交往活动。越南是我国面向南亚东南亚开放的重要邻国，对于滇越跨境民族跨境流动的研究便显得尤为重要。在全球化深度推进、地缘政治错综复杂、我国对外开放全面深化的背景下，滇越跨境民族的跨境流动愈显频繁与广泛，成因和表现形式更趋复杂多样，由此产生的积极因素与消极效应此消彼长，给中越交往、交流和我国国家安全、对外开放、边境边疆地区经济社会发展带来了难得的机遇和严峻的挑战。虽然我国各级党委政府及相关单位部门对此较为重视，并采取了相应措施，但由于滇越边民跨境流动情况较为复杂，依然存在认知不足、办法不多、针对性不强、效果不佳等实际问题，致使国家安全、边境安定、边疆稳固、对外开放、民族团结、经济建设、社会发展等重要方面存在着风云变幻的局势、难以预测的危机和难以根除的隐患。鉴于此，通过深入细致的调查和科学创新的研究，客观总结滇越边民跨境流动的现实状况及存在的问题，准确把握滇越边民跨境流动社会管理的规律与趋向，研究提出关于滇越边民跨境流动社会管理的科学思路、对策与路径选择，具有理论上的重要性、对策上的必要性和现实上的紧迫性。

二 研究的价值与意义

“理论思维的起点决定着理论创新的结果。理论创新只能从问题开始。从某种意义上说，理论创新的过程就是发现问题、筛选问题、研究问题、解决问题的过程。”① 在世界政治格局多极化、地缘政治复杂化、经济全球化、文化多元化、交往国际化、交流信息化这一深刻变革背景下，国家交往、民间交流、跨境流动、经济互动、文明交汇、思想交融将日益频繁，伴随而生的正、反两方面的作用和效应也将更加凸显，并成为国家和社会审慎对待与亟须解决的重要

① 习近平：《在哲学社会科学工作座谈会上的讲话》（2016 年 5 月 17 日），www. chinanews. com。

问题。边民跨境流动社会管理就是这样具有典型意义的重要问题，准确认知、高度重视、认真对待、科学解决，则利国利民；反之，则将给国家、民族、社会、民众带来难以预估的危害与伤害。鉴于此，本研究的价值和意义主要体现在以下几个方面。

1. 有利于提升对边境复杂问题中边民跨境流动重要性、特殊性、复杂性的认识，有针对性地化解滇越边境地区潜在的隐患与风险，确保祖国西南边疆的稳定与国家的安全

民族、宗教、边境、资源，仍是影响当今世界和平与发展主题的重要因素，经常成为引发国家间矛盾、冲突乃至战争的导火线。正常的边民跨境流动、非法越境、难民涌入等，都关系着边境安宁、边疆稳定和国家安全。在美国“重返亚太”，实施“亚太再平衡”战略，造成东北亚局势紧张、南海危局和中国周边环境恶化的情况下，妥善处理好与周边国家的关系，抓住国家建设和云南发展难得的战略机遇，具有极为重要的意义。通过本课题研究，揭示滇越边民跨境流动的历史、现实、趋势及问题与困境，有利于提高各级党委政府与相关部门对滇越边境问题重要性、特殊性、复杂性的认知；通过研究，总结历史与现实经验，有利于得出相应对策，有针对性地为边境边疆地区因跨境流动引发的风险和隐患提供预警，提前化解危害边境安宁、经济建设、社会发展的因素，确保边境安宁、边疆稳定和国家安全。

2. 有利于促进滇越合作交流的良性运行，有助于发挥云南面向南亚东南亚辐射中心的作用，进而更好地推进“一带一路”建设

云南与越南、老挝、缅甸三国接壤，毗邻南亚、东南亚各国，历来是我国西南对外交流交往的重要门户，是“一带一路”建设的支点，拥有面向“三亚”（东南亚、南亚、西亚）和肩挑“两洋”（太

平洋、印度洋）的独特地缘优势，是我国通往东南亚、南亚、西亚、欧洲、非洲的重要出口，在我国对外交往和对外开放方面发挥着十分重要的作用。云南的优势在区位，出路在开放。由于特殊的历史原因，云南一度闭塞，但国家实施改革开放政策，又使云南从对外开放的末梢变为对外开放的前沿。国家确定南亚东南亚开放战略和做出将云南建设成面向西南开放的“桥头堡”及“辐射中心”的重大决策，使云南对外开放和合作交往的任务更加突出、战略地位更加凸显。外交无小事，跨境流动是国与国之间较为敏感的重要问题。对边民跨境流动实行科学有效的社会治理，处理好滇越、滇缅、滇老等边境地区各方面关系，有利于顺利推进云南与南亚东南亚各国的合作交流，实现云南对外开放的纵深发展，不断提升沿边合作开放的质量与水平，更好地发挥云南作为面向南亚东南亚辐射中心的作用，更好地推进“一带一路”建设的全面实施，更好地促进国家全面对外开放格局的形成。

3. 有利于促进云南边境边疆民族地区的稳定与发展，确保云南决胜全面建成小康社会，更好地开启全面建设社会主义现代化的新征程

党的十六大、十七大、十八大始终将全面建成小康社会作为党和国家的重大战略任务，党的十九大做出了决胜全面建成小康社会、开启全面建设社会主义现代化国家新征程的重大战略决断。“全面实现小康，少数民族一个都不能少，一个都不能掉队。”云南能否实现决胜全面建成小康社会的艰巨目标，很大程度上取决于云南漫长的边境线地区、广阔的边疆民族地区、广大的少数民族群众，是否拥有和平安宁的建设发展环境，能否真正实现跨越式发展。正确处理云南跨境民族与境外民族的交往和交流，妥善解决边民跨境流动中

存在的矛盾与隐患，有利于促进边境安宁、边疆稳定、民族团结、经济建设、社会发展、对外开放、国家安全，从而更好地推进2020年全面建成小康社会、2035年基本实现社会主义现代化、21世纪中叶建成富强民主文明和谐美丽的社会主义现代化强国宏伟目标的实施与实现。

4. 有利于繁荣哲学社会科学，实现理论创新，更好地为国家决策咨询和经济社会发展服务

“哲学社会科学是人们认识世界、改造世界的重要工具，是推动历史发展和社会进步的重要力量，其发展水平反映了一个民族的思维能力、精神品格、文明素质，体现了一个国家的综合国力和国际竞争力。”[①] 繁荣哲学社会科学，更好地发挥哲学社会科学的重大作用，既是决胜全面建成小康社会、实现中华民族伟大复兴“中国梦”的迫切需要，也是哲学社会科学工作者重要的责任与使命。通过开展项目研究，一是结合云南省内外高校相关研究学者，集中攻坚，形成了哲学社会科学学术团队、培养了哲学社会科学中青年学术人才；二是充分利用了历史学、民族学、社会学、管理学等学科的知识与理论，实现了学科的交叉融合，衍生出新的学科知识与内涵，有利于学科的生长与繁荣；三是运用“推拉理论”“层级理论”“移民网络学说”等国际人口流动理论和社会管理理论展开研究，实现了边民跨境流动社会管理理论的创新；四是研究并提出了滇越边民跨境流动社会管理的具体对策和建议，既在强化滇越边民跨境流动社会管理方面具有较强的针对性，也可为解决其他边民跨境流动社会管理提供可资借鉴的范例，起到了服务国家决策咨询和服务经济

① 习近平：《在哲学社会科学工作座谈会上的讲话》（2016年5月17日），www.chinanews.com。

社会发展的作用。

三 国内外研究现状

国际人口流动是社会学、人口学、民族学、国际政治学、经济学、地理学、边境管理学等学科研究的重要内容。国外学界对国际人口流动的关注与研究起步较国内为早，研究成果较为丰富，在理论、理念、思路和方法上都处于前沿地位。21 世纪以来，随着国际移民群体规模的不断扩大，相关学科对移民问题的关注亦逐步升温，探讨移民动因机制的五大理论就逐一浮现在世人面前，如推拉理论①、新古典主义经济理论②、新经济移民理论③、劳动力市场分割理论④、世界体系理论⑤等。它们在不断接受移民实践的检验与挑战的同时，积极吸纳经济学、地理学、人口学、社会学、人类学、生态学等多种学科的理论成果，丰富和完善着自身的架构，并发展出了颇具时代意味的移民网络说⑥、累积因果关系说⑦、移民系统说⑧等三种移民学说。关于移民理论研究的五大理论与三种学说的探讨，有助于理解自愿移民产生的原因及其自我延续的机制，对现有的事

① Hugo, G. *The Demographic Underpinnings of Current and Future International Migration in Asia*, Asia and Pacific Migration Journal, 1998.

② Taylor, E. J. *The New Economics of Labor Migration and The Role of Remittances in the Migration Process*, International Migration, 1999.

③ Stark, O. and J. E. Taylor. *Relative Deprivation and International Migration. Demography*, 1989.

④ 李明欢：《20 世纪西方国际移民理论》，《厦门大学学报》2000 年第 4 期。

⑤ Wallerstein, I. *The Modern World-System, Capitalist Agriculture and the Origins of the European World-Economy in the Sixteenth Century*, New York: Academic Press, 1974.

⑥ Massey, D. S., eds. *Worlds in Motion, Understanding International Migration at the End of the Millennium*, Oxford: Clarendon Press, 1998.

⑦ Kritz, M., L. L. Lim and H. Zlotnik. *International Migration Systems, A Global Approach*, Oxford: Clarendon Press, 1992.

⑧ 傅义强：《当代西方国际移民理论述略》，《世界民族》2007 年第 3 期。

实做些解释。五大理论无一例外地只关心国际性自愿移民迁移的根本原因，而未顾及其他限定性因素；虽然三种学说探讨了诸如社会资本、场域、惯习等方面的因素对自愿移民迁移的影响，但仍是局限于对自愿移民动因的探讨。这些理论学说的提出，虽在一定程度上可有益于对非自愿移民现象的理解，不过对与跨区域非自愿移民相关的社会融合以及社会转型的方式，移民与发展之间存在的“未定关系”，家庭、亲属纽带的社会结构，移民网络以及其他介乎宏观和微观之间的中间联系，移民发生的政府与政治背景等还没有给予足够的关注与阐释，不能不说是一种缺憾。应把移民研究的重心从移民的原因转移到其无论是学术上还是政策上都极有意义的其他方面，诸如：对边境地区跨境流动边民的社会管理制度和实施成效及面临困难和问题的探讨，以及嵌入政策因素、政治背景之要素后的考量，等等。

国内学界对国际人口流动的研究则起步较晚，但近年来取得了较好成绩。在专著方面，出现了李明欢的《国际移民政策研究》（厦门大学出版社，2011）、潘兴明的《移民问题国际比较研究》（上海人民出版社，2011）、田源的《移民与国家安全：威胁的衍生及其条件研究》（世界知识出版社，2010）、周敏的《国际移民与社会发展》（中山大学出版社，2012）、曾少聪的《漂泊与根植：当代东南亚华人族群关系研究》（中国社会科学出版社，2004）和《东洋航路移民》（江西高校出版社，1998）、吴前进的《国际关系中的华侨华人和华族》（新华出版社，2003）、潮龙起的《美国华人史（1848－1949）》（山东画报出版社，2010）等。在论文方面，关于国际人口流动研究的成果更是数量众多。这些成果从多个角度展开了研究，丰富了国际人口流动相关理论与实证研究，但大多侧重于从移民政策、影响移民迁移的因素、华侨华人、国际劳工移民等方面进行研究，而较少关注边境地区边民跨境流动时在社会管理方面遭遇的现实困难问题，以至于关涉这一议题的研究至今尚未得到很好的处理。

在云南省与越南直接接壤的1353公里边境线附近，生活着众多的跨境民族。1978年中国改革开放以后，跨境民族研究逐渐进入研究者的视野。1979年在云南昆明召开的“全国民族研究工作规划会议”第一次将世界民族研究正式纳入国家规划，跨境民族研究作为世界民族研究的一部分开始受到重视。[①] 但在初期的研究中，学者大多只是对跨境民族的历史和现状进行了描述。20世纪90年代，随着我国边疆地区全面开放，我国与周边国家边境线附近的跨境民族之间交往日益频繁，与之相关的各种问题也开始出现。在这种背景下，关于跨境民族的研究也随之深入，不再局限于只对跨境民族的历史与现状进行描述，也开始对跨境民族的政治、经济、文化、对外交往以及社会问题等进行研究。在这一过程中，中越跨境民族研究也开始不断受到重视，涌现出范宏贵等一大批专家学者。就研究地区而言，中越跨境民族研究可分为广西段的桂越跨境民族研究和云南段的滇越跨境民族研究。总体上来说，桂越跨境民族研究做得较好，而滇越跨境民族研究却相对较为薄弱。可喜的是，近些年学界对滇越跨境民族的研究力量得到了一定程度的加强。例如，云南大学民族研究院近几年开始对云南及周边国家的跨境民族进行研究，其中滇越跨境民族也被纳入了研究视野，几位青年教师开始对中越跨境的壮族、瑶族、苗族进行研究；云南师范大学的何跃、谷家荣等学者对相关问题开展了深入研究，并取得了较好的成果；设立于红河

① 参见葛公尚、朱伦《新中国民族研究园地的一朵新花——世界民族研究50年回眸》，《世界民族》1999年第3期。

学院的云南省哲学社会科学研究基地“滇越合作研究基地”、云南省高校科技创新团队“中越跨境民族研究科技创新团队”也将“滇越跨境民族研究”作为重要方向和重点内容。

由于具有共同的族源、亲缘、文化、语言、宗教等，边境线两侧的民众长期以来流动频繁。在滇越跨境民族研究领域，近年来开始有学者关注滇越边境地区的边民跨境流动问题，并取得了一定成绩。著作方面，有周建新的《中越中老跨国民族及其族群关系研究》（民族出版社，2002）、范宏贵等的《同根生的民族——壮泰各族渊源与文化》（世界图书出版公司，2014）和《中越边境贸易研究》（民族出版社，2006）、罗刚的《云南边境民族地区非法移民问题及其治理研究——以河口瑶族自治县为例》（法律出版社，2012）、满丽萍的《滇越边境地区人口跨境流动问题研究》（云南美术出版社，2014）等专著，以及王越平的《滇越边境难民社会的建构与抗争（1979－2013）》、谷家荣的《边民生活政治：滇越跨境民族的记忆、心境与行动》等博士后出站报告。其中，满丽萍的专著以红河州为例，分滇越边境地区概况、新中国成立后红河州滇越边境地区出入境管理、红河州滇越边境地区人口跨境流动等三个部分对滇越边境地区人口跨境流动问题展开了研究，丰富了相关方面的研究成果。[①]但是，该书更多的是从政府的视角来研究边民跨境流动出入境管理方面的问题，而并未在田野调查的基础上来对这一问题进行深入而更加贴切实际的研究。

论文方面，同样涌现了一大批有关滇越边民跨境流动的研究成果。如梁茂春和陈文的《中越跨界通婚的类型与促成途径》（2011）、

① 参见满丽萍《滇越边境地区人口跨境流动问题研究》，云南美术出版社，2014。

赵旭峰和黄芝联的《田蓬镇与苗旺县苗族跨境流动的现状与思考》(2011)、程曦的《中越边境贩卖越南妇女问题研究》(2010)、吴振南的《中越边境跨境婚姻人口流动的经济和生态因素分析——以麻栗坡县A瑶族村为例》(2012)、王晓丹的《中越边境跨境婚姻中女性婚姻迁移的原因和影响》(2011)、卢鹏的《滇越边民跨境流动及其特征》(2013) 等。一些学者除了对滇越边境边民跨境流动的现状、动力因素进行分析外，还对其社会管理问题进行了探讨，并提出了相应的措施，相关论文有何跃的《云南边境地区主要贸易口岸的境外流动人口与边疆安全》(2008)、《云南境内的外国流动人口态势与边疆社会问题探析》(2009)、《中国西南边疆境外流动人口的区域管理研究——以云南为例》(2008)，梁茂春和陈文的《非传统安全视角下的中越跨境民族》(2016)、罗刚的《非法移民对人口安全、国家认同的影响——基于云南边境民族地区的调查》(2012)与《云南边境民族地区人口非法流动法治对策研究》(2011)、罗淳等的《跨境人口流动的艾滋传播风险及其防范——基于云南边境口岸调查问卷的实证分析》(2012)、满丽萍的《移民社会学视野下的滇越边境非法跨境婚姻移民问题》(2012)、李光灿和马光中的《云南边境地区的人口流动与毒品犯罪》(1998)、肖震宇的《云南跨境民族地区防控人口非法流动的法律对策研究》(2010) 等。这些论文关注到滇越边境边民跨境流动中的非法流动、非法婚姻、疾病传播、跨国犯罪等问题，并就如何加强社会管理提出了各自的建议。

现有研究成果有助于加深对滇越边境边民跨境流动现状的认识，所提出的管理措施也具有一定参考价值，存在问题主要有：一是既有研究多为专题性研究和论述，缺少对滇越边民跨境流动的全面性、系统性、深入性研究；二是既有研究多注重对可得数据进行定量性的简单描述统计性分析，缺少全面的对跨境流动边民进行社会管理的质性研究；三是多属站在管理者角度以自上而下的姿态提出建议，较少在对边民跨境流动原因进行分析的基础上，站在境外流动人口自身的角度，结合具体情况提出管理对策和建议，因而所提出的对策建议在实际可操作性方面往往会有一定不足。只有在深入了解滇越边民跨境流动历史、现状与发展趋势的基础上，结合实际情况提出加强和改善社会管理的具体措施，才真正有助于更好地解决问题。这正是本研究最重要的缘由，也是开展研究的理论与现实空间之所在。

我国边境线漫长，边境地区边民跨境流动影响到边境地区的社会稳定，关系到民族团结和国家安全。党的十九大报告明确指出，“加强社会治理制度建设，完善党委领导、政府负责、社会协同、公众参与、法治保障的社会治理体制，提高社会治理社会化、法制化、智能化、专业化水平。”[①] 因此，全面审视我国边境地区边民跨境流动历史与现状，深入分析边民跨境流动发展趋势，准确认识跨境流动边民社会管理中的成绩、存在的问题及其影响，加强和改善边境地区跨境流动边民的社会管理，维护边境地区的社会稳定和国家安全，既是国家和社会对学界的要求，同时也是学界应有的责任与担当。滇越边境地区是国家重要的边境区域，也是边民跨境流动较为频繁的地带，从社会管理的角度加强对该区域边民跨境流动的研究，将有助于确保祖国西南边疆民族地区的稳定、安全与发展，对将云南建设成民族团结进步示范区、生态文明建设排头兵、面向南亚东南亚辐射中心具有重大意义。

---

① 习近平：《决胜全面建成小康社会，夺取新时代中国特色社会主义伟大胜利——在中国共产党第十九次代表大会上的报告》，人民出版社，2017，第 49 页。

四 研究思路与研究路径

（一）研究思路

本项目研究以马克思主义为指导，融合历史学、社会学、人口学、经济学、民族学、人类学、民俗学、国际政治学、边境管理学等多学科知识，采用田野调查、文献考证、分析比较等方法对滇越边民跨境流动及其社会管理问题进行跨学科综合研究，从而在对滇越边民跨境流动历史、现状和发展趋势做出分析的基础上，梳理滇越边境边民跨境流动社会管理现状、判断存在的问题和社会风险，并对比分析国外边民跨境流动社会管理模式，探寻出加强和改善滇越边民跨境流动社会管理的对策与措施。具体做法是选择地处滇越边境的云南省红河哈尼族彝族自治州的河口瑶族自治县、金平苗族瑶族傣族自治县和文山壮族苗族自治州的马关县作为田野调查点，通过对这三个边境县的调查，全面呈现滇越边民跨境流动及其社会管理的历史与现状，总结社会管理过程中的经验、教训，研究和探索边境管理部门和各级政府在跨境流动边民社会管理中存在的特殊情况和主要问题，在国家政策法规框架下，结合实证研究结果，为加强和改善滇越边境地区跨境流动边民社会管理提出具有针对性的对策和建议。

（二）研究路线与路径

1. 研究的技术路线

2. 具体研究实施路径

（1）总结有关文献与前期研究成果，深化认识，并建立本项目研究的理论基础。

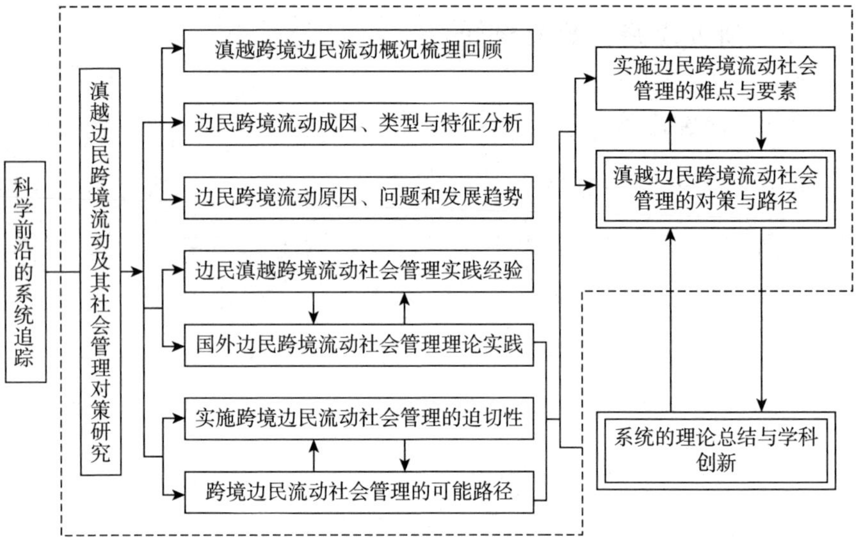

图 1　本书研究的技术路线

注：双线框表示最终成果。

（2）选取云南省红河州河口县、金平县和文山州马关县等三个边境县作为田野调查点，并对这三个田野点进行实地田野调查，通过与边境管理部门、地方政府的座谈和对边民的访谈、参与观察、问卷调查等方式获取当地边民跨境流动及其社会管理的第一手材料。

（3）运用国际人口流动相关研究理论，如推拉理论、层级流动理论等，深入分析田野调查所获取的资料，通过实证研究，探讨滇越边境地区边民跨境流动的原因、类型与现状，滇越边境地区跨境流动边民的社会管理状况，滇越边境地区跨境流动边民社会管理的成绩、问题与影响等内容。

（4）在国家现有的法律和政策框架内，结合国情和省情，深入探讨加强和改进滇越边境地区边民跨境流动社会管理的对策和措施。

（5）在田野调查研究的基础上，通过深入分析论证，形成研究报告，如期结题。

五 相关概念界定

1. 边境

“边境”一词，通常有两种不同的含义。在第一种含义中，“边境”是指两个及以上地方行政区域相接的地方。在第二种含义中，“边境”是指靠近国家边界的地方。如《国语·楚语上》云：“夫边境者，国之尾也。”[①] 此处的边境，指的则是国家与国家边界相接的地方。学者苗伟明在其《边境管理学》中指出：“边境是指国家领土的边缘区域，是紧靠国家边界线内侧的一定宽度的区域。”[②] 从民族学、政治学和地理学的角度来看，边境或边境地区往往指邻近边界、国界的区域范围。不过值得注意的是，由于“传统国家有边陲而无国界”[③]，只有到了民族国家产生的过程中，国家的边境及边境地区才逐渐形成。因此，只有当民族国家形成后，边境才正式出现，边境问题也才成其为问题。

本研究中的“边境”取第二种含义，主要指靠近中国与越南两个国家之间的边界的地方。中越两国 2009 年 11 月 18 日在北京签订的《中华人民共和国政府和越南社会主义共和国政府关于中越陆地边界管理制度的协定》第一条第八款规定：“‘边境地区’，是指毗邻边界线两侧的双方县级行政区。”本研究涉及的滇越边境地区，在中国主要是云南省红河州的金平、河口、绿春和文山州的马关、麻栗坡、富宁以及普洱市的江城等 7 个边境县；在越南主要是老街省

① 上海师范大学古籍整理组校点《国语》（下），上海古籍出版社，1978，第 549 页。

② 苗伟明：《边境管理学》，中国方正出版社，2010，第 43 ~ 44 页。

③ 〔英〕安东尼·吉登斯：《民族—国家与暴力》，胡宗泽、赵力涛译，生活·读书·新知三联书店，1998，第 4 页。

的老街、保胜、巴刹、孟康、新马街，莱州省的封土、清河、孟德，河江省的河江、同文、安明、管箔、渭川、黄树腓、苗旺、箐门，奠边省的勐念，共4个省的17个县市。

2. 边民

“边民”一词在我国古代即是一个常用词语，出自《史记·匈奴列传》：“北州已定，愿寝兵休士卒养马，除前事，复故约，以安边民。”[①] 可以看出，“边民”在汉代就有“边境地区老百姓”的意思。到了清代，一般称居住在沿边地区的居民为边民，以此与居于内地的“腹民”相对称。[②] 无论是《史记》所载之“边民”，还是清代所称之“边民”，均指居住在边境地区的老百姓，只不过前者涵括的范围相对要大。

中华人民共和国成立后，从法律的层面对边民的内涵进行了明确界定。学者苗伟明在其《边境管理学》中的界定是：“边民，一般是指居住在与外国接壤的边境地区的常住居民。根据我国与毗邻国家签订的有关边界制度条约或协议，边民，有的是指居住在边境乡（镇）范围的常住居民，有的是指居住在边境线（市）范围内的常住居民。”[③] 1995年公布的《中国与毗邻国边民婚姻登记管理试行办法》规定：“本办法所称边民系指中华人民共和国与毗邻国边界线两侧县（市、区）境内有当地常住户口的中华人民共和国公民和外国人。”中越两国2009年11月18日在北京签订的《中华人民共和国政府和越南社会主义共和国政府关于中越陆地边界管理制度的协定》第一条第九款规定：“‘边民’，是指毗邻边界线两侧乡（镇）

① 司马迁：《史记·匈奴列传》，中华书局，2007，第2896页。

② 参见周宏、保跃平《边民跨境婚姻：走向结构论和互动论相融合的研究取向》，《广西民族研究》2015年第2期。

③ 苗伟明：《边境管理学》，中国方正出版社，2010，第265页。

本国常住居民。”2012 年公布的《中国边民与毗邻国边民婚姻登记办法》规定：“本办法所称边民是指中国与毗邻国边界线两侧县级行政区域内有当地常住户口的中国公民和外国人。”

为全面准确反映滇越边民跨境流动的全貌和真实情况，本研究所用的“边民”是指生活在滇越边境线两侧县级行政区域内有当地常住户口的中国公民和越南人。虽然滇越边境地区的难民没有国籍，但由于他们长期居住在河口、金平、马关等边境县内，也是本书所研究的对象。具体而言，本研究中的边民主体为居住于我方邻近越南边境地区的汉族、哈尼族、彝族、苗族、瑶族、壮族、傣族、拉祜族、布依族、布朗族（莽人）、回族等 11 个跨境民族和越南邻近我方边境地区的华族、艾族、哈尼族、西拉族、贡族、倮倮族、普拉族、赫蒙族、瑶族、巴天族、山由族、岱族、侬族、布标族、拉基族、山斋族、泰族、泐族、拉祜族、布依族、热依族、莽族、占族等 23 个跨境民族的广大民众。

3. 跨境民族

跨境民族在世界范围内的存在是不争的客观事实，也是无法且不应该回避的事实。“二战”以来，尤其是在 20 世纪 90 年代，困扰世界许多国家和地区的民族问题有很大一部分是由跨境民族引发的，或者与跨境民族有关。因而，跨境民族问题引起了国际学界的重视，并开设了关于跨境民族的研讨班，相关的论著也不断出现。[①]

我国边疆地区居住着数量众多的跨境民族。早在民国时期，当时的边政学者和民族学者的研究对象中就已有跨境民族。中华人民共和国成立初期，出于民族识别、少数民族社会历史语言文化调查

① 参见马曼丽、张树青《跨国民族理论问题综论》，民族出版社，2005，第 22～24 页。

等需要，又对我国边疆地区的跨境民族进行过调查。20 世纪六七十年代，出于国际政治斗争的需要，我国也组织过中苏、中印间边疆跨境民族的调查。但在这些研究中，跨境民族并未成为专门的研究对象，跨境民族研究也只在一些边疆少数民族研究中稍微出现了一下，此方面的系统研究并未出现，更未出现相关理论概念。

改革开放以后，跨境民族研究逐渐进入研究者的视野。随着跨境民族研究的深入，学界开始提出跨境民族研究的相关核心理论概念。1982 年，范宏贵教授在其论文《我国壮族与越南岱族、侬族的古今关系》中首次明确提出了“跨境民族”的概念。20 世纪 80 年代中期，云南省成立了由学者、政府官员联合组成的“云南跨境民族社会经济发展对比研究课题组”，开展调查与研究。关于“跨境民族”，胡起望提出的定义具有代表性：“跨境民族就是分别在两个或两个以上的国家里长期居住，但又保留了原来共同的某些民族特色，彼此有着同一民族的认同感的民族。他们虽然长期分居于不同国家，受当地主体民族或其他民族的不同影响，在语言、服饰、物质文化与精神文化等各方面有了不同程度的变化，但是在他们传统文化的底层，以及日常生活的深处，与原来的民族传统是有着千丝万缕的关系。”① “跨境民族”概念在我国学术界得到了相当的认同和较大范围的使用，一大批与之相关的学术著作和论文不断涌现。

除了“跨境民族”一词，学界还出现了“跨界民族”和“跨国民族”等词语。最早明确提出“跨界民族”概念及相关理论的是中央民族大学的陈永龄教授，该校 1986 年开始招收“跨界民族研究”

---

① 胡起望：《跨境民族探讨》，《中南民族学院学报》1994 年第 4 期。

硕士研究生。[①] 曹兴认为，跨界民族有狭义与广义之分，其中“狭义的跨界民族是一切因政治疆界与民族分布不相吻合而跨国界而居住的民族；广义的跨界民族既包括被国家分割、消极被动跨界而居的民族，也包括积极主动移民跨界而居的民族。前者是国家分割的产物，后者是移民的产物”。[②] “跨国民族”的概念是由马曼丽首次明确提出的。她认为，跨国民族“就是对跨居两国或两国以上（不论是相邻的两侧，还是远离边境的）、基本保持原民族认同的、相同渊源的人们群体的指称。”[③] “跨界民族”和“跨国民族”概念提出来后，相关研究成果颇为丰富，研究领域也不断拓展。

此后，关于“跨境民族”“跨国民族”“跨界民族”等概念的争论一直不断，直到今天仍无定论。这些核心概念的提出，表明我国的跨境民族研究已经真正进入了起步阶段，并逐渐发展成为我国民族研究中一个相对独立的研究领域。本书的研究对象为生活在国家边境线两侧的民众，从研究方便出发，均采用“跨境民族”这一概念。

4. 跨境流动

“跨境流动”是指人口跨越边境线、国境线等分界线的往来移动，在本书中特指以边民为主体的人口跨越国境线的交往活动。长期以来，生活在国境线周边的边民以地缘为依托，以族源亲缘为纽带进行的跨境交往活动不断，并在市场经济条件下呈现出日趋追逐经济利益的特征。[④] 从边民跨境流动的类型来看，可以分为偶然性边

---

① 参见王清华、彭朝荣《“跨国界民族”概念与内涵的界定》，《云南社会科学》2008 年第 4 期。

② 曹兴：《跨界民族问题及其对地缘政治的影响》，《民族研究》1999 年第 6 期。

③ 马曼丽、张树清：《跨国民族理论问题综述》，民族出版社，2005，第 21 页。

④ 卢鹏：《滇越边民跨境流动及其特征——基于“江外三猛屯方”哈尼族的实证研究》，《红河学院学报》2013 年第 5 期。

民流动和经常性边民流动两类。偶然性边民跨境流动是指政治、灾害或战争引发的边民跨境流动。经常性边民跨境流动则发生在日常生活的任意时刻，呈现出日常化、生活化的特征。从历史的长时段来看，生活在国境线周边的边民自然联结为紧密关系的人们共同体，他们的跨境流动更多地呈现出经常性的特征。近年来，随着我国边疆地区经济社会开发力度的加大，生活在这些区域的边民的跨境流动日趋频繁，内容也越来越丰富。从交往活动的内容来看，边民跨境流动包括跨境婚姻、跨境务工、跨境文化宗教活动、跨境互市、跨境经商、跨境走亲访友、跨境互帮互助以及跨境犯罪等诸多类型。

第一章　国外跨境移民流动社会管理的模式、实践与经验

人口迁移已成为全球化时代世界范围内的一种普遍现象，全球化使移民问题由“潜问题”上升为“显问题”。世界经济一体化促进了全球贸易、信息、人力资源、生产在全球网络中的分布与流转；无论是从理论上还是在实践中都业已证明，在世界范围内资本、信息与货物流通障碍逐渐减少的同时，通过设置障碍来限制人口的迁徙与流动已愈加困难。2011 年联合国《经济发展与社会事务报告》中关于移民统计数据显示，“截止到 2010 年，世界范围内跨境移民总数已高达 2.14 亿人，约占同期世界人口总数的 3%。从 2005 年至 2010 年的这一时间段内，年均约有 310 万人从欠发达地区向较为发达的国家或地区迁徙流动。”[①]

在全球化背景下，移民在世界未来发展格局中渐趋成为一种不可阻挡的重大发展趋势，特别是对欧美等发达地区而言，局部地区的持续动荡更使进入欧洲的移民和难民人数在 2015 年突破了 150 万人（IOM），且有进一步增加的态势。但移民特别是边境地区跨境移

---

① United Nations Department of Economic and Social Affairs Population Division, *International Migration 2011*, www. unpopulation. org.

民大量涌入或在边境地区从事非法活动，亦给世界各国进行社会管理带来了诸多难以克服的问题与挑战。在欧洲特别是西欧，跨境移民的流入利弊共存。移民曾一度是广受欢迎和引进的对象，他们为欧洲复兴和区域经济飞速发展提供了急需的低廉劳动力，助推了移民输入国20世纪中期的经济腾飞；但也为移民输入国的社会整合、治理策略带来了困扰和争议。随着近些年来边境地区跨境移民流入与治理复杂化程度的加深，它逐渐由单一或局部的经济问题，演变为涉及各国政治、经济、文化、社会和外交等方面的一个综合性问题，并有愈演愈烈的态势，以致影响到这些地区社会的各个层面。在由各国政府主导跨境移民流向、流量和相关移民政策的制定与实施的情势下（如2017年美国特朗普政府甫一执政即开始收紧移民政策，在美墨边境筹划建造隔离墙，以限制非法移民流入），跨境移民流入的社会治理也越来越具复杂性。如果仅从传统的政治学、经济学、人口学、社会学、地理学、民族学等单一学科理论路径，寻求日益复杂化的跨境移民问题的有效破解，已难以成功，更难以提出有效、适宜的解决对策和治理策略。

因为边境地区跨境移民社会治理已逐渐演变为一个“受事关各国政治、经济、文化、民族、宗教、历史、地理、社会等多重因素交叠影响的复合问题”①，要在短期内凭借各个民族国家自身的力量有效解决这一问题，已极其困难；这使得多数国家未能对边境地区和已入境的跨境移民实施有效治理。尤其是欧美主要发达国家，面临全球一体化与区域自主性日益增强的双重压力，遭遇了欠发达地区大量移民入境与治理的挑战；在对边境地区跨境移民进行社会治

① 文峰：《欧盟非法移民治理研究》，暨南大学出版社，2012，第37页。

理方面，他们更加期待“政府推动、国际干预、公民社会和其他跨国团体等多主体参与的多层治理形式，成为长期有效的新措施，以取代原有的以限流入、强管制、固定区域和职业等为主的刚性治理模式”①。随着中国作为新兴经济体的强劲增长和“一带一路”建设的深入推进，跨境移民由从周边落后的发展中国家逐步向社会经济发展较快的发展中国家进行迁移和流动成为新的趋势。而面对这一“新趋势”，国内跨境移民治理和管理经验等则在不同程度上呈现出不足，尚处于摸索适合本地发展的移民管理政策阶段，面临诸多棘手问题。在作为我国面向南亚东南亚开放辐射中心的云南及其边境地区，跨境移民问题更是日益凸显和复杂化。在此情势下，对欧美控制跨境移民、进行社会治理的主要公共政策模式展开剖析，既有助于增进对欧美相关国家社会政策的了解，借鉴其在控制和管理跨境移民方面的成功经验；也可从法律法规和机构建设上完善在我国跨境移民治理方面的实践，以应对中国跨境移民社会治理的挑战，解决国内面临的非法移民和难民问题。

第一节　国外移民的理论研究

人口迁徙与人类社会的发展相生相伴，自 15 世纪以来，大规模的人口迁移浪潮不断涌现于人类的历史画册之上，移民研究应运而生。随着 19 世纪跨国移民浪潮的此起彼伏，关注人口迁移的移民史研究，已明显难以对移民现象浪潮涌动的多重动因做出足够的具有说服力的解释。进入 21 世纪以来，随着国际移民群体规模的不断扩

① 文峰：《欧盟非法移民治理研究》，暨南大学出版社，2012，第 154 页。

大，人们对移民问题的关注亦逐步升温，探讨移民动因机制的五大理论就逐一浮现在世人面前，在不断接受移民实践的检验与挑战的同时，积极吸纳经济学、地理学、人口学、社会学、人类学、生态学等多种学科的理论成果，丰富和完善着自身的架构，并发展出了颇具时代意味的五大移民理论和三种移民学说。

一　五大移民理论

（一）推拉理论

解释移民迁移动因的推拉理论出现于19世纪末。美国社会学家莱文斯坦对移民迁移动力机制的深刻洞见，在其《移民的规律》中进行了阐述："举凡峻法酷律、苛捐杂税、恶劣的气候、糟糕的社会以及强制行为的存在（如奴隶的买卖和贩运）等，都曾造成而且仍在引发人们背井离乡。不过，这些移民在规模上远比不上求富裕的本能所酿成的移民大潮。"① 可见，人口迁移非盲流，而是遵循着一定的规律。此后，学者们逐渐在莱文斯坦研究的基础上形成了著名的推—拉理论，并概括列出了12个方面的推力因素和6个方面的拉力因素②。推—拉理论遂成为研究移民迁出地与迁入地间，由于自然环境和社会经济发展的空间差异形成的推拉力的外部机制及移民个体差异的内部机制的一种理论与方法，并因其理论框架宏大，而经常被学者们往里面放入各种"填充物"，用以解释移民的动因③。不过，因其模糊的概念与只能作为定性比较研究的缺憾，加之很难确

① Ravenstein, E. G. *The Laws of Migration*, Journal of the Royal Statistical Society, 1889.

② Hugo, G. *The Demographic Underpinnings of Current and Future International Migration in Asia*, Asia and Pacific Migration Journal, 1992.

③ 傅义强：《当代西方国际移民理论述略》，《世界民族》2007年第3期。

定推力和拉力的强度，使其难以解释移民迁移的全部动因，学者们遂开始更多地关注自愿移民的动因问题。20 世纪 60 年代以来，国外移民学界关于移民动力机制理论的探讨进一步深入，并逐步形成了新古典主义经济理论（New Classical Economics）、新经济移民理论（New Economics of Migration）、劳力市场分割理论（Segmented Labor Market Theory）和世界体系理论（World Systems' Theory）。

（二）新古典主义经济理论（又称投资—效益比较模型）

该理论直接脱胎于发展经济学家阿瑟·刘易斯“利用无穷劳动力资源来促进经济发展”的均势模型，由拉里·萨斯塔（Larry Sjaastad）提出，经由迈克尔·托达罗（Michael Todaro）进一步建构而成[①]。它着重从经济学的角度分析国际移民动因，视经济差异为移民的重要原因，认为人们移民与否取决于当事人对付出与回报的估算，当移民后的预期收入明显高于为移民而付出的代价时，移民行动就会发生。虽然其对受限制较少、文化适应较易的国内移民现象还具有一定解释力，但是，由于其低估了非经济因素的影响，特别是忽视了在关乎移民生存大事上具有举足轻重作用的社会、政治、文化因素而陷入尴尬境地。机械性地简化移民因素，对移民、社会浑然不加区别，以静止的眼光看问题，多少已使其显得不合时宜。

（三）新经济移民理论

新经济移民理论以奥德·斯塔克（Oded Stark）、爱德华·泰勒（J. Edward Taylor）等为主要领军人物。与新古典主义经济理论的基调一致，理性选择成为其共同的内核。新经济移民理论与后者的不

---

① Taylor, E. J. *The New Economics of Labor Migration and The Role of Remittances in the Migration Process*, International Migration, 1999.

同之处在于，它把家庭而不是个人看作追求收益最大化的主体，并在墨西哥实证研究的基础上导出引发移民动因的不是两地“绝对收入”的差距，而是基于与参照群体比较后产生的“相对失落感”的主观感知[①]，在一定程度上可以将其视为对新古典主义经济理论增损修补的变体。

（四）劳力市场分割理论

迈克尔·皮奥雷（Michael Piore）在分析发达国家的市场结构时，提出了劳力市场分割理论，指出现代发达国家业已形成了双重劳动力需求市场，上层市场提供的是高收益、高保障、环境舒适的工作，而下层市场则相反[②]。劳力市场分割理论的出发点（发达经济对外来劳动力的永久需求）以及对这种需求的解释（发达国家自己的工人不肯从事低报酬、不稳定、没技术、太危险、丢人现眼的工作），都是明摆着的经验事实。其长处不在于提出了跨国移民的一般原因，而在于强调了跨国移民的重要原因，即来自当代发达社会经济体制内部的、对于外来劳动力的结构性需求[③]。不过，由于这一理论只考察移民的接受方，单纯从需求方而不从供给方来看待一切移民，注定是“只见树木不见森林”的理论。

（五）世界体系理论

由美国历史社会学家伊曼纽尔·沃勒斯坦（Immanuel Wallerstein）在20世纪70年代中期提出，它以“现代世界体系”学说为

---

① Stark, O. and J. E. Taylor. *Relative Deprivation and International Migration. Demography*, 1989.

② 李明欢：《20世纪西方国际移民理论》，《厦门大学学报》（哲学社会科学版）2000年第4期。

③ 〔西〕华金·阿朗戈：《移民研究的评析》，黄为葳译，《国际社会科学杂志》（中文版）2001年第3期。

基石，与劳力市场分割理论一样，着眼于宏观社会过程，强调世界政治、经济的不平衡发展对移民的推动作用，认为发达经济体的一些部门需要外来劳动力从事低工资劳动，移民是资本主义渗透给欠发达国家造成的混乱[①]。以此为基础，逐渐形成了移民理论研究的结构—历史—功能主义分析范式，将传统、结构与历史因素纳入了移民研究的视野，视移民为对特定结构需求的回应与满足[②]。跨国移民的实质在于资本主义生产方式由核心国家向半边缘、边缘国家扩展、渗透和对边缘地区的压榨，处于外围的半边缘、边缘国家融入日益统一的全球经济，导致这些国家的经济、政治、社会结构发生变化，移民根源于不均衡的国际秩序。不过，这一理论只是根据假设对移民现象进行的解说，故因无法加以实证而受到质疑。

二　与时俱进的三大移民学说

随着20世纪后半叶以来世界范围内移民浪潮的汹涌流动和推动移民迁移因素的多样化和复杂化，对移民实践的反思与理论研究亦与时俱进，逐步推进到一个新的高度，由此产生了关于移民延续延伸的一些观点，要而言之，主要有移民网络说（Network Theory）、移民系统说（Migration Sustem Theory）和累积因果关系说（Cumulative Causation）。

（一）移民网络说

移民网络说是当代移民研究中最具时代特征的移民研究理论，源于道格拉斯·梅西（Douglas Massey）对社会学家科尔曼（James

① Wallerstein, I. *The Modern World-System, Capitalist Agriculture and the Origins of the European World-Economy in the Sixteenth Century*, New York: Academic Press, 1974.

② 钟涨宝、杜云素：《移民研究述评》，《世界民族》2009年第1期。

Coleman）以及布迪厄（Pierre Bourdieu）等的“社会资本理论”灵感的触发。该学说将移民或移民同亲友、同胞间的种种关系构筑的网络视为一种社会资本，对移民的考察和解释以社会资本为纲，使其别具一格，故又被称为社会资本理论[①]。虽然移民网络理论并未超越原有的概念框架，但社会资本网络作为一种介于个人决策微观层面与社会结构宏观层面的人际结构，却有助于弥补移民研究中的一项主要空白[②]。它既可以容纳由个人纽带（血缘、乡缘、情缘等）组成的“社会资本”，以及其他中介性的组织（如移民中介组织、走私团伙及慈善或人道主义团体），亦可以为移民提供各种形式的支援，如通风报信、助人钱财、代谋差事、提供住宿等，降低了移民的成本和风险，使得川流顺畅。且社会资本自我延续的动态特征，使移民形成“前事不忘，后事之师”的资本累积，是移民现象得以持续存在的最重要的原因之一。因此，将移民网络归入“社会资本”顺理成章。社会资本网络虽不能解释移民的最初发生，却可以说明它的绵延不绝。

（二）移民系统说

移民系统说以阿金·马博贡耶对非洲城乡移民别具一格的研究为基础，自克里茨提出以来，“系统研究”便作为综合有效的理论框架为相关研究者所瞩目。移民系统意指一种空间（或“场域”），它包含了移民输入地区与移民输出地区相对稳定的联系，该联系成于移民流动，基于各色纽带（由政治、经济、文化和外交等因素形成

---

① Massey, D. S, eds. *Worlds in Motion, Understanding International Migration at the End of the Millennium*, Oxford: Clarendon Press, 1998.

② Tomas Hammar, Grete Brochmann, *International Migration, Immobility and Development: Multidisciplinary Perspectives*, Berg Publishers, 1997.

的紧密而稳定的纽带)。而纽带与移民系统互动，导致了接踵而至的大规模移民，成为移民研究最恰切的背景。移民系统理论综合了宏观与微观的双重结构，试图整合其他研究方法，对移民链两端的所有关系如移民网络、中间组织、文化联系、国际关系等进行整体性的研究[①]。毫无疑问，这是一个重要的理论突破，在一定程度上弥补了以往移民研究领域的不足。

(三) 累积因果关系说

累积因果关系说因与法国社会学家皮埃尔·布迪厄的“惯习说”(Habitus) 一致，也称“惯习说”。它由冈纳·米达尔 (Gunnar Myrdal) 提出，道格拉斯·梅西对其进行了补充，在基于三种理论假设的基础上论证并探讨了移民现象经久不息的内在机制。累积因果关系说认为移民行为有其内在的自身延续性 (self-perpetuation)，是一种能靠自身生生不息的现象，一旦移民行为内化为超越意识控制的、具有衍生性的“惯习”时，即使最初导致移民的客观环境发生变化，移民行为仍将持续，即会通过一系列社会、经济机会（相对失落感、移民自主性文化形成、人力资本的不合理分布、工作受人小看等）造就新的移民。在这里“惯习”成为剖析移民之“理性”或“非理性”选择的连接点 (Massey, 1998)[②]。累积因果关系说深化了新经济移民理论和劳力市场分割理论，避免了只对移民迁出国或迁入国的片面考察，认为移民会影响迁出国和迁入国双方的社会经济结构[③]。

---

① Kritz, M., L. L. Lim and H. Zlotnik. *International Migration Systems*, *A Global Approach*, Oxford: Clarendon Press, 1992.

② Massey, D. S., eds., *Worlds in Motion*, *Understanding International Migration* at the *End of the Millennium*, Oxford: Clarendon Press, 1998.

③ 傅义强：《当代西方国际移民理论述略》，《世界民族》2007 年第 3 期。

关于移民理论研究的五大理论与三种学说的探讨，有助于理解自愿移民产生的原因及其自我延续的机制，对现成的事实做出一定解释。五大理论无一例外地只关心国际性自愿移民迁移的根本原因，而没有顾及其他限定性因素；虽然三种学说探讨了诸如社会资本、场域、惯习等方面的因素对自愿移民迁移的影响，不过它们仍然局限于对自愿移民动因的探讨。这些理论学说的提出，在一定程度上有益于对跨境移民现象的理解；不过对于与跨境移民相关的社会管理，移民与发展之间存在的“未定关系”，家庭、亲属纽带的社会结构，移民网络以及其他介乎宏观与微观之间的中间联系，移民发生的政府与政治背景等还没有给予足够的关注与阐释，不能不说是一种缺憾。

第二节 欧洲跨境移民流动社会管理的模式、实践与经验

跨境移民从一国流入另一国时多呈现出“非法入境、非法居留和非法就业”的“三非”特征和“由欠发达国家或地区流向发达国家或地区”的典型路径。借鉴学术界对跨境移民、非法移民等的最新研究成果，综合社会各界对这些概念的争论和国际移民组织对“跨境移民”的表述，跨境移民在这里是指因自然灾害、战争、政治、宗教、经济利益、生态环境、工程建设等主客观因素，对人们在国内的生活或生存条件产生不利影响，在相关社会政策或社会环境因素影响下，而被迫或主动、暂时或永久离开其家园进行跨国境迁移的人或人群。在这里，跨境移民既指称为追逐更好的经济效益和发展而跨国谋利的发展型移民；又涵盖因自然灾害（地震、海啸、

海平面上升等)、战争爆发（局部或全面）等自然和人为灾难导致的生存型移民；也涉及因政治排挤、宗教迫害等无法在国内正常生活而寻求庇护的跨境移民；以及由于境外项目投资工程造成的人口跨境迁移活动。欧洲主要移民流入国（如法国、德国、英国、意大利、西班牙等）的跨境移民主要来自相对落后的东欧、南欧、非洲、亚洲等发展中国家，多属发展型跨境移民。

一　欧洲主要国家跨境移民流动的管理模式

在跨境移民的社会治理方面，欧洲主要国家的控制和管理方式主要是在外部边境地区进行阻止和在境内实施内部控制管理。但由于欧洲主要的跨境移民流入国所处地理区位和环境各不相同、社会历史文化传统不同、经济发展水平各异、对跨境移民有着具体的差别化需求、对移民问题看法不一；它们针对跨境移民所推行的外部边境阻止与内部控制管理的治理模式也就各不相同[3]，有着各自的特点。但从整体上而言，欧洲主要跨境移民流入国对跨境移民实施控制和管理的社会治理模式大体上可以分为三类，即以德国为代表的“拒绝与排斥”模式、以法国为代表的“共和同化模式”以及英国遵循与实施的“多元文化主义宽容政策模式”等。

对西欧国家控制跨境移民并对其进行社会管理的三种主要公共政策模式进行剖析，有助于增进对欧洲国家相关社会政策的了解，借鉴其在控制和管理跨境移民社会政策方面的成功经验，进而从法律法规和机构建设上完善相应的跨境移民治理实践，应对中国的跨境移民社会治理挑战，解决国内的非法移民和难民问题。

（一）拒绝与排斥的德国政策模式

德国对跨境移民特别是“三非”移民的内外控制极为严厉。在

20 世纪 90 年代末之前，德国实行严格注重血统原则的国籍法，长期排斥外来民族入籍，非日耳曼血统的跨境移民能够加入德国国籍的少之又少。作为欧盟成员国，德国又加入了《申根协定》[①]，始终维持着对外部边界的隔离，其跨境移民控制与管理政策表现为一种典型的拒绝与排斥模式。

德国战后的跨境移民以国内制造业与服务业发展需要的临时性经济移民为主，主要来自与德国签署了引进劳动力协议的原东欧“客籍工人国家”[②]。流入德国的大量跨境移民的主要动机多出于经济目的，以进入德国当地的低级劳动力市场为主（主要分布于劳动力密集、劳动强度高、工资低、工作条件艰苦的行业与部门），暂时性特征明显，多属于典型的“客籍劳工”（guest worker）。由于移民来源地相对单一，德国在国内移民的社会管理中，并未专门颁布促进跨境移民管理和融入的社会政策；对跨境移民进行社会管理的核心是不强化跨境移民的合法社会政治地位，不以和境内本地居民同等的政策对待跨境移民，由此形成了德国政府控制和管理跨境移民“内部控制严于外部控制”的特点。

德国对跨境移民的外部控制与管理，始终维持着外部边界的隔离状态，严格限制非法跨境移民入境，主要通过在跨境移民进入德国时的入境签证、境内居留和获得工作许可等方面，增加复杂的审核程序，增加移民成本；并在境内重要的交通设施（铁路、机场等）入口及入境口岸，有目的、有选择地加强对外国人实施的监控；“在

① 1985 年 6 月 14 日法国、联邦德国、荷兰、比利时、卢森堡等五国签署的《申根协定》是欧洲政府间治理合作最早的成果之一。缔约国同意废除五国间的内部边境管制，并且联合管理外部边界。《申根协定》最主要的目标是建立共同政策的标准，在取消签约国内部边界的同时加强外部边界的控制。

② 宋全成：《英德非法移民社会问题之比较研究》，《欧洲研究》2008 年第 5 期。

东部边界跨境移民进入的主要路线，大量投入人力和物力，提高边防检查站的监视技术、增派人员”[①]，将一些德国不希望引入的跨境移民成功地阻止于国门之外。在对外部边境进行严格控制和管理的同时，强化境内控制管理力度。2005 年，德国推出新《移民法》，要求跨境移民在进入一个新城市时在当地管理机构履行注册登记手续；并在国内各地建立了系统的跨境移民管理机构和体系，使海关总署、联邦劳动局等各个部门在跨境移民管理上相互配合；强化境内流动人员在入境、入职、旅游等方面的身份证出示和检查制度；不断充实跨境移民管理与控制机构的力量，增加管理人员数量；调动基层群团与公民积极参与跨境移民的就业监管，实施协同监控。

通过此类严厉的境内社会管理政策的实施，从根本上割裂了非法跨境移民与各地官方正式提供给客籍劳工的工作岗位之间的经济联系，从而将非法跨境移民与劳动力就业市场中的正式就业割裂开来。跨境移民非法进入境内劳动力市场的通道被关闭，打击非法跨境移民的严厉措施效果突出，形成了不利于非法跨境移民在德国国内存在与发展的社会政治法律环境。德国实行的这种严厉控制和管理跨境移民的社会政策模式，被称为拒绝与排斥并重的跨境移民社会治理模式。

（二）以法国为代表的“共和（同化）模式”

共和（同化）模式曾是法国治理跨境移民的成功模式。法国跨境移民治理的共和（同化）模式的基础是法国社会文化传统赋予其公民的共和、世俗和平等的资格，这是因为在法兰西共和国宪法中

---

① 德国联邦边境保护的预算从 1990 年的 7000 万欧元上升到 2000 年的 16 亿欧元，边境管理人员从 1990 年的 25187 人上升到 2000 年的 38928 人。

明确规定的最重要原则之一就是“法兰西共和国的所有公民，无论籍贯、人种和宗教信仰如何一律平等”。正是基于法国宪法的这一原则性规定，跨境进入法国的外来移民，其既有的来源国语言、宗教、文化等社会文化特征不得保留。“无论是科西嘉人、阿尔萨斯人，还是来自阿尔及利亚、塞内加尔的法国人，都被视为平等的法兰西共和国公民”①。

跨境移民在进入法国之后，依据法国宪法的原则性规定，具有成为合法性、永久性居住者资格的可能性；并日益获得法国左翼政党（社会党）敞开胸怀般的支持和欢迎，这也促使跨境移民在法国国内政治力量的角逐中逐渐拥有了正式合法的社会政治地位，从而为其享有正常国民政治权利和待遇、逐步融入法国主体社会和法兰西文化打开了方便之门。正是“通过实施结构性的社会干预和疏解政策以作用于跨境移民的社会生活环（social life cycle），并努力增进被排斥群体、边缘化群体等与法兰西主流社会、主体民众的沟通与交流”②；“创建多元化的行动者互动协作支持体系，调动利益相关者群体的行动意愿和作为积极性，消解弱化社会成员互动交往过程中以各种表现形式形形色色存在的差别化歧视等社会治理政策与措施；试图从多个方面和渠道协同发力助推跨境移民、少数族群、社会边缘化群体等在社会中明显处于劣势者，得以再次迈入常态化的社会劳动力市场体系”③。法国政府基于同化跨境移民的理念，结合其国家和社会实际，对涌入境内的跨境移民推出并实施了一系列温和的社会治理和引导同化政策，逐步赋予跨境移民和法国当地公

---

① Stanley Hoffmann. *La Connexion Francaise*, Courier international, lell Javier, 2001.

② Ratna omidvar &Ted Richmond, *Immigrant settlement and social inclusion in Canada*, Perspectives on social inclusion working paper series, LaidlawFoundation, 2003.

③ 梁波、王海英：《国外移民社会融入研究综述》，《甘肃行政学院学报》2010 年第 2 期。

民无差别化的公民权利，以谋求将跨境移民群体逐渐吸纳并融入法兰西民族之中，将其同化，进而实现跨境移民群体对法兰西社会文化的接纳与认同。

但近些年来，随着进入法国的跨境移民群体数量不断扩大、民族成分日益复杂，特别是西亚、北非穆斯林移民逐渐增多，加之2015年“11·13巴黎恐怖爆炸袭击”事件造成的社会阴影，使得法国的“共和（同化）模式”面临同质化实现困境；该模式由此呈现出来的明显不足开始日益显化，“共和（同化）模式”有向“多元文化主义宽容模式”转变的趋向。

（三）多元文化主义的宽容政策模式

英国在历史上是一个殖民国家，所属殖民地遍及世界各个地区，孕育了较为久远的殖民主义历史和文化，至今仍与英联邦国家保持并存有一种特殊的联系，这使得其跨境移民的来源呈现出多源化和复杂化的特点；加之英国作为一个岛国，具有特殊的地理位置，且在外来移民控制管理中实施较为宽松的国籍法和“属地法”原则，使其逐渐成为一个具有多种族、多族群、多元文化共同发展特质的移民社会。

这在英国控制和打击跨境移民“外部控制严于内部控制”的鲜明特色中表现了出来。由于英国没有签署申根协定，其对跨境移民的流入控制主要集中于外部边界，即对跨境移民进入英国的大门如海路的多佛尔海港，陆路的加莱口岸、欧洲隧道以及国内的各个主要航空港进行管控。由于多元文化主义在英国的公共政策领域占据着主导性话语权，直到20世纪80年代中后期，英国才开始尝试建立对跨境移民进行内部控制的管理机制。但英国没有实行个人身份证制度，其在对跨境移民的社会管理中也没有实行居留地申报义务和迁移申报制度，英国警察局对跨境移民流入情况的调查与控制，难以得到有效贯彻和执行。此外，基于边境移民数据保护制度，相关跨境移民的基线数据在相关政府部门中亦不能互换和共享；再加之反歧视社会文化形成、移民团体势力日益扩大等，使得跨境移民在英国存续、谋求利益的社会、文化、法律等环境相对宽松；并允许其保留既有的民族特征、重构文化社区。基于此，移民入境后，进入英国劳动力市场的渠道相对通畅；英国国内打击跨境移民对其进行有效社会控制的措施有限，从而形成了有利于跨境移民在英国国内生存和发展的较为宽松的社会、政治、文化与法律环境。英国实施的跨境移民社会管理政策模式，也被称为多族群和谐共处的多元文化主义宽容政策模式。

（四）南欧国家在跨境移民社会治理上还存有“移民合法化”政策模式，即对流入境内的跨境移民实施大赦或将其身份合法化

自20世纪90年代以来，一些南欧国家（意大利、西班牙、葡萄牙等国家）受益于世界经济形势的好转，先后进入了经济快速发展、社会繁荣平和的历史时期，这些一度是跨境移民输出国的南欧国家，逐渐成为跨境移民流入的目的国。南欧国家经济社会的快速发展孕育了巨大的劳动力需求，旺盛的劳动力需求与本国劳动力无法满足的空白，使其一方面不得不放松对国家边境的控制，引入劳动力；另一方面迫于社会各方压力，又不得不对境内既存的数量庞大的非法跨境移民实行大赦，将其身份合法化。“如意大利3次大赦（1990年、1996年、1997年）就使71.6万名非法跨境移民获得了国民身份；西班牙也给予了26万名来自马格里布和拉丁美洲的跨境移民以合法资格”①。不过，当南欧国家经济不景气时，其国内的失

① 宋全成：《欧洲与中国：非法移民及其社会控制政策之比较》，《山东社会科学》2011年第8期。

业率就会急剧攀升，迫使其对跨境移民实施严格的社会控制，这种“外紧内松，大赦频繁，时而又打击跨境移民的摇摆政策”，遂成为南欧国家跨境移民难以得到有效治理的重要原因。

二　欧洲主要跨境移民输入国跨境移民治理的实践与经验

人口迁徙和流动既改变了世界面貌，拓展了人类认知的视野；也推动了世界经济的交往、科技创新，促进了社会进步。亚欧丝绸之路、新航路的开辟、工业革命的推进和经济全球化的深入，使人口迁徙高潮迭起，不同国家间人员往来频繁、商品流通繁盛和文化交流激烈碰撞。纵观欧美等发达国家发展的历史脉络，可以发现，在历史和现实进程中，移民为这些国家的经济与社会发展做出了不可磨灭的贡献。跨境移民的有序流动，既盘活了不同国家间的经济和社会资源，也推动了移民输入国和输出国在整体上的社会发展，进而实现了移民输出国和输入国的双方或多方共赢。从跨境移民迁移的实质上进行审视，他们使历史上或现实中的既有劳动力资源得以在全球范围内进行有效、合理的配置，这不仅为移民输入国创造了非凡的巨大经济价值（如20世纪中叶西欧国家的经济复苏），也在一定程度上缓解了发达国家的人口老龄化问题，而且还源源不断地向移民输出国汇回外汇资金，为输出国有效减贫、实现人类的千年发展目标做出了积极贡献。同时，跨境移民的存在，还促进了输出国、输入国人民之间的友好往来和社会交流，在不同程度上推动了世界文化多样性的存续和发展。

但当前跨境移民流动的主要趋势仍以由落后或不发达的发展中国家向发达国家或发展较快的发展中国家流动为主。在跨境移民输入最多的前10个国家中，美国遥遥领先，西欧国家更是占据了6席。随着跨境移民数量的激增，欧美等移民输入国纷纷改善或调整已实施的移民政策，着力提高对急需高端人才的吸引并提供相应的优惠政策，以提升流入移民人口的整体素质。这一方面导致了发展中国家既有且宝贵的高端人才资源出现大量流失和断层，对输出国的社会经济、文化创新、科技发展构成了挑战；另一方面也使跨境移民中的普通劳动力正常输出和移民家庭团聚日趋困难。与此同时，随着全球化、世界一体化趋势增强，原来以举家搬迁、落地生根为目的的移民方式，已逐渐演化为留学、务工等短期移民方式，这也使输入国移民数量激增，为移民管理和有效应对增加了新课题。在经济全球化、世界一体化的时代背景下，跨境移民的管理面临着越来越多的挑战，如何对其进行科学而有效的管理，进而实现经济和社会效益的最大化，已是摆在各相关移民国家面前的一大课题。20世纪90年代，英国移民政策专家托马斯·哈马尔提出了被称为“三门模型”的移民迁徙与演变路径，并以此为基础，对跨境移民社会治理政策内容的范围进行了阐述①。

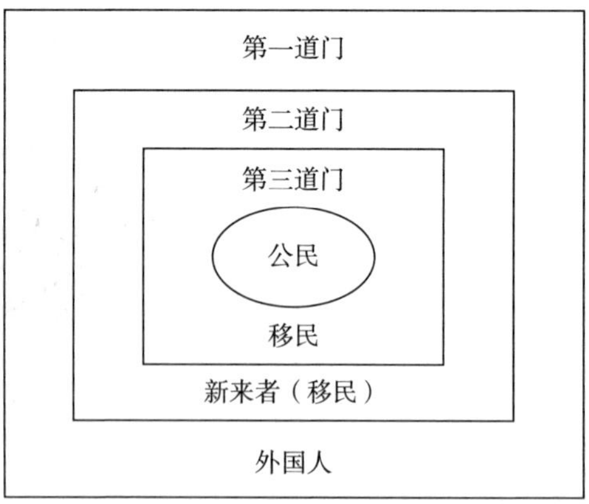

图1　托马斯·哈马尔提出的移民“三门”模型

---

① Tomas Hammar, Grete Brochmann. *International Migration, Immobility and Development: Multidisciplinary Perspectives*, Berg Publishers, 1997, pp. 81–92.

第一道门是指对跨境移民的准入管理；第二道门是指对跨境移民在国内居住和居民身份的管制；第三道门是指跨境移民取得目的国合法公民身份的程序。根据跨境移民进入目的国的三个不同发展阶段，管理三道门就需要制定相应的移民管理政策法规与具体实施办法，以规范跨境移民对目的国公民资格的获得等；这既包括对跨境移民在迁入初始阶段的社会控制与管理政策，也涵盖移民入境后的社会适应与融合政策。不过，由于跨境移民没有合法身份，且多数处于社会边缘，移民的适应与融合政策在具体实施过程中往往难以奏效；是以在跨境移民治理上，就主要体现为对跨境移民的控制管理。

基于此，欧洲主要移民输入国针对跨境流动人口的社会治理实践，在政策上主要涵盖以下两个方面：一是跨境流入人口的外部治理。主要针对尚未迈入第一道门，即有流入意愿但尚未进入目的国境内的跨境移民，目的国主要采取预防为主、制衡于外的策略。既从加强边境管理控制、加大边境执法力度、完善边境监控管理设备、打击偷渡偷运等政策措施上综合施治，以限制跨境移民非法入境；同时还与主要的移民来源国保持并加强双边或多边的有效沟通与合作，从严规范和界定国际难民的申请准入标准等，以期从移民流入的源头上，将其阻挡在边境线之外，阻止其持续流入。二是跨境移民流入境内后的内部社会管理与控制。在跨境移民利用各种办法和手段通过第一道门，成功进入目的国境内之后，对其进行社会治理之过程便已开始，直到跨境移民在目的国获得合法的居留权和居民身份为止。这一阶段欧洲相关移民流入国采取的社会管理与控制政策，主要指向跨境移民的国内合法化程序和进程；对不符合目的国入境条件者进行筛选与鉴别、对非法入境者实施强制遣返或配套相应鼓励政策予以护送或驱离，对非法雇用跨境移民进行生产的境内工厂或企业施行严厉惩罚和打击等。同时，针对近年来短暂临时入境移民在入境后出现的日趋严重的非法逾期滞留现象，欧洲主要移民流入国（如德国、英国、法国等）在国内逐步加强实施了具有可操作性的社会管理政策和措施。如加强了跨境移民流入后的合同管理，以签订合同之形式规定其居留期限等；对部分合法入境并从事各种劳动以获取报酬的移民，征缴相应的税金；并对获得有效收入者实施强制性的储蓄管理等措施，以防止跨境移民的不断涌现[①]。

（一）欧洲跨境移民的外部治理实践与经验

1. 强化外部边境管理、打击人口偷运与非法雇用

欧洲主要跨境移民输入国，如德国、法国、英国、意大利等国家，“对跨境移民是一种危险或威胁的理解，远远超过了他们是一种生活改变和文化依存因素的认识。这种思想指导着他们共同致力于加强外部边境控制、防止跨境移民进入境内后的自由行动”[②]。

以法国为例，该国在 20 世纪 80 年代中期颁布实施的“帕斯克法”明确规定，将非法跨境移民携带运输入境的国内航空、陆路客货运输、水路航运公司等需要缴纳高额罚款。此后，为了应对汹涌入境的非法移民潮，法国政府不得不重新制定并颁布实施严格的面向所有非欧盟成员国国民的入境签证许可制度。在大幅度提高移民入境签证获批难度的同时，边境管理部门亦开始将对合法难民施行指纹检查验证纳入日常管理规程，以从严控制非法跨境移民流入。法国还在 20 世纪 90 年代初通过了打击人口偷运的法案，对协助跨

① 文峰：《欧盟非法移民治理研究》，博士学位论文，暨南大学，2010。

② 黄叶青、彭华民：《迁移与排斥：德国移民政策模式探析》，《欧洲研究》2010 年第 5 期。

境移民非法进入境内或未经许可以非法方式逗留境内谋求长期居住生活的个人或团体施以严厉惩罚并从重处理。在限制非法移民入境相应法令出台的同时，法国政府还组建了中央层面的跨境移民管理机构——法兰西共和国移民部，由其对跨境移民的入境审核与遣返、长期或短暂居留、获取谋生资源与生计方式、促进社会融入和适应、获得正式法国国籍和公民身份等诸项移民事务进行集中统一管理和整体协调；与此同时，还将打击偷渡移民网络、蛇头、非法跨境移民和非法就业作为其职责的重要组成部分，由此逐步使跨境移民的社会治理与控制趋于体系化、合法化和规范化。

跨境移民的社会管理与控制不但需要注重国内立法与管理体系的完善，还要重视与其他周边国家的协调与配合。在 2003 年初，法国还联合了西、葡、意、英等国家的警方、海关、部分海军人员，首次共同组成了地中海联合巡逻队，以“尤里西斯任务”（Operation Ulysses）之名巡防地中海，防止跨境移民以偷渡方式进入南欧国家[①]。在超国别层面的国家边境管理方面，欧盟成员国在 1985 年签署《申根协定》后，所有成员国均建立并加入了申根信息系统（即 SIS），构建了跨境移民流入监控体系，提供跨境移民流动的动态记录；使成员国政府得以共享跨境移民的犯罪记录，以及被拒入境、强制驱逐等资料。2002 年，欧盟部长理事会在波兰华沙通过了《欧盟成员国外部边境管理计划》，并于 2005 年成立了“欧盟外部边境管理署”，以促进欧盟成员国在边界管理方面进行合作，对跨境移民进行侦察和调查、收集跨境移民信息等。此外，欧盟各国还加强了欧洲警察组织的警务合作，以特莱维小组、欧洲刑事警察组织为基

① Andrew Geddes, *Europe's Border Relationships and International Migration Relations*, Journal of Common Market Studies, Vol. 43, 2005 (04).

础，提高了预防和打击非法跨境移民、人口偷运和贩卖的效率，加强了各国在这些领域的密切合作。

2. 签订双边劳工协议，减少非法跨境移民

欧洲主要跨境移民输入国多数面临一个同样的问题：在国内劳动力短缺时，跨境移民无组织、无节制地大量流入；而在国内就业市场饱和后，跨境移民不能甚至不愿自动返回来源国，引起跨境移民非法滞留。为此，一些跨境移民输入国开始主动与周边的主要跨境移民输出国签订双边协议，双方就输入国的劳动力市场需求、人口流动趋势、国内就业状况等进行交流，以根据劳动力市场的需求与供给状况，在每年的不同忙闲季节，适时适度地引入一些国内急需的临时性跨境移民（以季节性劳工为主，其年龄一般会限制在 17 ~ 50 岁，入境工作时间多在 6 个月以内），以满足国内某些时段社会经济发展的需要。这种模式充分发挥了跨境移民输入国政府在跨境移民流入过程中的协调功能，使其从被动控制跨境移民的无序入境向主动引导合法客籍劳工有序入境转变，从而缓解国内劳动力不足的状况。如“法国在 1999 年时境内的临时跨境移民就有 13400 人，而其中引入的季节性跨境移民约有 7600 人，占该年临时跨境移民总数的 57%”①。

地处南欧的意大利也与 20 多个国家和地区签订了劳工双边协议，进行跨境移民的协同治理。同时，欧洲主要跨境移民输入国还通过制定相应的激励政策，定期发布本国的劳动力需求信息，从与本国毗邻的国家和地区引入急需的专业技术人才和从事特定职业的劳动力，以避免大量跨境移民入境造成境内流动人口失业、失业率

① 李明欢、卡琳娜·盖哈西莫夫：《“共和模式”的困境——法国移民政策研究》，《欧洲研究》2003 年第 4 期。

上升。2006年5月，法国通过了“有选择移民”法，抛弃了以往的不加甄选地接纳跨境移民的方式，开始为高学历、高技术的跨境移民发放境内长期居留许可证（有效期一般为3~4年，并可续延），对其他人群则相应抬高移民准入的门槛。

3. 加强国家间的治理合作，进行协同防范与打击

在论及跨境移民治理时，法国时任外长曾表示：“唯一有效打击跨境移民的方法是拥有共同边界的跨境移民来源国与移民输入目的国之间，彼此互通信息、加强沟通交流与合作，共同担负打击跨境移民非法迁移与居留，并履行相应的社会管理责任。”[①] 正是基于这一治理认知上的清晰脉络，在跨境移民社会治理与管控上，法国着重加强了与周边国家的密切合作。首先，加强了与英国在跨境移民管控上的协调与配合，特别是将英法海底隧道法国端口——加莱港移民中心（在桑加特难民营关闭后成立的移民安置点）引发的跨境移民偷渡问题，列入了双方边境管控的合作重点。其次，还与南部边境毗邻的西班牙、摩纳哥和东部接壤的瑞士、意大利、德国等加强了在边界管控问题上的配合，以共同防控从北非、东欧等国家与地区大量涌入的跨境移民。最后，还与跨境移民主要来源国利比亚、摩洛哥、叙利亚等建立了信息互通渠道和协调沟通机制，构建了正式合法的移民渠道；为原法属殖民地国家提供经济援助和人道主义帮扶等，助其经济社会发展，从源头上治理跨境移民的涌入。

德国在对跨境移民进行准入和管理时，尤其注重与东部邻国波兰、捷克、奥地利的合作。基于国内客观存在的对客籍劳工的需求，还与波兰、捷克分别签订了引进客籍劳工的“双边劳务协定”，为从

---

① Iredale, R. *Christina Boswell European Migration Policies in Flux*: *Changing Patterns of Inclusion and Exclusion*, Journal of Population Research, 2004 (05), p. 87.

这些国家输入合法移民保留了特定通道。欧盟成员国签署的《申根协定》在欧洲各国生效后，德国与其他欧盟成员国日益加强了在跨境移民治理上的政策协调和信息共享上的密切合作。2008 年，德国与法国在跨境移民治理问题上达成共识，并着手建立双边合作和协调互动机制，严厉打击跨境移民在两国境内的非法居留，将非法居留的跨境移民驱逐出境并集体遣返；同时，还提议欧盟成员国（特别是法、意、英、荷等国家）拒绝为非法跨境移民提供居留便利，以免其对身份合法化抱有幻想。

南欧国家意大利三面环海，拥有超过 7600 公里的地中海海岸线，自然成为跨境移民入境欧洲的跳板和中转站。面对欧盟境内越来越严峻的非法移民潮，意大利开始与同属欧盟成员国的英、法、西紧密配合，以期在打击跨境移民偷渡问题上协同应对，共同施策。各国联合实施的具体措施包括："向巴尔干地区派驻特别警察和移民官员，提供第一线的支持来打击非法移民的偷渡行动；对协议签署国海关人员进行非法跨境移民鉴别和处置等业务技能培训，加大对有组织有预谋的潜在非法移民活动进行合作打击的力度；协助协议国地方政府对接壤边境地区进行管控；协议国之间对在机场、火车站、客运站、海港等人员流入密集场所工作的老练移民官员进行轮换交流；构建各国协同处理跨境移民问题的互联互通网络；开设移民遣返与救助专项基金，对自愿返回移民来源国的非法跨境移民进行护送遣返等"①。此外，2009 年，意大利还和地中海南岸国家利比亚签署了旨在打击非法跨境移民的安全合作协议，共同打击与制止地中海地区的非法跨境移民活动。

---

① 文峰：《欧盟非法移民治理研究》，博士学位论文，暨南大学，2010。

4. 加强与移民输出国等利益相关者的协调与合作

世界移民体系理论指出，历史与现实中跨境移民的出现与迁徙，一般都源于跨境移民来源国和目的国在历史和现实中存在的既有联系。移民跨境流动属于跨越国界的行为，对跨境移民流动进行有效治理，需要加强来源国和目的国之间的政策协调和执法协作。

自2006年始，欧洲地区的主要移民输入国法、德、意、英、西等，先后与斯里兰卡、阿尔巴尼亚、塞尔维亚、中国香港、中国澳门等国家和地区签署了基于规范性引入客籍劳工的“双边劳务合作协定”。同时，通过进一步发展国际合作平台，把跨境移民与利益相关者聚合在一起（包括欧盟成员国和世界银行、国际移民组织等相关国际组织），以提高跨境移民政策实施的一致性。此外，这些国家还投入一定的科研资金，资助相关机构与部门开展移民合作管理等项目研究，以期进一步推动合法移民的有序引入，并对非法移民展开预防。如摩洛哥与西班牙就在卡塔亚市成立了季节性移民管理中心，投入专项资金，专事季节性移民特征、演变趋势、治理对策等方面的研究，2006年1月到2008年6月，共投入了119.6万欧元的研究经费[①]，用于探索跨境移民国际协作与治理的有效途径。

（二）欧洲跨境移民的内部治理实践与经验

1. 中止客籍劳工招募，惩罚非法雇用

1973年的石油危机引发了世界经济危机，导致欧洲主要跨境移民输入国经济严重受挫。受经济危机影响，各国经济遭遇下滑，国内的失业率居高不下；加之跨境移民汹涌入境，加剧了西欧主要国家因就业不足而引发的种种社会矛盾和敌对情绪；在此情况下，西

① DHS, FY 2011 Budget in Brief, http://www.dhs.gov/xlibrary/assets/budget-bib-fy2011.pdf.

欧主要移民输入国（如西德、法、英等）不得不逐步严格限制跨境移民入境，“客籍劳工时代”结束。各跨境移民输入国政府制定并出台了相关的法律措施，以控制跨境移民，主要包括中止从毗邻国家和地区招募客籍劳工，禁止境内企业主雇用跨境移民从事生产经营，遣返移民等。如西德政府在经济危机爆发后随即中止了客籍劳工招募活动，同时严格限制进入国内的客籍劳工继续在本国境内居留和就业，并对其实施了强制性遣返；其后十年，平均每年遣返的客籍劳工高达36.5万人①。

在中止客籍劳工政策实施的同时，为了限制跨境移民在境内的居留，欧洲主要跨境移民输入国还采取了惩罚非法雇用的政策措施，打击跨境移民在境内的非法就业，以从根源上治理非法跨境移民。法国1996年修改的《帕斯格瓦法案》，明确表示将对雇用非法跨境移民在境内从事生产劳作的雇主和企业进行重罚，对没有向地方政府申请报备的外来就职者惩罚力度更大。其后的《德布雷法案》更“强化移民入境前各种干预举措的实施和非法跨境移民入境后的社会治理，加强了打击跨境移民和非法雇用跨境移民在黑市进行工作的特别行动力量”②。意大利自1985年开始关注到跨境移民与恐怖主义的密切联系后，随即采取措施加大了对非法跨境移民的打击力度，加强了对边界地区的控制，并于1986年立法，开始打击非法入境移民，并惩治境内的非法雇用现象。

2. 限制家庭团聚型移民，加强跨境移民的居留管理

法国于1996年颁布的《帕斯格瓦法案》强调“法国不再是一个

---

① *Spending on Border and Immigration Enforcement*, May 25, 2010, http://americasvoice on-line.org/page/ – /americasvoice/reports/spending%20on%20immgration%20enforcement. pdf.

② 〔英〕约翰·索尔特、詹姆斯·克拉克：《UNECE地区的国际移民：模式、趋势与政策》，黄仕琦译，《国际社会科学杂志》（中文版）2001年第3期。

移民国家”，为防止更多的跨境移民在境内延长居留时间（在法国境内居留 10 年以上可以自动获得长期居留资格），拒绝为跨境移民发放长期的居留许可证，这使得跨境移民及其子女更难在法国获得 10 年期的居留证。而意大利在 2009 年颁布了旨在打击谋求入境居留的非法跨境移民的“国家安全法令”后，为遏制和打击跨境移民以获得意大利国籍为目的与本国居民结成的“利益婚姻”，意大利政府提高了对跨境移民通过婚姻途径申请入籍的时间要求，由 6 个月提高到 2 年，且如果申请入籍的一方在递交入籍申请后与其配偶分居或将婚约解除，其入籍申请将被视为无效。

为加强对跨境移民在境内的居留管理，德国政府在已出台的法律条文中明确规定，跨境移民在其境内的不同城市间进行迁移时，需要在迁出城市办理注销手续，并在迁入城市另行登记。同时，“还在各种申请中强化了居民身份证出示与检查制度；并由海关总署和联邦劳动局，对业已拥有居留、工作许可的跨境移民实施工作岗位监控；且所有官方职员都有义务向外国人管理当局报告对非法就业的怀疑”[①]。

3. 加强地区/地方政府对跨境移民的治理

地方政府是参与跨境移民社会管理的重要政治行为体。在对跨境移民实施社会管理时，开明的中央政府多会授权地方政府行使相应的管辖治理权限。这样既节约了中央政府的公共财政支出，又通过分权适时地赋予了地方政府行使跨境移民社会管理的权力和技术，回应了公共需求的增长，提供了专业化的公共服务。英国政府在 2009~2010 年增派了 1000 名移民管理官员，密切了与各个地区和非政府组织的联系，以获取关于跨境移民流动的最新信息，进而打击

① 宋全成：《欧洲与中国：非法移民及其社会控制政策之比较》，《山东社会科学》2011 年第 8 期。

非法跨境移民，惩罚雇用非法跨境移民的相应单位。为了“让移民官员更贴近基层社区，并加速打击跨境移民犯罪网络的发展”，还组建了跨境移民管理执行小组[①]。在跨境移民社会管理上实施的“化整为零”的做法，将此前国防部门部署的边防力量渗透到了各个地方和社区，进而使地方政府和基层组织在跨境移民社会管理和治理方面的重要作用得以凸显。

在地方城市成为跨境移民真正的立足点之时，地方政府特别是边境地区的地方政府对跨境移民问题的认识与理解，比中央政府更为深刻。在对跨境移民进行社会管理、推行治理措施时，地方政府的建议或许更加符合实际而具有成效。在跨境移民社会管理中，应该重新思考基层组织、地方政府、国家、世界之间的关系，将治理层级之间的关系建立在“主动辅助性”原则之上，从地方层级思考问题的解决办法[②]。因为出自顶层设计的国家政策，只有在地方的密切配合下，才能有效地贯彻和执行。

4. 驱逐出境和遣返

1980 年，法国政府首次对 1945 年制定的《移民法》进行了较大程度的修订，而其主要修改内容就是增加了对非法跨境移民实施驱逐的“驱逐条例”。一方面赋予警方对以非正常方式和途径入境、在境内逾期居留而无延期资格者，实施强制驱逐的权力；另一方面还强化了警方拥有的核实调查跨境移民身份、拘留和驱逐非法入境者的执法权力。西德政府在 1973 年经济危机爆发后，就开始对客籍劳工采取了遣返措施，以解决国内劳动力过剩的问题；并全面停止

---

① 刘郁菁：《扫击非法移民犯罪活动，英国将设立地区移民小组》，中国新闻网，2008 年 6 月 22 日。

② 杨烨、卢祥：《欧洲移民治理：建立统一移民政策的尝试》，《国际观察》2006 年第 2 期。

了客籍劳工招募政策，不再对非法跨境移民颁发地方政府承认的劳动许可证。为敦促境内的客籍劳工早日离境，使其回归来源国，德国政府一方面运用法律手段限制他们在德国境内的停留，另一方面，出台一系列优惠政策，鼓励客籍劳工离境，回归来源国。如通过颁布“归国外籍人住宅建设法”，为返回其来源国的客籍劳工提供建宅建房的资金援助，并提供咨询服务等，对归国者提供奖金援助和咨询服务。位于南欧的意大利还在2008年通过了以打击非法跨境移民为首要关切的新移民法案，对打击非法跨境移民之具体措施进行了系列性条分缕析和规定，通过设立“非法移民”罪、加重违法量刑、对判处2年以上徒刑者立即驱逐出境、对威胁公共安全者采取特别措施等，对非法跨境移民实施驱逐出境和遣返措施。

第三节　美国跨境移民流动社会管理的实践与经验

从世界范围来看，美国是个典型的移民国家，通过边境和其他渠道流入美国境内的边境移民和非法移民数量非常庞大，其来源和分布区域明显呈现相对稳定和集中的特点。从2007年以后美国边境移民和非法移民流入的统计数据来看，两者在发展轨迹上明显呈现逐渐减少的趋势。即从2007年的1240万人，逐步下降到2010年的1120万人。不过，2010年移民数据与2000年同期的840万人相比，却仍然处于净增长的超然状态。[①] 美国的边境移民和非法移民主要来自与其毗邻的拉美地区，尤其是与其山水相依的墨西哥。在过去30

① See Jeffrey S. Passel and D. Veracohn, “A Portrait of Unauthorized Immigrants in the U. S.”, April 14, 2009, p. 1, available at: http://www.pewhispanic.org/files/reports/107.pdf.

年间，从美墨边境流入美国境内的边境移民和非法移民，约占同期流入群体的59%。在地理区域分布上，美墨边境的边境移民和非法移民主要集中分布在美国南部的加利福尼亚州、亚利桑那州、得克萨斯州、新墨西哥州、佛罗里达州和美国经济中枢——纽约州。正因为如此，2017年特朗普政府执政伊始，即开始加快收紧移民政策，筹划在美墨边境建造1600公里的人造隔离墙，以阻断跨境移民从美墨边境流入美国的主要通道。

自20世纪70年代末期以来，随着流入美国境内的边境移民和非法移民越来越多、成分越来越复杂，美国政府在管理和控制边境移民和非法移民方面，投入了大量的人力、物力和财力，做出了诸多努力。如在美国国内成立了管理和控制边境移民和非法移民的专门委员会，研究并着手制定了治理非法移民的专项法律和法律框架。"9·11事件"发生后，美国政府史无前例地将边境移民流入和非法移民治理问题提升到了国家安全高度，同时，对"移民管理机构进行了大规模改组，使得原移民归化局（Immigration and Naturalization Service，INS）的职责和功能得到了细化和强化"[①]。

从边境移民国内治理的实施主体来看，美国联邦政府与各州政府在边境移民的治理上都担负着治理责任。"虽然美国政府在1996年颁布的《非法移民改革与移民责任法》第287（g）条款中，赋予了境内各州和地方执法部门与美国联邦移民执法部门合作展开移民

① 根据2002年《国土安全法》（The Homeland Security Act of 2002），美国政府创建了国土安全部（Department of Homeland Security）。2003年3月1日，移民归化局被正式编入新成立的国土安全部，其原有的功能分别交由三个部门执行，即美国公民与移民局（USCIS）、美国移民与海关执法局（ICE）和美国海关与边境保护局（CBP）。See GAO, *Department of Homeland Security: Addressing Management Challenges That Face Immigration Enforcement Agencies*, GAO-05-664T, May 5, 2005, http://www.gao.gov/new.items/d05664t.pdf.

执法的权力；但美国联邦政府是非法移民治理的主要承担者”[①]。

此外，美国政府为了加强边境移民的社会管理，采取了“软”“硬”并重的双重治理手段（即移民的“柔性治理”与“刚性治理”两者兼顾，“刚性治理”主要是指移民执法行为），并相继出台了一系列边境移民的国内管理与控制方案。

一　美国对边民跨境流动社会治理的模式与实践

美国对流入其境内的边境移民和非法移民进行社会管理主要采用的是“边境执法、雇主制裁（也称国内工厂执法）与非法移民合法化”三项政策（即美国边境移民社会管理的三大支柱）。其中，针对边境流入移民的社会管理，美国主要采取了“预防为主，制衡于外，兼顾国内”的策略。在具体执法方式上，运用“边境执法”和“国内工厂执法”两种手段，力求实现预期的治理目标。

（一）边境执法和特朗普筑墙隔离

切实有效的边境执法和驱逐隔离，是在国与国毗邻的边境地区进行跨境移民治理中至为重要的一环，也可以说是首要的一环。如果能够将跨境移民成功地阻挡在边境线以外，那么某种程度上就可以说是从边境移民流入的源头上阻止了其流入。因此，一些学者指出，在国境线实施边界控制是美国跨境移民政策制定与实施的中心理念[②]。外国人在边境地区非法逾越的事件频频发生，对美国边境、跨境移民管理构成了重大挑战。从地理区位上来看，

① 陈积敏：《美国非法移民的治理及其困境》，《美国研究》2012 年第 2 期。

② Gordon H. Hanson, Raymond Robertson, and Antonio Spilimbergo, *Does Border Enforcement Protect U. S. works from Illegal Immigration*? The Review of Economics and Statistics, Vol. 84, No. 1, (Fen-ruary 2002), p. 73.

这种挑战主要来自美国与墨西哥毗邻的边界地区。1997 年美国移民归化局调查统计数据显示，在当年被美国联邦政府和地方执法部门拘捕的非法移民中，墨西哥的跨境边民占到总数的 95% 强，而且 99% 的拘捕行动是在美国和墨西哥的边界处发生的。为了控制美墨边境跨境移民非法流入日益膨胀和严重的局面，打击非法跨境移民，美国政府开始着重加强了美墨边境的边境执法力度。这种努力主要体现在持续增加边境执法财政投入和扩充执法人员数量、构筑边境隔离墙并严防边界非法越境行为等方面。具体主要体现在以下几个方面。

1. 持续增加边境执法方面的财政投入，不断扩充边境执法人员数量

在 1986 年美国移民法开始实施以后，美国联邦政府投入于边境移民执法管理上的财政资金逐年增长。如在 2002 年，美国边境移民执法投入资金计约 49 亿美元；而在 2010 年，美国政府列支的海关与边境保护局预算已高达 114 亿美元（其中边境移民执法预算支出是其主要的组成部分）[①]。

除了持续增加财政投入外，美国政府还不断扩充边境执法人员的数量，并逐步动用军事力量在边境协助进行边境移民执法。2009 年，美国政府边境巡逻队（主要是负责边境巡逻、检查的全职人员）人数达到了 20119 人，较 2008 年同期的 17499 人增加了 2620 人，增长了 13.02%[②]。“9·11 事件”后，美国联邦政府出于国土安全考

---

① *Spending on Border and Immigration Enforcement*, May 25, 2010, available at: http://americasvoice on-line. org/page/ – /americasvoice/reports/spending% 20on% 20immgration% 20enforcement. pdf.

② DHS, *FY 2011 Budget in Brief*, p. 52, available at: http://www. dhs. gov/xlibrary/assets/budget-bib-fy2011. pdf.

虑，在美墨等边境地区，还动用了国民警卫队等军事力量来协助进行移民执法，这对打击美墨边境地区猖獗的毒品走私和跨境移民的非法流入，确实起到了威慑作用。

尽管国民警卫队不能在实际上拘留跨境流入的非法移民，但他们在边境地区的存在，对跨境流入者起到的威慑作用却不可小觑。自亚利桑那州部署国民警卫队之后，该州拘留跨境流入非法移民的比例足足下降了23个百分点，就在一定程度上显示了其作用。正是基于此，继小布什政府在2006年派出国民警卫队之后，奥巴马政府沿用这一政策，在2010年5月向美国西南边境4州又派遣了1200名国民警卫队员，对当地边境执法力量进行了充实①。

2. 构筑边境实体隔离墙，严防跨境边民非法越境

为防止和减少美国边境地区的非法越境行为和非法移民跨境流入，20世纪90年代初，美国联邦政府开始在美墨边境地区实施“威慑预防”战略，为边境巡逻队配置了更多的人员与资源；在增配人员基础上，还以边境巡逻队为依托，先后实施了“国家战略计划”，修建了边境隔离墙②和“三层护栏系统”等。如此，既灵活有效地应对了边境地区跨境移民的非法行为，也有效防止了他们对边境隔离墙栅栏的破坏。

“9·11事件”给美国造成的伤害至深，也敲响了美国国土安全的警钟。2005年11月，美国政府正式启动了“边界安全计划”，建设了边界安全计划网，通过加强高科技手段的应用，改建了边界基础设施，加强了对边境地区的日常防卫和有效控制，减少了跨境移

① Randal C. Archibold, *Obama to Send up to 1200 troops to Border*, The New York Times, May 25, 2010, available at: http://www.nytimes.com/2010/05/26/us/26border.html.

② 1990年，边界巡逻队在圣迭戈地区设置了第一道隔离墙，以防范非法移民流入与毒品走私。

民流入的数量。美国国会还在2006年通过了《2006年安全围栏法案》,“批准并授权国土安全部在美国和墨西哥的边界地区修建一条长达1126公里的边境隔离墙;同时,更多地建造可移动栅栏,开设检查站和架设照明设备,使用高科技设备,如高清摄像头、无人机、人造卫星等,完善美墨边境地区的基础设施,以阻止边民跨境非法流入行为”①。特别是在2017年特朗普政府上台执政后,执行了更为严格的移民限入和驱逐政策,并开始在3200公里长的美墨边境上建造1600公里的人造墙体(部分被自然障碍覆盖),以阻止大部分来自墨西哥和中美洲的非法移民(约占美国每年非法跨境移民输入总量的80%)。

(二)国内工厂执法

美国在边境地区对跨境边民流动着手进行的边境执法,其主要应对策略是对跨境边民实施的“堵”,主要目的是阻止跨境边民流入美国,将其拒于国门之外;在国内对跨境边民流入的执法,其主要的目的则在于“驱”,采取的主要策略是将已进入美国境内的跨境边民和非法移民从国内清除出去,采用的主要形式是在国内执行“工厂执法”。

从全球非法移民和美墨边境移民流动的历史脉络与现实发展趋势来看,显而易见,对于经济利益的追逐和谋求,是非法移民和美墨边境移民不断涌入美国的主要驱动力。在经济全球化和区域经济一体化的背景下,某种程度上可以说,非法移民从欠发达地区和发展中国家源源不断地流入美国,美墨边境移民想尽一切办法、冲破

---

① The White House, *Fact Sheet*: *The Secure Fence Act of 2006*, October 26, 2006, available at: http://georgewbush-whitehouse.archives.gov/news/releases/2006/10/20061026-1.html.

种种阻挠不断涌入美国，其目的主要是从发达经济体中谋求和获得更高的工资收入，以改善个人和家庭的经济状况。而美国经济结构的双重甚至多重分化与一些部门对经济利益最大化的追逐，又为美墨边境移民在美国境内的存在和持续提供了可能。

因此，要想加强非法移民和美墨边境移民执法，控制非法移民和美墨边境移民的不断流入，就必须排除非法移民在美国国内就业（主要集中于美国当地人不愿从事的“苦、脏、累”和工作风险系数高的行业和职业）并获取经济收入可能，消除这块“磁石”的吸引力。由此可见，美国境内对非法移民和美墨边境移民执法和进行社会管理的重点，在一定程度上集中于国内工厂执法的执行和实施状况。这种针对边境移民流入特点提出的社会管理策略，早在1986年美国政府出台并实施的《移民改革与控制法》中就得到了明确的体现。在该法中，美国政府明确地将“雇主处罚”列入了边境移民社会管理的三大支柱之一（美国边境移民社会管理的三大支柱：“边境执法、雇主制裁与非法移民合法化”三项政策），即对美国国内故意雇用边境移民和非法移民从事生产经营活动的雇主予以相应的处罚。

且自1997年起，针对美墨边境移民使用伪造证件等在美国国内获取就业机会、谋取长久居留的情况，美国政府开始在边境沿线州实施《基础试验计划》（*the Basic Pilot*），即《雇用资格核查计划》（*Employment Eligibility Verification Program*）①，以便美国境内的雇主对其所招收的员工是否具有相应的工作资格、是否符合国家要求，

① National Conference of State Legislatures, *E-Verify*, November 4, 2011, available at: http://www.nc-sl.org/issues-research/immigration/e-verify-faq.aspx。自2007年起，该计划更名为“雇工身份核查计划”，即E-Verify。

予以审核和确认。如果仅从理论角度上进行观察，美国政府通过法规对国内雇主进行约束，使雇主得以在底层的操作实践中核查其所招收雇员的移民身份，这样将会有效地降低边境移民在美国国内的就业概率，使边境移民流入的动力在实践上渐趋不可行，从而使边境移民越境谋取经济效益最大化的行为终止，以达到预期的边境移民治理目标。

然而，在实际操作中，美国边境沿线各州在边境移民社会管理中的“工厂执法”的效果却并不理想，未达预期效果。这一方面是因为“工厂执法”在执行上存在一定的难度：美国境内的雇主们往往认为实行工厂执法，既会增加他们的工作量和工作负担，同时也容易在一定程度上引发地方上局部的种族歧视问题。另一方面，美国境内的“工厂执法行动”也往往流于形式，而缺乏有效的实质内容。这主要表现在：近些年非法雇用边境移民从事生产经营的行为，并未受到有关部门的有效和实质性处罚。美国移民与海关执法局的相关统计数据显示，2008 年，美国在边境地区“工厂执法”行动中共拘捕了 6000 多人，而其中仅有 135 名是国内的雇主①。美国有评论述及，政府对在境内加强“移民执法”政策实施力度的承诺，是“可笑的”。

从美国在国内对边境移民实施的执法行动来看，它显然陷入了一种非均衡的“失衡”状态。一方面，美国政府对于国内雇用边境移民进行生产经营的雇主，采取了一种“姑息纵容”的态度；另一方面，美国政府为了控制边境移民特别是美墨边境非法移民的数量，

① U. S. Department of Homeland Security, *Fact Sheet*: *Worksite Enforcement Strategy*, April 30, 2009, available at: http://www.ice.gov/doclib/news/library/factsheets/pdf/worksite-strategy.pdf.

将国内边境移民管理执法的着力点，集中在了打击和遣返边境移民和非法移民工人身上。

奥巴马政府执政以来，为应对边境移民治理的国内失衡状态，对于国内移民执法采取了一些新的策略。他们将对境内雇主的处罚和对边境流入非法移民的处罚结合起来，并将对境内雇主的处罚作为国内工厂执法实施的重点和突破口。并尝试建立一个有效的、全面的工厂执法战略，以图既解决国内雇主们明知所招收雇员的移民身份，却故意雇用跨境非法移民的问题；又加重对跨境流入边民的相应惩罚并予以遣返，着眼于跨境移民自身，以一劳永逸地解决这些问题。

二 美国跨境移民治理的困境

美国《移民控制与改革法》所推行的雇主制裁、边境执法与实体筑墙以及非法移民“合法化”政策是美国非法跨境移民流入治理的主要内容。边界执法与边境控制虽然很有必要，但其实施效果不佳；一味地单方面强调加强边境执法，而不采取综合执法，难以达到预期效果。美国跨境移民流入的社会管理，严重受制于国内不同利益集团的压力和不同政治派别的分歧，政府移民执法的政治意愿频频受挫。在对跨境移民社会管理的必要性与紧迫性认知获得提升的同时，却未能在国内形成一致的行动力量与政治决心。工厂执法流于形式，执法存有姑息纵容之嫌。对跨境移民进行管控、切断其工作机会是重要手段，但受制于不同政治力量的角逐，美国主要倾力于对外进行边境执法，对内则采取了宽松的工厂执法，并没有切实监督国内的雇主们。相较于数量庞大、情况复杂的跨境边民流入，美国在移民执法领域的经费投入、人员与设备补充的力度仍显不足。

联邦政府作为美国边境移民管理体系的主导，拥有绝对权威，这种模式存在一定弊端，难以有效发挥各州在移民管理中的能动性和积极性，形不成有效合力。

总之，美国跨境移民治理在多方努力下既取得了积极的成效，也存有机制性弊端，如联邦政府在移民治理上权力过于集中，造成中央集权过重，地方政府回应微弱，地方政府的积极性难以有效发挥等；这种情况更从不同侧面反映了在美国国内还存有一个势力强大、与跨境移民密切相关的利益相关者造就的利益之链，这些遂成为美国跨境移民流入社会治理实施的最大也是最难以逾越的障碍。某种程度上可以说，正是美国各种政治利益本身的角逐，决定了其边境移民问题的解决，将会是一场布满荆棘的异常艰难的利益博弈。

概而言之，20 世纪后半期以来，跨境移民作为一个令所有发达国家头痛的全球性问题，一直未得到较好解决。欧美主要移民输入国相继推出了种种内外结合的社会治理与控制措施，例如加强边境控制、打击非法雇用、赦免境内非法移民等，然而从效果上看，禁止非法跨境移民入境的政策仍然显得苍白无力，非法跨境移民依然大量存在。非法跨境移民在市场经济及全球化进程中与合法移民并存，其产生的原因不仅在于非法入境环节本身，还有更深刻的社会根源。在现实世界中，几乎所有的市场经济国家都面临着非法跨境移民问题。无论是单打独斗的国家，还是通过多边合作、采取集体性限制措施的国家，都未能成功地阻截跨境移民的流动与迁徙。依靠实施签证制度、就业许可、驱逐出境等政策，已无法解决跨境移民问题。正是在这种背景下，欧美主要移民输入国选择与移民来源国签订双边或多边协议，通过发展贸易、提供经济援助、增加投资的方式，帮助其经济发展，从而在长远上抑制欠发达国家或地区的人口输入，以期从源头上减少非法跨境移民。合理借鉴、吸收其中的有益经验和教训，有利于中国特别是边境沿线地区有效应对日益严峻的跨境移民问题，提高全球一体化背景下的移民治理体系现代化水平。

第二章　滇越边民跨境流动及管理的历史表征

中越两国复杂而漫长的交往史，既是两国文化交流、经济互动、社会进步的发展史，也是两国族群流动、边境形成、相互影响的关系史。复杂漫长边境线所具有的特质，广泛而深刻地影响着两国的政治、经济、文化、社会和民众的交往和交流。作为中越边境线重要构成部分的滇越边境线，亲历了两国关系的历史发展，见证了双方边民跨境流动的风雨历程，感受了历史中社会管理的举措与成效。追寻历史身影、探究历史真相、总结历史规律，既是恢复历史发展本来面目的重要手段，也是发挥史以明道和以史为鉴作用、更好地促进现代治理和现实发展的重要渠道。鉴于此，研究追溯滇越边民跨境流动的历史现象，挖掘并总结历朝历代实施管理的历史经验，就显示出学理上的必要性与重要性。

第一节　滇越边民跨境流动的历史原因、历史现象及历史特征

历史是既往事实的载录，现实是既往历史的延续。民族国家的

出现，造就了国与国之间边境线的形成，从而使以往的族际流动具有了特殊的限定内涵，因而产生了边民跨境流动的事实。滇越边民跨境流动，伴随着中越两国交集和复杂的历史而出现，有其特定的历史原因、特殊的历史现象和特别的历史特征。

一 滇越边民跨境流动的历史原因

滇越边民跨境流动既是现实政治问题，更是一个具有深远地缘性的历史现象。滇越之地山水相连，从一种自然存在进入某种政治疆域，历经变迁。从历史角度审视边民的跨境流动问题，终究与中越间政治关系的调整和疆界的从无到有直接相关。另外，古代民族的自然分布或某种条件下的迁徙活动，构成了边民跨境流动的内部因由。

（一）中越之间长期朝贡关系的历史因素

越南与中国的历史渊源悠久，早在秦朝时就已成为中国的郡县。[①] 公元前210年，秦始皇在越南北部和中部的部分地区设置象郡。公元前111年，汉武帝派兵消灭地方割据政权“南越国”，在越南北部和中部设置了交趾、九真和日南三郡。此后一千多年，越南一直作为中国的郡县存在。

宋王朝时，中越两国确立朝贡关系并延续至清末。[②] 宋朝开宝六年（公元973年），独立后的越南遣使带上方物上表，愿作宋朝藩属，请求宋朝册封。宋太祖接受其请求，册封“大瞿越国”首领丁部领为交趾郡王。开宝八年（公元975年），宋太祖又接受丁部领之

---

① 参见刘信君《中朝与中越朝贡制度比较研究》，《吉林大学社会科学学报》2010年第5期。

② 参见刘信君《中朝与中越朝贡制度比较研究》，《吉林大学社会科学学报》2010年第5期。

子丁琏贡物，册封其为交趾郡王。由此，中国与越南初步确立了越南向中国朝贡，中国皇帝赐予越南统治者封号的朝贡关系。元朝平定安南后，封光昺为安南国王，并规定安南对元朝的义务。但是安南只愿以元朝藩属身份向其称臣纳贡，既不愿入朝，也不愿承担兵役，两国为此还发生了冲突。明朝初年，安南、占城分别遣使向明朝朝贡，并请求封爵，明朝亦遂其愿。此后，越南每逢新王嗣立，均要向明朝遣使请封，明朝亦按惯例遣使携诏书前往致祭、册封，并赐以礼物。清朝时，中越两国的朝贡关系虽小有波折，但这种“上贡”“接受册封”的朝贡关系得到了维持，并逐步发展到了高峰阶段。总而言之，自宋至清，中越两国之间是一种典型的朝贡关系：“越南作为中国的藩属国，以其国王（或地方割据政权首领）的名义进行求封、奉正朔、朝贡、告哀；而中国作为越南的宗主国，以其皇帝的名义进行册封、颁正朔、回赐、谕祭。”①

近代以来，在西方列强的干涉下，中越两国的朝贡关系受到了严重挑战。19世纪西方军政势力侵入亚洲后，此一制度即遭到挑战。他们以其近代的主权国家及殖民地制度观点批评封建宗藩制度，并以此作为侵占中国藩属之说词。② 西方列强侵入越南后，是用以西方为主导建构的国际法来看待中越两国关系的。朝贡关系秉持的是“普天之下，莫非王土；率土之滨，莫非王臣”的“天下观”。朝贡双方中，越南在文化上深受中国影响，政治上则以一种特殊关系从属于中国，这种体系是一种松散的水平架构，而非西方殖民体系以

① 彭巧红：《中越历代疆界变迁与中法越南勘界问题研究》，博士学位论文，厦门大学，2006，第187页。

② 参见张存武《清代中朝关系论文集》，商务印书馆，1985，第73页。

主权平等的名义建构的以强凌弱的垂直架构。[①] 从国际法的角度来看，中越两国之间存在的这种朝贡关系，既不同于近代西方法学家所指的“保护关系”，亦不同于西方列强与其殖民地的关系。[②] 因此，西方列强便以西方建构的话语来抨击中国对越南的宗主权有名无实，从而为他们夺取中国藩属提供方便。

法国在与英国争夺印度失败后，开始将目光投向越南。从动机来说，法国谋求越南主要有两条动机，一是先通过吞并南圻，继而吞并整个越南领土；二是以越南为基地，谋求开放中国的西南腹地，从而获得通商之利，并进而与其他列强争夺在中国的势力范围。[③] 公元 18 世纪末，越南发生分裂与内乱，法国开始插手越南事务，双方所签订的《法越凡尔赛条约》为日后法国殖民越南埋下了伏笔。1858 年，法国与西班牙联合发动了对越南的侵略战争。1862 年，法国迫使越南签订了《第一次西贡条约》，越南向法国赔款，允许法国传教士在越南传教，法国舰船可在湄公河上通航，并将南圻的边和、嘉定、定祥三省和昆仑岛割让给法国，从而揭开了法国殖民越南的历史。1867 年，法国占领永隆、安江、河仙三省，从而全部吞并南圻六省，正式建立了法属交趾支那殖民地。[④] 1873 年，法国进攻北圻，并在第二年迫使越南签订了《第二次西贡条约》。该条约承认安南国王的主权以及面对一切外国的完全独立，因而有否认中国对越

---

① 参见彭巧红《中越历代疆界变迁与中法越南勘界问题研究》，博士学位论文，厦门大学，2006，第 189 页。

② 参见彭巧红《中越历代疆界变迁与中法越南勘界问题研究》，博士学位论文，厦门大学，2006，第 189 页。

③ 参见刘伯奎编著《中法越南交涉史》，（台湾）学生书局，1980，第 13 页；张凤岐《云南外交问题》，商务印书馆，1937，第 19 页。

④ 参见〔越〕陈重金《越南通史》，戴可来译，商务印书馆，1992，第 367～370 页。

南的宗主权而将越南纳入法国“保护”之下的意思。[①]

秉持武力和西方话语，法国最终打破了中越两国长期存在的朝贡关系，将越南纳为法国的殖民地。1881 年，越南最后一次向清朝朝贡。1884 年，法越签订《顺化条约》，越南承认法国对其具有保护权，在一切对外关系上法国将代表越南，在外国的越南人将受法国的保护。从此，法国完全吞并越南，越南完全沦为了法国的殖民地。[②] 1885 年中法战争后，清政府与法国签订了《中法新约》，承认了法国在越南的保护权，放弃对越南的宗主权，结束了两国的“藩属关系”。同时，法国还获得了在中国西南边境地区开埠通商的权利，享受特殊的商业利益。法国外交部长法来西讷在金登干辞行时高兴地说：“由于英国人的尽力，我们终于成功。”[③] 自此，中越两国延续了 900 多年的朝贡关系被以法律的形式最终割断。对此，法国人在后来的中越勘界活动中就自问自答：“我们难道就不清楚地看到，旧秩序对中国来说已不复存在，法国对安南的保护在他们眼里已不可逆转地建立起来了吗？”[④]

在长期的朝贡关系框架下，中越边界几经变动，却从未全面勘定过。中国历朝统治者基于“华夏中心观”，长期奉行以“守中治边”“守在四夷”为核心的治边政策，对周边藩属国恩礼有加，以期达到“四夷怀服”的目的。雍正三年（1725 年）正月，云贵总督高其倬再次向雍正帝报告越南蚕食云南开化府边界的情况。雍正批

---

① 参见李云泉《中法战争前的中法越南问题交涉与中越关系的变化》，《社会科学辑刊》2010 年第 5 期。

② 参见彭巧红《中越历代疆界变迁与中法越南勘界问题研究》，博士学位论文，厦门大学，2006，第 186 页。

③ 对外贸易部海关总署研究室编《帝国主义与中国海关·中国海关与中法战争》（第四编），科学出版社，1957，第 137 页。

④ 萧德浩、黄铮：《中越边界历史资料选编（下）》，社会科学文献出版社，1993，第 503 页。

复为："治天下之道，以分疆与柔远较，则柔远为尤重。而柔远之道，以畏威与怀德较，则怀德为尤重。据奏都竜、南丹等处在明季已久为安南国所有，非伊敢侵占于我朝时也。安南国我朝累世恭顺，深为可嘉，方当奖励，何必与争明季久失之区区弹丸之地乎？且其地如果有利，则天朝岂与小邦争利？如无利，则何必争矣。朕居心惟以至公、至正视中外皆赤子，况两地接壤，最宜善处，以安静怀集之，非徒安彼民，亦所以安吾民也。即以小溪为界，其何伤乎？"① 基于这一"圣旨"的"隆恩"，清政府于雍正六年将上述争议地区赐予越南。上谕说："朕统御寰区，凡属臣服之邦，皆隶版籍。安南既隶藩封，尺地莫非吾土，何必较论此区区四十里之壤……况此四十里之地，在云南为朕之内地，在安南仍为朕之外藩，一毫无所分别，着将此地仍赏赐该国王世守之。"②

民族的区域流动是一个长期迁徙、定居、繁息的漫长过程。滇越山水相连，又在历史上长期同隶于中央政权之下，民众早期的跨疆域流动也只是一个内政问题。即便进入朝贡关系时代，受传统政治思维影响，滇越间所居边民仍少有此疆彼界的纠纷。滇越间虽有行政治理上的分界，但古代民族的迁徙却无边界。鉴于边疆地区"山高皇帝远"的地域实际，受限于历史上中央政权和地方政权实际的管理水平，生存于滇越边境地区的各族民众受到行政管理的约束实际上较为微弱。而古代国家严厉的边境管理律例，也无法在绵延无尽的边境线附近得到较好的遵守与执行。从民族史志中零星的记载看，边民跨境流动，无论在日常经济文化生活中，或是特殊情况

① 中国第一历史档案馆编《雍正朝汉文朱批奏折汇编》第4册，江苏古籍出版社，1989，第370页。

② 《清实录》第7册，世宗宪皇帝实录（一），中华书局，1985，第1000~1001页。

下的族群迁徙，均处于自然无管理状态。只是当政治边界细划，政府民政管理进入乡村级别时，边民跨境流动问题才逐渐凸显出来。

（二）边民流动问题凸显的政治疆域区划因素

如果在朝贡体系下“内地”与“外藩”可“一毫无所分别”，而当越南逐渐为法国所侵吞，不再为中国藩属国，中越间勘查划界便成为迫切之事。中法战争结束后，按照《中法会订越南条约十款》第三款规定，自条约画押之后起“限六个月期内，应由中法两国各派官员赴中国与北圻交界处所，会同勘定界限。倘或于界限难于辨认之处，即于其地设立标记，以明界限之所在。若因立标处所，或因北圻现在之界稍有改正，以期两国公同有益，如彼此意见不合，应各请示于本国”。[①]

1885 年 8 月，清政府指派内阁学士周德润为勘界大臣，会同云贵总督岑毓英、云南巡抚张凯嵩办理中越边界滇越段的勘界事宜。这是滇越间正式划界的开始，从勘界、谈判到形成条约，前后历时十二年。云贵总督岑毓英等希望借此机会收复自明代失去、雍正六年正式赐予越南的大小赌咒河之间的疆域。他在奏片中说：“臣伏思越为中国外藩要地，归藩原系守在四夷之意，不必拘定撤回。现在越几不能自存，何能为我守险？应否俟堪界时，将都竜、南丹各地酌议撤回，仍以大赌咒河为界，以固疆圉而资扼守之处。”[②] 在随后的中法滇越段界务谈判中，清朝并未实现恢复中越旧界的目的，但也收回了雍正六年赐予越南的部分领土。至 1897 年，双方签订了六个主要条约，中法“勘定滇越边界”及立碑的全部工作结束。

---

① 《中外条约汇编》“中法条约”，王云五编《万有文库》，商务印书馆，1933，第 89 页。

② 黄胜陆等标点《岑毓英奏稿》下册“请仍以大赌咒河划分滇越界限片”，广西人民出版社，1989，第 783 ~784 页。

第二次世界大战后，中、越新政权先后建立，在边界问题上，双方均表示尊重中法界约划定的边界线，对于历史遗留的少数地段问题，在双方政府协商解决之前，应严格保持边界现状。但1973年美越停战后，越方开始有组织、有计划、有目的地在中越边境制造大量事件，以达到蚕食和侵占中国领土的目的。中越关系因此恶化，直至战事发生。1991年，中越两国关系实现正常化，在陆地边界问题上，经过双方协商，同意以中法签订的《续议界务专条》和《续议界务专条附章》为依据，核定边界的全部走向①。1999年12月30日，双方签订《中越陆地边界条约》。2001年11月，两国政府成立中越陆地边界联合勘界委员会，负责勘界立碑工作，并起草两国陆地边界勘界议定书及其附图。到2009年2月，中越双方陆地边界的勘界立碑工作完成。同年11月，双方举行陆地边界勘界文件签字仪式，签署《中越陆地边界勘界议定书》及其附图、《中越陆地边界管理制度协定》和《中越陆地边境口岸及其管理制度协定》等三个文件。至此，中越历史上遗留的陆界问题，得到彻底解决。

政治疆域的变迁与变化，必然影响至依附于土地上的民众。生于斯长于斯的各民族群众，一般难因政治观念轻易放弃或改变传统的生活状态。即便是历史迁徙活动中的后来者，也并未因受政治观念影响而有意止步于疆界内外，而往往形成整族越界或跨境而居的局面。边民虽然在政治层面发生着身份的变化，但在社会生活层面则延续了传统和习惯。何况古代国家对极边地带的管理原本鞭长莫及，边民也少受此疆彼界观念的困扰。因此，边民跨境流动自始便是一种自然且政治上无意识的日常生活内容。所谓“边民跨境流动

---

① 据云南省志编纂委员会总纂、云南省外事办公室编撰《云南省志》卷53“外事志”，云南人民出版社，1996，第63～69页。

问题”，其实是一个纯粹政治视角的行政管理问题。

（三）历史上的民族迁徙及布局构成边民跨境流动的基本因素

在同一地域的相同或相近民族间进行疆界的划定，既是造成滇越边民跨境流动的政治原因，又是一个逐步明确的历史过程。在这个过程中，滇越间民族的历史分布及迁徙，为边民跨境流动提供了内驱力。跨境民族原本就属于一个社会系统，彼此间很难因政治原因而断然决裂。显然，疆域剖裂才是造就边民身份以及边民跨境流动问题的直接原因。

中越边境地区生活着十几个跨境而居的民族。按中国已确定的民族成分来计算，有 13 个民族：壮、傣、布依、苗、瑶、汉、彝、哈尼、拉祜、仡佬、京、回、布朗；按越南已确定的民族成分来计算，有 26 个民族。中越两国对这一地区民族数量认定的差别，缘于两国不同的民族划分标准。有的族群在中国属于同一个民族，在越南则被划分为两个或多到五个民族。如中国的壮族，在越南则被划分为岱族、侬族、布标族、拉基族、山斋族。另外，两国也有将同一民族成分划入不同民族的情况，如“越南的山斋族由高栏和山子两部分组成，在中国高栏是壮族的一部分，山子是瑶族的一部分”[①]。

在中越跨境民族中，有的民族自历史早期便在中越边境地区居住，如布朗族中的莽人，是早于傣族在西双版纳居住的土著居民[②]。但 18 世纪以后，莽人大多迁往境外，留在境内的又多融入傣族中。“民国时，几十户芒人（莽，金平没有芒人）散居在国境沿线……

① 参见范宏贵《越南民族与民族问题》，广西民族出版社，1999，第 286 页。

② 据范宏贵《越南民族与民族问题》，广西民族出版社，1999，第 286～287 页。

12 个村寨，小的村落仅四五户，大的不过十来户”[①]。1959 年，在政府帮助下，当地的莽人合并为四个村子。至于莽人何时来金平定居，则无从考证。越南境内的莽族，主要分布在与我国金平、绿春相邻的莱州省的三个县。

壮族是较早到中越边境地区从事开发、生产的民族。《富宁县志》载：“壮族源于古代南方百越族群中的骆越。县境内壮族中，布土为土著居民，占壮族总人口的 50% 以上。”[②] 据《金平县志》载，金平壮族的先辈来自两广、贵州、文山。“入居金平时间无可考证，据民间调查，壮族为较早开发金平的民族之一。”[③] 壮族支系众多，“布土”“布岱”“布壮”“布侬”是其中较大的支系。在越南，壮族被划为五个民族：岱、侬、布标、拉基、山斋[④]。越南认为岱族及“越南的侬族、热依族、高栏－山子族，与中国的壮族有亲缘和亲近关系”[⑤]。其中，“热依族”在中国是布依族，而“山子”在中国属瑶族[⑥]。

侬族在中国是壮族的一支，有学者认为其与广西左右江一带的布依属同一支系。越南侬族比岱族迁居越南的时间要晚，只有“二、三百年的历史”，至少发生在岱族在同一区域的开发完毕之后。“侬族的分布特点，也是侬人来到越南领土上居住不很久的证明之一。

① 金平苗族瑶族傣族自治县地方志编纂委员会编《金平县志》，生活·读书·新知三联书店，1994，第 131 页。
② 云南省富宁县地方志编纂委员会编《富宁县志》，云南民族出版社，1997，第 159 页。
③ 金平苗族瑶族傣族自治县地方志编纂委员会编《金平县志》，生活·读书·新知三联书店，1994，第 129 页。
④ 据范宏贵《越南民族与民族问题》，广西民族出版社，1999，第 286 页。
⑤ 越南社会科学委员会民族学研究所编著《越南北方少数民族》，范宏贵等译，广西民族学院民族研究所，1986，第 128 页。
⑥ 越南社会科学委员会民族学研究所编著《越南北方少数民族》，范宏贵等译，广西民族学院民族研究所，1986，第 128 页。

他们住在狭窄的山谷之中，没有足够的条件耕种水田，这就必须开垦部份（分——引者注）坡地，即土耕地”[①]。但有学者据《大南实录》中“侬是客户，土是居人”一句，便下结论：“即是说，1802年越南阮朝统治整个越南之前，迁入或已定居越南的称为岱，而在此之后迁入越南的称为侬。”[②] 这种说法显系误解。“土”是岱族的自称，“客户”与“居人”只是用来描述区域内人群到来的先后顺序，并无根据阮朝建立统治划分民族的含义。范宏贵援引越南学者的研究成果，认为壮、岱、侬虽具有同一起源，然而在交趾脱离中国独立后，在各自文化发展上产生了差异。岱族和侬族受越族影响较多，其中岱族所受影响更深，而中国的壮族显然受到汉族的影响更多[③]。

同早期的开发者相比，今天边境上的许多民族则经历了一个迁徙、定居和开发的漫长历史过程。作为滇越边境地区主体民族之一的哈尼族，与彝族、拉祜族、纳西族均源于古代氐羌。在哈尼族传说中，哈尼先人曾游牧于遥远的北方一个叫“努玛阿美”（这是《红河州志》中记载的地名，《江城县志》中作“努美阿玛”，《绿春县志》中作“努马昂美”）的地方。“唐代‘昆明’部族中出现了‘和蛮’及‘和泥’的分支，这是历史上最早的哈尼族称。因频繁战乱，哈尼先民被迫离开滇中腹地南迁，进居红河南岸的哀牢山。”[④] 《江城县志》记载：“过去哈尼族迁徙频繁，有不少人迁往越南、老挝。同

---

① 越南社会科学委员会民族学研究所编著《越南北方少数民族》，范宏贵等译，广西民族学院民族研究所，1986，第159页。

② 周建新：《中越中老跨国民族及其族群关系研究》，民族出版社，2002，第81页。

③ 据范宏贵《越南民族与民族问题》，广西民族出版社，1999，第289页。

④ 红河哈尼彝族自治州志编纂委员会编《红河州志》卷1，生活·读书·新知三联书店，1997，第274页。

时也有不少人从元江、墨江、普洱、绿春相继迁来江城。历史上总的趋势是由北向南，不断迁移。”[①]《绿春县志》的记载，则认为哈尼人从“努美阿玛”迁出的时间在宋朝以前。据记载：“今县境的哈尼人普遍传说：在很早以前，哈尼族的祖先生活在一个称为‘努马昂美’的地方。那是个阳光普照，土地肥沃的盆地（或坝子），后来由于人口的不断增多，加上与异族的争斗而迁徙，来到了拉煞咪常（今元江县境）。过了一些年，居住于拉煞咪常的哈尼人又有一部分来到了今天县境的嗒东、阿迪等地居住，以后又逐渐迁往今县境的其他地方。至宋代，今大兴区一带就有分别以‘扁马阿波’‘衣贵巴腮’‘莫董莫千阿培’等人为首的小村社，居住在今则东、阿迪、高山寨后山等地方。”这可能是最早到绿春定居的哈尼人，宋代以后又有另外的哈尼人迁入。县志载：“宋代大理国时期，又有一批人从今文山州方向迁入……元以后至清代，又先后从个碧、成尼（今红河县宝华区）一带及他郎（墨江）、勐烈等方向陆续迁来了一批被称为‘瀚尼’或‘和尼’‘窝尼’‘倭尼’的哈尼族。”[②]

越南哈尼族比较集中地分布在莱州省的孟德县和老街省（1991年，黄连山省划分为老街省和安沛省）的巴刹县，“现在居住在莱州、黄连山两省的哈尼族人的祖先都是从中国云南省金平县和绿春县迁徙来的。据老人们说，大约三千年前，哈尼族的祖先来到莱州，开始有五、六户人家，居住在越中边境的我国一侧，不久后又搬回云南。十二年后，由于忍受不了中国封建统治者的残酷剥削，哈尼人又来到莱州”。其中“三千年”之说，要么是流传错误，要么是

① 江城哈尼族彝族自治县志编纂委员会编《江城哈尼族彝族自治县志》，云南人民出版社，1989，第351页。

② 绿春县志编纂委员会编《绿春县志》，云南人民出版社，1992，第115～116页。

笔误，比较合理的解释是在三百年前。黄连山的哈尼人到越南定居稍晚一些，“大部分哈尼人是在一百五十年前到越南的”[①]。

今天滇越边境地区的民族分布格局，基本奠定于明清和民国时期。富宁县的壮族大部分为土著居民，但“天保支系明末从广西天保（今德保）迁入东南部，落业半山区；隆安清中叶从广西隆安迁入剥隘、谷拉山地；蔗园清乾隆年间从广西迁入，先在剥隘，后到归朝、洞波，喜居热带；龙音清嘉庆年间从广西天等迁入，落业谷拉九弄，少数迁入新华、归朝、板仓；布雄清末从广西那坡、靖西迁入，分布在板仓、郎恒、归朝、新华、洞波、阿用；其他壮族支系于民国年间从广西迁入。”[②]

《金平县志》记载：“金平的彝族不是土著，而是自外而入，是清代从石屏、建水、蒙自、开远、个旧、元阳等地陆续迁入。”[③] 清代雍正年间推行改土归流，居住在云南腹地的彝族受到打压，被迫向边地和山区迁移。《绿春县志》记载：“本县的彝族是在清雍正七年（1729 年）至乾隆三十九年（1775 年）间，先后从今元江、元阳、建水、石屏等地迁入的。”[④] “倮倮”一称在中国彝族那里具有歧视性含义，而在越南并无此意，所以越南沿用了这一称谓。有越南学者认为倮倮族迁入越南北部的时间可能在南诏亡国或更早时期，而另一些则认为“明朝（约公元 15 世纪）才是倮倮族历史的里程

① 越南社会科学委员会民族学研究所编著《越南北方少数民族》，范宏贵等译，广西民族学院民族研究所，1986，第 344 页。

② 云南省富宁县志编纂委员会编《富宁县志》，云南民族出版社，1997，第 159 页。

③ 金平苗族瑶族傣族自治县地方志编纂委员会编《金平县志》，生活·读书·新知三联书店，1994，第 122 页。

④ 绿春县志编纂委员会编《绿春县志》，云南人民出版社，1992，第 135 页。

碑"[①]。由于不堪忍受封建剥削，倮倮酋长举族南迁，进入越南北部定居。前一说法，以南诏主要由彝族创建为基础；后一说法，既有传说为依据，也与彝族在云南南部迁徙的时间较吻合。《红河州志》和《江城县志》均记载彝族迁入当地的时间在明清时期，《绿春县志》记载的时间更为具体："本县彝族是在清雍正七年（1729 年）至乾隆三十九年（1775 年）间，先后从元江、元阳、建水、石屏等地迁入。"[②]

河口主体民族瑶族迁入的时间在清朝乾隆、嘉庆年间。《河口县志》记载："据瑶族的家谱、信歌记载和墓碑调查，瑶族进入河口定居约在清朝乾、嘉年间，至今近三百年，其迁徙路线大都是从湖南进广东转广西，经文山或临安进入，亦有少量从广西转道越南进入。"[③] 关于瑶族进入越南北部地区定居的时间，《越南北方少数民族》一书给了一个很宽泛的时间段："这个过程可能发生在隋唐到明、清时代，直至本世纪初还在继续。"[④] 可见中越之间民族的迁徙流动，在历史上曾是一个持续不断的过程。

苗族迁入滇越边境地区的时间在明朝初年。《麻栗坡县志》记载："明洪武十五年（1382 年）朱元璋派兵 30 万征云南，除了派大批汉军屯兵云南和迁来大批汉民开发云南外，同时也强征大批苗军和苗民屯田云南。麻栗坡县苗族大多是这个时候入境的。"[⑤] 康熙年

① 越南社会科学委员会民族学研究所编著《越南北方少数民族》，范宏贵等译，广西民族学院民族研究所，1986，第 338 页。

② 绿春县志编纂委员会《绿春县志》，云南人民出版社，1992，第 135 页。

③ 河口瑶族自治县地方志编纂委员会编《河口县志》，生活·读书·新知三联书店，1994，第 93～94 页。

④ 越南社会科学委员会民族学研究所编著《越南北方少数民族》，范宏贵等译，广西民族学院民族研究所，1986，第 303 页。

⑤ 麻栗坡县地方志编纂委员会编《麻栗坡县志》，云南民族出版社，2000，第 159 页。

间，苗族跟随吴三桂反清，失败后被迫迁居到中老、中越边境地区。富宁县境内的苗族多在明末之后迁入，“西南部多由越南、广南、麻栗坡迁入，如吴、朱、杨、侯、熊、陶、王、古等姓均于中法战争时从越南到此定居。多分布于与越南接壤和广南县相邻的西南部边境的崇山峻岭之中。西北部多从贵州、广西入居。”[①] 最早一批苗人迁入越南北部，“距今三百多年前，到达边界的河宣省、黄连山省。此后，迁移浪潮延续至1950年中国完全解放的时候，其中有两个大的迁移阶段：距今二百多年和一百多年的时间。我国几乎所有的苗人还记得他们是从贵州迁移来越南的。”[②]

滇越边境线上的其他跨境民族，也多由邻近区县迁徙而来。据《绿春县志》记载，县境内的拉祜族是在“清朝中后期（1786～1886年），由当时的郎厅陆续迁来的”[③]。傣族很早便在滇南边疆地区居住，河口的傣族，则是在嘉庆十八年（1813年）从石屏县五郎沟河范白镇迁徙而来。据县志载：“桥头乡傣族古墓碑文载，多是乾隆五年自阿迷州土老寨和开化府的马塘、麻栗坡、那岭冲、田湾、老头寨等处迁来。”[④] 麻栗坡的傣族，却是在“宋朝末年来自泰国，经越南迁入县境”[⑤]。而仡佬族则来自贵州和云南的广南县。越南的仡佬族，是辗转从贵州迁去的。最早迁入越南的一批仡佬族人，有150～200年的历史。

滇越边境地区的民族迁徙及布局，使得边民跨境流动体现为一

---

① 云南省富宁县志编纂委员会编《富宁县志》，云南民族出版社，1997，第189页。

② 越南社会科学委员会民族学研究所编著《越南北方少数民族》，范宏贵等译，广西民族学院民族研究所，1986，第274页。

③ 绿春县志编纂委员编《绿春县志》，云南人民出版社，1992，第151页。

④ 河口瑶族自治县地方志编纂委员会编《河口县志》，生活·读书·新知三联书店，1994，第117页。

⑤ 麻栗坡县地方志编纂委员会编《麻栗坡县志》，云南民族出版社，2000，第188页。

种族内或族际自然交流的社会活动。在边民生活中，原本只有婚丧嫁娶、赶圩、耕作这些日常事务，区域内或族内、族际的流动是再正常不过的事情。与曾经比较模糊的政治疆界相比，边民的跨境流动只是基于生活所需的一般性流动。

二　滇越边民跨境流动的历史现象

《云南省志·外事志》总结了中华人民共和国成立后云南省边民出入境的三种情况："经济往来""宗教往来""通婚、迁移和探亲访友"[①]。这绝非新情况，而是历史状态的延续。当然，这三种情况只是就定居已久的边民而言，但对于寻找定居点的先民们来说，则是一个不断迁徙和适应的过程。先民们迁徙的原因很多，《云南民族迁徙文化研究》一书将其分为"战争动迁""政治动迁""生计动迁""自然灾害和疾病动迁"四种[②]。这四种迁徙原因，在中越边境地区迁徙的先民那里同样存在。今天居住于滇越边境地区的人们，往往能从祖辈那里继承一段先辈曾经遭受压迫、战乱而迁徙的记忆。中越两国文献中，也都有关于对方边民到己方境内躲避灾难的记载。古代云南区域政权的每次破亡，都会导致民族大迁徙。"在综合大学黄氏珠和社会科学情报研究所阮灵的联合报告中说南越、南诏、大理各王国破亡以后，操岱－傣语言的人迁移到越南，而后是瑶人、苗人、高栏－山子人、侬人、汉人以及包括操藏缅语言系统的如哈尼、拉祜、倮倮等其他少数民族迁移到越南。"[③]

---

① 云南省地方志编纂委员会编《云南省志》卷53"外事志"，云南人民出版社，1996，第182页。

② 据苍铭《云南民族迁徙文化研究》，云南民族出版社，1997，第132～142页。

③ 越南社会科学委员会民族学研究所编《关于确定越南北方各少数民族的成分问题》，范宏贵等译，广西民族学院民族研究室，1978，第16页。

每次重大军事冲突也会引发类似民族大迁徙的结果，例如宋皇佑年间，狄青镇压壮族侬智高起事，便引起壮族人口的向西、向南及向中越边境地区的大迁徙。《麻栗坡县志》中记载："北宋年间，因侬智高反宋失败，壮族侬支系大量迁入麻栗坡。"① 在滇越边境越南一侧的拉基人中同样流传着关于侬智高的传说："侬智高被杀头后，问他母亲：人头被砍掉后，人死不死？母亲回答：人头被砍掉，哪有不死的道理。于是侬智高的头落地，天上下了血雨。"② 这反映了拉基人的祖先正是侬智高起事的当事者，或许正是在起事失败之后，才避居到越南一侧。

政治影响、军事原因导致的跨境迁徙，在中越历史上屡见不鲜。越南历次朝代更替时，旧王朝均会援"宗藩关系"向中国寻求庇护或帮助，其残余势力则会进入中国境内。乾隆初年，越南处于南北朝对峙时期，越南北部在郑氏当政的北朝控制之下。由于当政的郑杠荒淫无度，政治乖谬，导致社会动荡不安，寇盗如麻。山南的黄公质起兵作乱，成为巨寇之一，后据守猛天峒。1769 年，郑森派军队进攻猛天峒，其时黄公质已死，其子黄公缵无力抵抗，逃奔云南避难。云南地方官员向乾隆帝报告："安南夷目黄公缵等向居南掌猛天寨地方，今被黎维密攻打，力不能支，率眷属、民人四百余名，恳求内附。"③ 乾隆为了维护中越关系，同时又想维护"中朝一视同仁之体"，几经权衡，最终将黄公缵一支送往新疆安插。事实上，自

① 麻栗坡县地方志编纂委员会编《麻栗坡县志》，云南民族出版社，2000，第 166 页。
② 据范宏贵《越南民族与民族问题》，广西民族出版社，1999，第 292 页。
③ 云南省历史研究所编《〈清实录〉越南缅甸泰国老挝史料摘抄》，云南人民出版社，1986，第 71 页。

1664 年至 1885 年，进入中国要求避难的越南政治人物共有八批[①]。其中又分为曾受清朝册封和未受册封两种，清政府根据情况分别进行了处理。

越南历次事件或遭难时，均有臣民叩关，进入中国境内避难。如乾隆七年（1742 年），广西巡抚杨锡绂向乾隆汇报安南灾民的安置情况，乾隆要求滇、粤两省督抚“悉心筹画，嗣后应如何立法整饬之处，会同详酌妥办，具折奏闻。务使各关隘盘查禁止实在严密，以靖边疆。”[②] 19 世纪中后期，法国试图侵吞越南，法军进攻越南北部，越南难民进入云南避难，云贵总督岑毓英就难民安置问题上奏朝廷。他在奏折中说：“乃近年越南难民与原籍两粤流寓北圻民人，皆不堪其虐，相率投奔滇境。臣念诸难民在法人视为乱氓，驱除不遗余力；在中国同为赤子，漠视殊觉难安。且从前出师越南，曾与之联络，以孤敌势，亦有微劳。今穷迫来投，情理无可峻拒，是以会商抚臣，谨遵前旨，妥筹安插。现投入边境者计分三大股，越南奠边府知府刁文撑之子刁文持率二猛、十洲之众，连家属眷口约计二三千人由黑江、藤条江等处投入建水、蒙自两县边境，当饬临元镇总兵何秀林、在籍广东补用知府李广翰择地安置。”[③] 1889 年蒙自通商及 1910 年滇越铁路通车后，“越南侨民陆续进入境内河口、蒙自、开远、个旧、建水、石屏等地；第二次世界大战期间，又有部分越南难民进入上述地区，从事医务、饮食、理发、缝纫、修缮、

---

① 据孙宏年《清代越南政治避难者问题初探（1644～1885）——兼论“一个安南〔越南〕”原则》，《南洋问题研究》2000 年第 2 期。

② 云南省历史研究所编《〈清实录〉越南缅甸泰国老挝史料摘抄》，云南人民出版社，1986，第 14 页。

③ 岑毓英：《越南难民投奔滇境妥为安插折》，《云南史料丛刊》第 9 卷，云南大学出版社，2001，第 705 页。

手工业等行业。"[①]

历史上边民的跨境迁徙也发生在以下情况中：基于特定耕作方式的游耕、游居。因一些民族采取游耕的生产方式，在一个地区停留的时间取决于林地的大小、土地的肥沃程度和水源的状况等自然因素。清代以前，迁居到滇越边境地区的苗、瑶等民族，便处在游耕的生产阶段。清朝中期以后，由于人口增加，内地人口迁向滇黔地区。滇黔地区民族受到挤迫，便向西、向南迁徙，往森林茂密的地区不断移动。游耕的生产方式，需要不断更换土地。每当他们在一处林地砍烧耕种一段时间后，土地转瘠，产量降低，便需要寻找另一块森林，于是这部分人群又开始了新的迁徙，即"箐伐尽则他徙"。游耕经济抗灾害能力有限，苗、瑶等游耕民族更青睐气候温润的滇南、滇东南和东南亚森林茂密的地区。清代、民国时期马关县、麻栗坡地区的瑶族人，还保持着游耕的生产、生活方式。《民国马关县志》载："游耕，逐山箐以为家，性疑胆却，窜徙无定，生计不良，种类已微。"[②] 这种游走的耕作方式，往往成为跨境民族流动的重要动因。红河州的一批长期保持游耕传统的苗族，约 80 人于 1996 年游耕出境，经过越南，后又进入老挝，在国外游耕两年多，后被老挝政府部门发现并遣送回国[③]。

中越边境地区山脉连绵，地势由北向南自然过渡。历史上，越南长期隶属中国，即便后来独立，中越在较长的历史时期仍保持着密切的"宗藩关系"。在边境地区，"大部分边民都是跨境而居的

① 红河哈尼族彝族自治州志编纂委员会编《红河州志》卷 7 "外事篇"，生活·读书·新知三联书店，1995，第 36 页。

② 《民国马关县志》（一）卷 2 "风俗志"，《中国地方志集成·云南府县志辑》45，凤凰出版社，2009，第 221～222 页。

③ 参见周建新《中越中老跨国民族及其族群关系研究》，民族出版社，2002，第 158 页。

苗、瑶、壮、彝、仡佬等同一民族，语言相通，习俗相同。”[①] 抛去政治因素，人们事实上生活在一个相对独立的民族社会、经济共同体中。通过这个相对独立甚至孤立的生活环境，人们能够获取生活所需的多数资源。对于尚处于游耕阶段的民族来说，情况更是如此。因此，中越之间即便存在明晰的边界线，但边境上的居民仍然根据习惯保持着跨国而居、跨境流动的传统。“双方边民出入境往来虽受国家关系变化的影响，但从未间断。”[②]

1927 年，红河州金平县的勐拉刀姓土司传到刀郁州时，已历七代。刀郁州有两个儿子，长子刀永福，次子刀永生。刀永福先娶刘氏为妻，继娶谢氏为妾。谢氏为“越南猛轰地方谢里长”人家之女。谢里长是在法军攻取越南北部时“带领全家老小，逃到勐拉地方逃难”[③]的。刀姓两兄弟不睦，“永生乘永福不备，率领六官寨、曼棚、那窝三个寨的群众，打进土司衙门里，当场把大哥杀死”。刀永福长子被人辗转送往越南莱州土司刀文持家抚养，而谢氏则带领幼儿辗转于蒙自、个旧、临安等地，寻求力量以报仇，最后终于得偿所愿。在此期间，不仅谢氏一家辗转于中越边界内外，而刀姓土司也在滇越两边都有亲属，且来往频繁。如刀姓土司这般亲族跨居，急难时相互投靠的情形，在滇越边境地区很普遍。

双方边民也有跨境帮工或打工的传统，曾有哈尼人到越南卖工碰到远亲的事情[④]。历史相延，双方边民互婚的现象也非常普遍。清

---

① 麻栗坡县地方志编纂委员会编《麻栗坡县志》，云南民族出版社，2000，第 770 页。

② 云南省地方志编纂委员会编《云南省志》卷 53 “外事志”，云南人民出版社，1996，第 182 页。

③ 中国人民政治协商会议云南省红河哈尼族彝族自治州委员会文史资料委员会编《红河州文史资料选辑》第 4 辑（红河地区土司史料专辑），云南人民出版社，1985，第 147 页。

④ 参见中国民间文艺研究会云南分会、云南民间文学集成编辑办公室编《云南民俗集刊》第 5 集，第 118 页。

代和民国时期，“政府不干涉边民互婚问题，由当地边民跨境结婚。”[①] 中华人民共和国成立后，政府对边民互婚问题既不提倡，也不禁止。除在国家关系紧张的时段外，滇越边境地区互婚情况始终存在。《马关县志》载：“仅都竜等 3 个边境站的不完全统计，1950～1963 年，马关县嫁到越南去的女性有 23 人，越南嫁到马关县来的女性有 34 人，以后的时间边民互婚现象更为普遍，只是没有具体调查统计而已。”[②] 另据《云南省志》记载：“1963～1965 年，红河州边民互婚 127 人。1966～1976 年中国‘文化大革命’期间，红河州边民互婚超过百人，金平县 75 人……1980～1985 年中越边境处于军事对峙状态，红河州边民互婚 11 人。越南边民 6 人入境马关县互婚。”边民的流动也表现为探亲以及经济来往。即便在中越关系紧张的时期，双方亲属的来往也没有间断。

显然，滇越边民跨境流动既有传统习俗相因表现的社会常态，也有特殊历史时期的非常流动情况。政治原因引发的流动或战争避难，便是这种特殊性的表现。20 世纪三四十年代，胡志明居住在云南红河州芷村南溪街，从事革命活动，便是政治原因形成的暂时性流动。当时在南溪街生活的越南人很多，便是一个历史形成的人口跨境流动的实例。

此外，边民因趋避利害而辗转于中越两国之间的跨境行为，因对国家的认同，尤值得关注。如何应对或理解边民跨境流动中存在的这一因素，关系到边疆治理的成效和结果。

---

① 麻栗坡县地方志编纂委员会编《麻栗坡县志》，云南民族出版社，2000，第 771 页。

② 云南省马关县地方志编纂委员会编《马关县志》，生活·读书·新知三联书店，1996，第 640 页。

三 滇越边民跨境流动的历史特征

历史上滇越边民的跨境流动，基本保持在传统习俗相延的范围内。互婚、走亲、帮工、打工、赶圩，都与历史上民族区域内的生活状态直接相关。即便是民族迁徙中的跨境现象，也不过是人们为谋生而寻找更好栖居地的反映。因政治或战争而产生的边民流动，则表现为外部力量胁迫的特征。

（一）区域内经常性、习俗性跨境流动明显

滇越边民在一定区域内的经常性、习俗性跨境流动，是一个历史的自然事项，许多学者通过深入的调查研究，对此进行过细致的描述与总结。卢鹏《滇越边民跨境流动及其特征——基于“江外三猛屯方”哈尼族的实证研究》一文，基于“江外三猛屯方”哈尼族人跨境而居、跨境流动的考察，总结了边民跨境流动中“族缘、亲缘是跨境流动的重要纽带”“经济交往活动在跨境流动中日益增多”“追逐经济利益成为边民跨境流动主要考虑的因素”三大特征[①]。另据杨磊《从滇越东段边界走廊考察壮族与岱侬族的跨境关系》一文，在对滇越东段边界走廊进行考察时，也总结了滇越边民跨境流动的五个特征，即跨境民族的关系千丝万缕、跨境迁徙的原因基本相同、迁徙后所居环境与原居住环境相似、迁徙后保留原有传统、边民国家观念强但边界意识弱。[②]

基于上述观察，审视滇越边民跨境流动的特点，似应从区域内

---

① 卢鹏：《滇越边民跨境流动及其特征——基于“江外三猛屯方”哈尼族的实证研究》，《红河学院学报》2013 年第 5 期。

② 参见杨磊《从滇越东段边界走廊考察壮族与岱侬族的跨境关系》，《文山师范高等专科学校学报》2007 年第 3 期。

族群分布和经济联系的角度加以分析。除去政治、灾害或战争引发的偶然性边民流动，在历史长时段里，跨居族群自然联结为关系紧密的经济体，边民的跨境流动呈现出经常性特征。面对处于边境上因历史相延形成的周期性经济交流活动，无论处于政治边界的哪一侧，生活在其辐射圈内的人们，会很自然地形成与之相应的生产、生活习惯。人们将自家所出运到集市上售卖，同时换取生活必需品。诸如此类跨境流动，只是边民生活中极其普通的组成部分。经常性的边民流动则发生于日常生活中的每一时刻。如果将边民内部存在的互婚、互市、走亲访友、互帮互援等交往形式，置于区域内的族群角度来考察，便会发现其日常化、生活化特征。据张鹤光等的《中越边界（文山段）跨境民族调查报告》，文山州边贸的发展主要体现为中越毗邻村寨边民集市的小额贸易，而官方口岸却难以繁荣。可见边民的经济交往，仍然延续了区域内族群间构建信任的传统模式。这一点也与《中越边界（文山段）跨境民族调查报告》一文的调查结论一致："由于中越边境都是山区，对外交通不方便，形成了天然的大大小小的'地缘圈'，在这个圈内，有着大大小小的自然通道300多条，把当地的经济文化紧密地联系在一起。人们在这个很小的范围内往来，互通有无，彼此间往往十分熟悉，到边境对面做生意，也很放心地把货物存放在相熟的人家里"[①]。

谷家荣的《滇越边民跨国流动与社会稳定研究》一文所举金平跨境布朗族人的生活、生产状态，便能充分说明在封闭的经济环境下，边民跨境流动的地域性和习俗性特征。金平布朗族村寨龙凤村与越南莽族南年村隔山背居，"'文革'时期，国内政治环境的变

① 张鹤光等：《中越边界（文山段）跨境民族调查报告》，《文山师范高等专科学校学报》2002年第2期。

化，曾使山居布朗族远离中国，向越南迁流”。由于中国经济迅速发展，对越南村民产生吸引，越南妇女外嫁到龙凤村的情况增多。另外，每逢“鼠”日，“很多越南人身背五六十公斤土产，翻山越境过山来出售。越南边民多是提前一天到龙凤村，托亲谢（歇——引者注）脚过夜，第二天赶集后才返家，往返一次需两天时间”。越南边民跨境到中方集市兜售土产，只是完成了整个行程的一半目的。“南年人上集将随身背带的东西卖后，再从联防集市买回粮种、大米、油、盐、蔬菜、衣服、鞋等生产、生活用品。”[①]

可以确定，这种极具生活性的边民自然流动，是历史画卷中的主要内容。人们不辞辛劳远道而来，定居于此，朝夕劳作，世代相传，无非是为了寻求一方能够生存、生活的空间。这种极具自然特色的生活状态，在历史上经常被来自政治或社会动乱的因素打断。即便人们观念里很少有此疆彼界的芥蒂，生活还是在历史的某一时期无法避免地被彻底颠覆。

（二）容易受政治因素及边境社会动荡影响

历史上中越不同政权间时有冲突发生，一方国内的朝代更替也会引起国家间关系的重新调整。而且边境地区已是古代国家统治薄弱之地，区域内部族间起于争夺的冲突具有经常性，甚至某些地方性冲突最终会引动国家间的对峙。而上述情形无不导致边境区域居民的规模性跨境流动，或者政治性流民的产生。

壮族首领侬智高领导的大规模起事发生在宋仁宗庆历年间，历时九年，在当时广西和贵州一带的民族起事中影响最大，最终被宋朝宣抚使狄青击败。侬智高的战败引起壮族先民尤其是侬支系的大

---

① 谷家荣：《滇越边民跨国流动与社会稳定研究》，《广西民族研究》2011 年第 2 期。

规模迁徙，甚至今天在中越边境地区的壮族人群中还保留着关于当年那场战争和迁徙的记忆，而侬智高反复起事本身就会给边境地区居民的生活带来损害。据《大越史记全书》记载："侬智高叛，僭称仁惠皇帝，国号大南，寇宋境，破横山寨……遂至广州城，傅城攻之，五旬不下，乃还。再入余邕，杀宋将佐三千余人。掳生口万计，所过焚荡无遗。"[①] 这种由战乱引起的边民大规模迁徙在此后的历史上并不鲜见。越南李朝建立后，积极向外扩张，多次侵越宋朝、大理国疆界。如庆历八年（1048 年）"秋，九月，命将军冯智能攻哀牢，获人畜甚众而还"[②]，这是典型的抢掠行为。当然，大理国也有出兵攻掠越南的军事行动[③]，均对边境地区人民生活造成巨大影响。

据《中越古代战争性质研究》统计，自宋初至清代中期，在中越边境地区，仅国家间的大规模战争就不下七次[④]，至于缘于边境地区民族冲突和叛乱的社会动荡又不知凡几。其中在《元史》有载的沙人，广泛分布于滇越边境地区。明万历四十八年（1620 年），"建水土酋刀春琪勾交趾兵入犯，攻破五邦等地，王弄山土目沙源率众堵截，斩其伪侯伯三人，巡抚委以王弄副长官事"。沙源骁勇善战，"有将材"，以功授官，"累加至宣抚使"。"蒙自土目何起龙据新现，多不法，源以计灭之，并其地。诸土司尽败亡，惟沙氏独强"[⑤]。土官或土司间抢夺地盘的争斗，固然影响当地人民生活，而频繁发生

① 〔越〕陈士连等撰《大越史记全书》上册"本纪卷之二"，陈荆和编校，日本东京大学东洋文化研究所东洋学文献刊行委员会，1984，第 237 页。

② 〔越〕陈士连等撰：《大越史记全书》上册"本纪卷之二"，陈荆和编校，日本东京大学东洋文化研究所东洋学文献刊行委员会，1984，第 236 页。

③ 据方铁编《西南通史》，中州古籍出版社，2003，第 386～387 页。

④ 据周增亮《中越古代战争性质研究》，硕士学位论文，广西民族大学，2009 年，第 32 页。

⑤ 王崧：《道光云南志钞》，杜允中注，云南社会科学院文献研究所，1995，第 443 页。

的匪患，则进一步加深了人们的苦难。

《清实录》记载，乾隆年间发生了多起由沙人挑动的边境事件。乾隆四年（1739 年）四月，游走生活于中越边境两侧的沙人青年矣长率领部众在越南打罗州起事，事败后进入中国境内寻求云南地方保护。由"投诚"人员提供的籍贯显示，他们多来自滇越边境地区，如云南广南府和安南的都竜、乾塘等地[①]。鉴于投诚情节，清政府对矣长等本拟斩立决的十一人，"照律减罪二等，各杖一百，徒三年。系夷人，折枷号四十日，责四十板。仍酌发广东、四川烟瘴地方，交与地方官严加约束。"而被认定为胁从的矣受等二十人，除均受"枷责"外，其中"系广南人，俱发回原籍安插，系交趾人，分发滇省有提镇驻扎之府，分交地方文武各官管束"[②]。矣长等人"投诚"并未结束沙人在边境地区的叛乱活动，"其余众犹屯聚于乾塘、洪水之间"[③]。

矣长事件之后，自乾隆六年起，又有越南沙人矣扬在滇越边境地区活动。据时任云南总督张允随奏折所述，乾隆八年四月矣扬"分遣贼党由牡丹、八宝两路进兵，攻打都竜一带地方"[④]，造成滇越边境一带的局势紧张。直到乾隆十四年，尚有关于矣扬与"都竜土目黄文琪连年构衅"的记载。矣扬"仍据安北夷府及上下洪水一带地方"，与"伪高平莫康""时复自相仇杀"，只是"贼势亦具衰弱"。乾隆年间沙人在中越边境地区的活动，只是众多边境族群活动的一个缩影。一旦有民族首领势强而争霸一方，便会引动边境两侧

---

① 据颜洁《清朝乾隆年间中越边境沙人事件——少数民族支系研究之二》，《东南亚纵横》2010 年第 12 期。

② 《清实录》第 10 册"高宗纯皇帝实录（二）"，中华书局，1985，第 1115 页。

③ 《张允随奏稿》，方国瑜主编《云南史料丛刊》卷 8，云南大学出版社，2001，第 589 页。

④ 《张允随奏稿》，方国瑜主编《云南史料丛刊》卷 8，云南大学出版社，2001，第 646 页。

族群加入其中，形成较大范围的社会动荡。对于动乱，中越政府一旦“不能及时剪灭”[1]，就难免引动边境居民为躲灾难而跨境流动。古代中越政府在边境地方的管理，除了严守隘卡以外，地方民政、治安方面均依赖土官、土目或土司等土著势力，一旦发生土著势力间的冲突或地方匪患，中央政府便顿有捉襟见肘的局促。

即便动乱发生于对方境内，己方边境防御亦不敢有一丝懈怠，这从乾隆年间云南督抚所上奏折中有关边境驻防的内容就能了解大概[2]。即便有严密的边境防范，只是中越边境绵长，险要隘卡能够守住，而众多边境小道却无从守卫，故经常会有“沙匪”越境“抢掠滋事”[3]。当然，这种“滋事”具有双向性，中国境内的沙人也经常跨境参与越南沙人的争斗。无论哪一方境内发生社会动荡，如此跨境助攻的行为，都会造成边境地区社会的持续混乱，于边境人民生产、生活不利。

（三）边民族缘、亲缘、地缘意识较强

基于上述两个特征的考察发现，历史上长期以滇越边境地区为栖居地的民众，国家边界意识不够，在多大程度上依据国家界限区分彼此或在情感上显示自然的国家属性，则在未知之列。从宋初广源州侬人首领在中越两边政府均领受管理的事实来看，处于两大政权边际的族群只能通过利害相权选择对某一方的实质性归属，同时又不刻意与另一方划分界限，从而获得更大的政治生存空间。这正反映了古代中越边界地区管控力量不足、区域归属不稳定的状态。

---

① 《张允随奏稿》，方国瑜主编《云南史料丛刊》卷8，云南大学出版社，2001，第755页。

② 《张允随奏稿》，方国瑜主编《云南史料丛刊》卷8，云南大学出版社，2001，第754～755页。

③ 《清实录》第16册“高宗纯皇帝实录（八）”，中华书局，1986，第845页。

就如广源州那样成为宗藩关系的恩赐品或朝贡物，被随意转赠、进献[①]。面对并不稳定的区域国家归属状态，世代生息其上的人们，无论政治上还是情感上都难以形成长期、稳定的国家认同。加之土司制度在地方管理中具有的民族性、宗族性，边民归属意识中的地域倾向便会占据主导方面。

由于区域内融为一体的族群关系，边民跨境流动也呈现出另一类特征，即边民的民族意识、亲缘意识和地缘意识强，而国家意识相对弱。边民的疆界意识同样淡薄，经常出现的过耕、过牧现象，便是此一特征的证明。中越两国新政权建立后，“双方边民因互婚、并居和其他原因仍互相迁移。1958 年‘大跃进’及后两年中国暂时经济困难时期，中国边民曾大量迁居越南。”“文化大革命”期间，“边民外迁大量增加，红河州边民数百户、数千人外迁越南。仅金平县就外迁 387 户，1989 人。”1980～1985 年，“因越南经济困难，越边民为生活所迫仍大量流入云南省边境地区，屡次动员出境无效。”[②]

20 世纪 90 年代以后，每年都有边民自云南流出境外。边民持续流出境外具有多重原因，但地域内族源、亲缘及文化因素在跨境流动选择中显然起着基础性作用。地域内的血缘纽带及族群、文化等相近因素，使得处于相对孤立状态的人们具有很高的认同感。滇越边民间的跨境婚姻极为普遍，据《滇越边民跨国流动与社会稳定研究》一文显示，“截至 2008 年底，仅云南文山州就有 828 对中越边民跨境通婚。除两对进行过正式登记外，其余全部为非法婚姻。”[③]

---

① 据萧德浩、黄铮编《中越边界历史资料选编》，社会科学文献出版社，1993，第 234～236 页。

② 云南省地方志编纂委员会编：《云南省志》卷 53“外事志”，云南人民出版社，1996，第 200～201 页。

③ 谷家荣：《滇越边民跨国流动与社会稳定研究》，《广西民族研究》2011 年第 2 期。

这种基于约定俗成而非依法律的婚姻状态，对于边民而言具有身份认同和观念上一定程度的影响。同族、同语的身份定位要明显高于国家身份定位。

综上所述，跨境流动是边民相延已久的习俗和生活状态，并且先于政治边界的划分而存在。环境对边民生活的影响在多数时间里有甚于政治，区域内经济关系、族群所属对于边民的意义比较突出。边民跨境流动的常态化、复杂性，决定了对此问题的任何决策和管理均须审慎。

第二节　我国古代对滇越边民跨境流动管理的政策措施与经验

中央政权对滇越边境地区，自古便依托当地土著首领实行间接管理。在较长时期里，边民的跨境流动问题因民族首领归属的游离性而变得模糊。

一　我国古代政府对滇越边民跨境流动管理的政策措施

历史上的中国长期是中央集权国家，大一统始终是中国历史的主流。中国历史上的各朝各代始终重视对边境地区的管治，探索实施了诸多行之有效的管治措施。在滇越边民跨境流动管理上，主要实施了以下政策措施。

（一）长期执行“羁縻”政策

宋代在西南边疆地区仍延续唐朝的羁縻政策，设置羁縻州县进行管理。据《宋史》记载，当时与越南接界的邕州于宋徽宗“大观元年，升为望郡。绍兴三年，置司市马于横山寨，以本路经略、安抚总州事，同提点买马，专任武臣，兴隆后文武通差。宝祐元年，兼邕、宜、钦、融镇抚使。县二……羁縻州四十四，县五，洞十一。”[①] 其中“县二”为宣化、武缘，由邕州直辖，而其余广大地区则均处于若即若离之间。其中本属邕州左江道管理的广源州，“州在邕州西南郁江之源……其先，韦氏、黄氏、周氏、侬氏为首领，互相劫掠。唐邕管经略使徐申厚抚之，黄氏纳质，而十三部二十九州之蛮皆定。自交趾蛮据有安南，而广源虽号邕管羁縻州，其实服役于交趾。”[②] 可见，当时被划为羁縻州的区域，尚未进入中央王朝有效管理之下，相互关系极不稳定。另据《宋会要辑稿》载：“元丰二年十月十三日，广南西路经略司言，交趾归所略二百二十一人，诏纳之，废顺州，以其地界［畀］交趾。”其中“顺州”下有注：“初，郭逵伐交趾，首下广源州、思琅州。诏以广源州为顺州，置官吏，发兵戍守。元丰元年秋，李乾德遣使人入贡，且以广源等州为请。诏：能归所略邕、钦、廉三州人口，当还其地。至是，以其地与之。然广源州旧隶邕管羁縻，本非交趾有也。”[③] 郭逵伐交趾事在宋神宗熙宁九年（1076 年），以反击前一年越南李朝对邕州地区的大规模攻掠。无论是宋神宗元丰二年（1079 年）将广源州归还越南一事，还是之前广源州人侬全福父子不堪越南欺压多次反抗的事实，以及宋仁宗于庆历八年（1048 年）拒绝侬智高内附的请求，均表明名义上的羁縻州——广源州已不在宋朝实际控制之下。而且在侬智高随后的反宋活动中，宋朝另一羁縻政区特磨道俨然成为侬智高的联盟和战略后方。上述情形，乃当时国力不足使然，后人在疆域治

---

① 脱脱等：《宋史》卷 90“地理志六”，中华书局，1977，第 2240 页。

② 脱脱等：《宋史》卷 495“蛮夷三”，中华书局，1977，第 14215 页。

③ 徐松辑《宋会要辑稿》卷 10122“蕃夷四”，中华书局，1957，第 7732～7733 页。

理和疆土维护方面，毋庸苛责古人。

（二）元代开始推行土司制度

自唐朝中晚期始，云南地区长期处于地方割据政权控制之下。其间经历了南诏、大长和国、大天兴国、大义宁国和大理国，直到元朝统一，云南重归版图。元朝加强对民族首领的控制，创立土司制度，并成为明清两代治理民族区域的重要手段。《中国土司制度》一书认为，土司列入正史虽自《明史》开始，“实则土司之起源，远在汉与唐宋之时”①。可以肯定，元代土司制度起源于汉唐以来的羁縻政策。与羁縻体制相比，土司制度更加内地化，与郡县制相较，又不改变土官从俗而治的性质②。土司既负地方民政职责，又兼边境防御功能。《中国土司制度》一书认为：“云南近缅甸、安南各边，防守事宜，亦责土司派兵负责。四川、广西各边亦然。土司之职责，重在保境安民。”③

《明清云南土司通纂》认为，云南土司制度“开始于元代，完备于明代”④。参考 2012 年出版的《中国土司制度史》中的观点，可知龚荫仍坚持这一说法，认为“土司制度是滥觞于元代”。其实从元代在云南建立地方管理的情况来看，无论是早先采用的蒙古式的军事组织，还是后来改用的与内地一致的行政组织，都有一个“参用土人”的内容，而且州县以下官吏基本任用土人。这种借助当地民族首领实现国土控制的思想与汉唐时期的羁縻政策并无二致，只

---

① 佘贻泽编《中国土司制度》，正中书局，1944，第 1 页。

② 据于逢春《“泛中原农耕文明板块”视域中的西南边疆及土司研究》，《民族学刊》2012 年第 1 期。

③ 佘贻泽编《中国土司制度》，正中书局，1944，第 1 页。

④ 龚荫：《明清云南土司通纂》，云南民族出版社，1985，第 9 页。

是更加职官化，在行政管理上相对直接[①]。进入明代，云南地方的行政体系、制度建设比元代更为完备，只是各级行政机构中以土官为主官的做法，似乎比元朝流官为主、“参用土人”的规定有所回缩。不过，明代对土司的管理显然比元代严格，也更加制度化，不仅控制了土司的世袭权，而且对犯罪或反叛的土司的处理也比元代严格得多。由此而观，明代在对土司的管理上、在边疆国土的治理上，较之元代还是进步了。

五代十国时期，北越与其他中原割据政权一样处于政治自为状态，随后建立的两宋政权均未能将北越以固有疆域收回，而云南方面当时被地方割据政权控制，滇越边境的管理情况已不得详知。即便元朝再次一统版图，由于滇越边疆实行土司制度，“土官、土司、土吏所治之民，其法称为夷律。盖就土民之习惯以为法，非中央政府所颁行之律例也。”[②] 这一情况即便在明清时期亦并无改观，土司制度具有独立一方的特性，尤其是西南疆域极边处的土司“与外夷之别者几希”[③]。因此，有关滇越边民跨境流动的详情仍然不得确知。只是，元朝承认了越南独立为国，就须加强边界管理和防御，也在情理之中。至元二十六年（公元 1289 年），枢密院拟议禁例中有一款涉及关津渡口：“关津渡口把隘去处，当该官员军兵人等，常切用心巡绰，盘捉一等作过歹人，务要严谨，勿致私受财货放行。”[④] 元代滇越边境既设关卡管理人员出入，就当有律例依据。而至明清时期，关津律令更加严格。

---

① 龚荫：《中国土司制度史》，四川人民出版社，2012，第 408～411 页。

② 佘贻泽编《中国土司制度》，正中书局，1944，第 1 页。

③ 佘贻泽编《中国土司制度》，正中书局，1944，第 1 页。

④ 郭成伟点校《大元通制条格》卷 18 “关市 · 关渡盘诘”，法律出版社，1999，第 233 页。

（三）明清两代施行关津律令

历史相沿，至明清时期，中越边境地区隘卡林立[①]，已形成较为完整的边境管理体系。明代对外失去元朝的包容气度，在边境管理方面，制定明确律令，限制人民随便进出关塞。《大明律》载有关于私越边境、关津的具体惩处办法。其中“私越冒度关津”条规定：“凡无文引私越关津者，杖八十。若关不由门、津不由渡者，杖九十。若越度缘边关塞者，杖一百，徒三年。因而出外境者，绞。”[②]可见，在明代国家管理层面，边民出入边境须凭“文引”，并且严禁私越边境的行为。即便是日常的商贸活动，若无政府批准，都须承担后果。“私出外境及违禁下海”条，对此有明确规定：“凡将马牛、军需、铁货、铜钱、缎匹、绸绢、丝锦，私出外境货卖，及下海者，杖一百。”[③] 依此而论，明代滇越边民的跨境流动，须遵守相关律法。

清朝前期对出入境实行严格封禁政策，无论出关或入关均严行禁止。其律令基本沿袭《大明律》，而又加详细。对于违禁出入边境行为，《大清律例》“私越冒度关津”条规定：“凡无文引私越关津者，杖八十。若关不由门、津不由渡（别从间道）而越度者，杖九十。若越度缘边关塞者，杖一百，徒三年。因而（潜）出（交通）外境者，绞（监候）”[④]。与明代相比，清朝在“律”之外，又以“条例”详细规定了边民出境的情况。对于受雇出口营生，诸如种地、砍木烧炭的情况，“条例”规定：“户工二部，照例给票。出

---

① 据王锡祺《小方壶斋舆地丛钞》第10帙，杭州古籍书店，1985年影印本，第130~134页。

② 怀效锋点校《大明律》卷15“兵律·关津”，辽沈书社，1990，第115页。

③ 怀效锋点校《大明律》卷15“兵律·关津”，辽沈书社，1990，第117页。

④ 《大清律例》卷二十“兵律·关津”，《景印文渊阁四库全书》第672册，台湾商务印书馆，第670页。

口、回日，仍察收。无票之人，令各处察拿。若捏称种地及砍木烧炭名色起票前往，而将票转卖与人，及买者一并拿送该部治罪。”对于无票私自出口的情况，条例规定：“杖一百，流两千里。”在《大清律例》中更有专门针对土官、土人过境的内容：“凡土官土人，如有差遣公务，应赴外省者，呈明本管官，转报督抚给咨，并知会所往省份督抚。令事竣勒限勿许逗留，仍知照本省督抚。”[①] 此条例只针对进入内地省份的“土官”“土人”，并无涉及出入外境的情况。“土官”“土人”出入边境，应当一依律例规定。

明清时期，围绕滇越边民流动问题，中越双方政府皆在重要关隘设卡检查，定期巡查边境。《清代中越陆地边境跨境问题管理（1644～1840）》[②] 一文系统总结了清代大部分时间里有关陆地边境的管理政策和相关举措，列举了清政府对中越之间人口迁移、互婚及贸易等活动的严格禁止性规定。虽然官方文本中措置严谨，在现实中却又呈现出另外的景象。《清实录》中乾隆朝的奏疏显示，面对越南北方的匪患以及沙人的经常性袭扰，云南地方政府除调动军队加以威慑外，并一再加强关隘的守卫和稽查。即便如此，也难以杜绝边民的自行跨境流动。乾隆八年（1743 年）的上谕便显示出“广南土人出交者纷纷”[③] 的情况。考虑到滇越之间的土司制度一直延续到民国时期，中越边民的跨境流动，或许自古便是一个缺少严密监控的事情。

---

① 《大清律例》卷二十“兵律·关津”，《景印文渊阁四库全书》第 672 册，台湾商务印书馆，第 670～671 页。

② 陈文：《清代中越陆地边境跨境问题管理（1644～1840）》，《中国历史地理论丛》2011 年第 1 辑。

③ 云南省历史研究所编《〈清实录〉越南缅甸泰国老挝史料摘抄》，云南人民出版社，1986，第 39 页。

（四）巡查边境的对汛机制

自 19 世纪晚期，越南逐渐沦为法国的保护国，中越间的边界事件，基本在中法之间交涉处理。《中法会订越南条约十款》（1885 年）第四款规定，中越双方边民的跨境行为均须得到双方边境官员的认可，并发给护照。第四款具体内容规定："边界勘定之后，凡有法国人民及法国所保护人民与别国居住北圻人等，欲行过界入中国者，需俟法国官员请中国边界官员发给护照，方得执持前往。偿由北圻入中国者，系中国人民，只由中国边界官员自发凭单可也。至有中国人民欲从陆路由中国入北圻者，应由中国官请法国官发给护照，以便执持前往。"①

鉴于中法战争后，中越边境地区中法的军事对峙，及游勇对边境地区的威胁，中法双方于 1896 年签订《中越边界会巡章程》六条二十八节，建立了双方会同巡查边境的对汛机制。中越边界被分为三段，"各由中法两国选派一大员会同督办巡查事宜"②。滇越边界为第三段，中国督办大员驻扎河口。这一机制一直持续到 1949 年中华人民共和国建立，成为中越边界管控的主要措施。至此，中越边民的跨境流动，在双边条约及机构层面得到规范和加强。

中越边民跨境流动的管理问题，从属于古代中央政权强化边疆区域治理的进程。在经历了"羁縻"思想之下的间接管理后，中央政权逐渐采取了改土归流，设置府、厅、州、县的直接管理方式。管理思想和方式的调整，既与中央政权疆域治理能力的提升有关，也与边疆地区的开发进程有关。另外，新航路开辟以来，西方势力

---

① 《中外条约汇编》"中法条约"，王云五编《万有文库》，商务印书馆，1933，第 89 页。
② 《中外条约汇编》"中法条约"，王云五编《万有文库》，商务印书馆，1933，第 120 页。

以侵略方式不断挤迫东方传统的宗藩体系，边疆地区的土司制度，已经成为西方削夺中国领土的途径和口实。在如此恶劣的边域局势面前，国家对边疆地区实行直接管理显得极为迫切。随着中外一系列边界条约的签订，传统上的习惯疆界逐渐为明晰的政治划界所取代，边民的跨境流动也逐渐进入政府边疆治理的政治视野。

二 古代对滇越边民跨境流动历史管理的经验总结

自秦朝建立统一多民族国家开始，由于行政管理能力有限，故在边疆地区的治理上，历朝政府基本依循迫使“蛮夷”首领内附并命以官职、名号实行间接管理的模式。中央政府对待“蛮夷”首领，既施恩惠加以笼络，又以军事等措施进行压制，以实现间接管理的目的。我国古代在边疆治理上，长期奉行“羁縻”政策，既流露了治理能力的局限，同时也是其一贯政治理念的反映。

（一）“守在四夷”治理思想下的边疆治理

对于西南边疆少数民族地区，元、明、清时期普遍通过土司制度进行统治。土司制度经历了一个逐渐形成和发展的过程，其“滥觞于秦汉，萌芽于三国蜀国，肇始于东晋南朝，雏形于唐、宋，定形于元代，鼎盛于明代，衰落于清代，残存于民国，1956 年进行民主改革时废除。”① 元以前实行的羁縻治策适用于广大边疆地区及邻邦，元代开始的土司制度则仅推行于西南边疆地区及与之类似的其他蛮夷地区，不实行于邻邦、内地和北部边疆。② 土司制度还有一个很明显的特点，即“通过对土司地区资源和税收的获取，以及以土

① 龚荫：《中国土司制度史》（上编），四川人民出版社，2012，第 204 页。

② 参见方铁《土司制度及其对南方少数民族的影响》，《中南民族大学学报》2012 年第 1 期。

军代替部分正规驻军、以土司充当各级官吏等途径……初步解决了过去经营边疆长期存在高成本、低收益的问题。”[①] 因而，土司制度对于稳固中央王朝在边疆少数民族地区的统治发挥着积极作用。

无论是羁縻治策还是土司制度，都是因为关注到了边疆民族地区与内地存在差别，故而采取的一种宽松、灵活的治理方式。这种治理方式，诚如吉登斯所言，“本土居民一般来说只要已经交纳了他们应交纳的赋税或者是已经呈奉了必要的贡物，就能保有先前的行为模式，甚至很大程度上还不会触及到他们已经建立的行政体系。”[②]《明史·土司传·总序》也说：“踵元故事，大为恢拓，分别司郡、州、县，额以赋役，听我驱调，而法始备矣。”由此，滇越边境地区土司只需要对国家“额以赋税，听我驱调”，国家并不干涉其内部事务。

古代国家治边，采用松散制度维系的办法，是其一贯政治理念的体现。“守在四夷”思想，源于周宗法分封时代，是古代国家制度不够完善、国土治理能力不足的反映。

（二）边疆治理强化进程中土司制度利弊并存

元朝疆域空前广阔，中央政权的领土控制能力大为提高。在边疆民族地区，元朝统治者总结唐宋羁縻州制的不足而创立土司制度，虽仍是古代羁縻思想的延续，但又不限于羁縻，对民族地区土著首领的控制已大为强化。明朝延续前代土司制度，又“大为恢拓，分别司郡州县，额以赋役，听我驱调，而法始备矣。”[③] 关于明代土司

① 参见方铁《土司制度及其对南方少数民族的影响》，《中南民族大学学报》2012 年第 1 期。

② 〔英〕安东尼·吉登斯：《民族－国家与暴力》，胡宗泽、赵力涛译，王铭铭校，生活·读书·新知三联书店，1998，第 62 页。

③ 张廷玉等《明史》卷 310“土司”，中华书局，1974，第 7981 页。

制度，佘贻泽认为："若纯以制度观念考察明之土司，则觉一切法令规章，均属不全，升降考绩，漫无定制。土司虽在千名左右，但无专司监视铃衡之官，亦无分级标准及设置条例。承袭、朝贡，虽有定章，然其所能限制土司者，为效甚微。"[①] 缘于此，以致明朝中叶以后，土官坐大，不法多事。

清朝在边疆治理上袭用明代制度，比之明代有所变化又有所加强，在承袭、朝贡、征调等政策方面更趋严格。清代土司还有定期觐见的制度，从观念上坚定其"向化之心"。然而，清朝保存沿边区域土司以保边的策略，"殊非安边之策也"。在近代西方侵略势力的鼓动、挑拨之下，被倚为藩篱的土司，"或竟自身为乱"。可见，土司"固非安边檄保藩篱之人也"[②]，甚至成为引狼入室之人。

（三）走向疆域直接治理的"改土归流"

清朝对付土司，有剿伐、改土归流和分建三种策略。其中"分建"，即将其土地分封给土司诸子，逐渐削减其势力。改土归流的措施始于明代，但由于官员态度不一而成效不如清代。自雍正后，改土归流成为清代固定策略，凡遇土司为乱，"多改流设县"[③]，川、滇、黔势力强大的土司因之而渐次消灭。进入民国，改土归流断续进行，但也出现了一些改流不彻底的情况。以云南为例，往往只在土司所辖之地添设流官，而非取而代之，故不能彻底消除土司的潜在势力。

改土归流的措施，在消除土司割据、打破民族地区封闭状态方面具有重要作用，是建设多民族统一国家的必然道路。沿边地区土

① 佘贻泽编《中国土司制度》，正中书局，1944，第32页。
② 佘贻泽编《中国土司制度》，正中书局，1944，第77页。
③ 佘贻泽编《中国土司制度》，正中书局，1944，第165页。

司的取缔，还有利于加强边疆地区的开发和建设，在巩固边疆、推进边民社会生活进步方面意义重大。

古代国家治边，虽长期满足于“守在四夷”思想，但也呈现了一个政策调整的轨迹。从“怀柔远人，义在羁縻”[①] 的政策，到土司制度的创制，再到改土归流的推行，显示了历代统治者对边疆民族地区加强控制的政治意图和举措。这一调整过程，与边疆地区社会文化的发展、古代国家制度的进一步完善、治边能力的提升协同而行。滇越边境地区谷深林密，交通闭塞，早在政治边界形成之前，古代民族在区域内的布局已经形成，且随历史递嬗不断调整。自越南脱离中国版图以来，滇越边境地区的民族迁徙、分布，基本保持着自然递进的状态。边境居民在经济区域、基本族群内组织日常生活、生产，跨境流动的政治特性被生活的真实所掩盖。边民自由跨境流动现象的存在，与古代国家国土治理能力的局限性有关。中国古代对西南地区的政策倾向于“羁縻”，依靠土官进行间接治理。滇越边境地区地处边陲，自元至民国，中央政府推行土司制度，由土官、土吏依民族习俗管理。虽然古代王朝就边境管理制定了严格的律例，但在实际执行中具体情况如何，并无确切记载。考虑到古代政府管理能力及土司制度的存在，当时滇越边民的跨境流动可能处于一种本于习俗的自由形态。

---

① 王钦若等编纂《册府元龟》卷170“帝王部下”，凤凰出版社，2006，第1890页。

第三章　越南边民跨境流动社会管理的实践与经验

越南是一个多民族国家，从北到南分别与中国、老挝和柬埔寨毗邻，边界线长达4550公里。在越南漫长的边界线上，共有54个民族与中老柬三国跨境而居，涉及越方25个省98个县市。如果将边界线3公里范围内划为边界地区，越南与上述三国毗邻地区生活的边民总数为235万余人。如果将边界线25公里以内的范围划作边界地区，则边民总数为1362万余人。[①] 如此庞大的边民数量和民族种类，在国家间交流日益频繁、边民民族认同感上升而国家认同模糊的情况下，对越南的边境地区管理来说不啻为一项巨大的挑战。

对于边境地区的划定，越南内部各管理部门之间有着不同意见。以公安、边防等为代表的一些部门主张将边界线3公里以内的地区划为边境地区，而大多数沿边地方政府和海关等机构则更倾向于将这一范围扩大为25公里。从现实情况来看，如果将边界线3公里以内划为边境地区，从理论上来说有利于管理，有利于边防、公安等部门开展工作，可有效减轻上述部门的工作任务和工作压力。如采

① 越南边界领土丛书委员会：《越南陆地边界》，（河内）世界出版社，2013，第21～24页。

取后一种划分标准，将使边民总数大为增加，不仅较大增加有关部门的工作量，更重要的是会极大增加边防、公安等边境管理工作的难度与复杂性，同时也会极大增加政府的财政负担。然而，如果实际上仅将边界3公里范围内的地区划为边境地区，则实际产生的非法越境、走私、边境不稳定等事项给边境管理、边境地区稳定带来的无形隐患远比扩大边境地区带来的后果更为严重。[①] 因而，在划定边境地区、确定需要管理的潜在跨境流动人员数量时，越南政府根据各地不同的实际情况，因地制宜，采取了多种不同的政策和不同的管理模式。

表3-1 滇越边界上的主要口岸

序号	云南口岸	越南口岸
1	金水河	马鹿塘
2	河口（铁路）	老街（铁路）
3	河口（公路）	老街（公路）
4	天保	清水河
5	龙邦	茶岭
6	水口	驼隆

第一节 越南政府对滇越边民跨境流动社会管理的实践

在越南的三个邻国中，中国对越南无疑具有最重要的地位。一方面，中国一直是越南在安全上防范的对象；另一方面，在经济贸

① 〔越〕阮友章：《越南政区人口》，（河内）统计信息出版社，2012，第14～22页。

易上，中国是越南最主要的合作和交流伙伴。相应的，在涉及边民跨境流动问题上，北部中越边境地区毫无疑问就在越南相关问题中占有最重要的地位。同时，老柬两国则长期以来和越南有着传统的特殊关系，但老柬两国由于国力弱小，边境管控能力较弱，且经济较为落后，特别是越老柬三国交界的西原地区，历史上曾被越柬老三国交替统治，民族成分复杂，国家意识薄弱，是越南最不稳定的地区。[①] 因而，越南根据与中老柬三国关系的亲疏远近和边境地区面临的不同问题，对越中边境地区和越老、越柬边境地区的跨境民族流动人口问题采取了不同的管理模式和方法。下面，本部分即以越南对滇越边境的管理措施为例，通过越南政府对滇越边境和越柬、越老边境跨境流动人口采取的不同管理措施，来探究越南采取不同政策的原因，并希望从中获得有益的启示。

一　区分不同边情，对滇越边民跨境流动实行差异化管理

越中边境的情况与越老和越柬边境地区的情形相比，既有许多相同之处，也有众多差异。

相同之处如下。首先，无论是在越中边境地区还是在越老、越柬边境地区，居民均以少数民族为主。例如，在越南东北的谅山省，岱依族、侬族及其他少数民族占全省人口的 79%，京族只占约 21%，在西北的莱州省，苗、瑶、傣和莽等少数民族更是占本地总人口的 90% 以上，京族人口不足 10%，而西原地区少数民族人口所占比例也高达 75%，京族只占 25% 左右。其次，边境地区基本上以高原、山地为主，地质条件较为恶劣，自然灾害较为频繁；且交通

① 梁炳猛：《越南西原地区民族分离主义研究》，《广西民族大学学报》（哲学社会科学版）2005 年第 3 期。

不便，地广人稀。最后，大部分边境地区均为欠发达地区，国民经济以农业为主，辅助以部分旅游业，现代化工业极为欠缺。滇越边境地区除老街省经济发展程度较高外，河江、莱州等省无一不是越南发展较为滞后的地区。

不同之处如下。首先，面对的国家不同，面临的边境形势也大不相同。在滇越边境地区，越南各省面对的是社会制度相同、风俗文化相似、经济发展程度远高于越南的中国，而在西线面临的则是和越南主体民族文化风俗差异很大、经济发展水平远不及越南的老柬两国，而且越柬之间在社会制度上还存在较大的差异。其次，两处面临的管理任务不同，面临的挑战也大不相同。在滇越边境一带，由于边界战争的影响，越南人为地改变了边境地区的人口结构，从越南内地迁移来了大量的京族，居住在边境 3 公里的沿线区域内。越南方面此举，一方面是为了实边，以补充中越边境战争时因人口大量南迁留下来的空缺；另一方面是为了使原来骑线而居的少数民族向南迁居，以与中国境内原来同其联系密切的相同族群隔离。① 另外，不同于老挝和柬埔寨，中国的经济和发展程度要比越南高出许多，因而越南在滇越边境面临的形势和在越老、越柬边境地区不尽相同。

中越两国制度相同，且陆地划界已经完成，越南在滇越边界跨境流动人口管理上面临的防范、抵御外部势力渗透、民族分裂分子破坏的压力相对较小。而在经济层面，由于中国云南较越南发达，中越两国因为经贸、文化交流产生的跨国人口流动远多于越老和越柬之间的流动。一方面，大量越南边民向中国流动，寻找工作和贸

---

① 该信息来源于对越南太原国家大学河江、老街、太原和高平等省大学生的采访。越南国家统计总局 2009 年《人口普查结果》中关于边境地区人口分布的内容也证实了上述说法。

易机会；另一方面，大量中国人前往越南，进行投资、旅游等活动，这使得越南在越中边境地区跨境人口管理方面的工作量和主要内容与越老、越柬边境地区有很大的区别。因此，越南为滇越边民跨境流动管理和越老、越柬边民跨境流动管理设定了不同的目标，并采取了不完全相同的管理方式。越南在滇越边境地区主要防范的是中国的政治影响过大，影响一些跨境少数民族对越南的国家认同和忠诚。因此，越南在滇越边境附近采取的主要措施是建立由主体民族（京族）组成的隔离带，给予少数民族优惠政策，在管理力量上也主要采取民政、公安等常规力量，而不像在西线那样动用国家安全部门的力量配合。

表 3－2　滇越边境地区对应的县市及人口状况

单位：万人

	云南县市	人口	越南县市	人口
1	富宁县	42	同文县、苗旺县	34
2	麻栗坡县	29	同文县、安明县、管箔县、渭川县、黄树腓县、河江市	33.7
3	马关县	37	箐门县、新马街、黄树腓县、孟康县	48.5
4	河口县	10.5	老街市、巴刹县、保胜县、新马街县、孟康县	60
5	金平县	36	莱州省	45
6	绿春县	23.5	莱州省	
7	江城县	11.3	奠边省	44

二　将边民分为两个层次，实施两种管理模式

越南将滇越边境地区的边民划分为两个层次，按两种模式进行管理。首先是在边界线 3 公里范围内居住的边民，此为狭义的边民。

其次是沿边界线 25 公里范围以内边境地区县市的居民，此为广义的边民。从越南东部广宁、芒街到越南西北部中越老三国交界处的十层大山为止，中越陆地边界全长近 1450 公里。[①] 边界两侧分别是越南的广宁、谅山、高平、河江、老街、莱州 6 省 31 县和中国广西、云南两省区，计有 12 个陆路口岸和数十个正式、非正式的边民互市点，2013 年过境人数达 3260 万人次。[②] 其中滇越边境段越方一侧自东向西分别是河江、老街、莱州、奠边四省，云南一侧则为文山、红河、普洱三州市，边境线全长达 1353 公里，其中文山 438 公里、红河 848 公里、普洱 67 公里，边境地区的少数民族主要有苗族、瑶族、壮族、哈尼族、彝族等。

越南政府将边民划分为两个层次，其区别主要体现在优惠待遇和过境手续方面。由于中国在经济总体上领先越南，人均经济收入约相当于越南的 3 倍，越南为了凝聚边境地区人心，同时也为了在边境建设方面不输给中国，对沿边界线 3 公里范围内的边民采取了大量的扶助和优惠政策。对沿边的居民，在生产资料、儿童入学、就医、生产培训等方面实行了一系列减免收费的政策。然而，受总体经济实力所限，并非所有的边民都能享受这些优惠政策。实际上，虽被划入边民范围，但位于边境线 3 公里以外的边民根本无法享受到上述优惠政策。另外，在边民办理边境通行证（俗称边民证）的审查程序和手续方面有所不同。目前，越南边境 3 公里范围内的居民可以凭借户口等身份证明以 8 万越盾的工本费和较为简易的手续

① 中华人民共和国外交部边海司：《中华人民共和国边界事务条约集（2004－2012）》，世界知识出版社，2013，第 1149 页。

② 〔越〕黎清：《越中边境交流蓬勃发展》，（越南）《青年报（周末版）》2013 年 12 月 28 日。该数据来源于越方统计结果。考虑到越方大量边民存在重复入境的习惯，以身份统计的过境越南公民人数则远低于该数字。

免费办理边境通行证[①]，而居住在边境线3公里以外部分的边民在办理边境证时则要经过较为烦琐的安全审查。[②]

因为中越两国社会制度相同，越南边境管理部门对越中边境地区跨境人口流动管理的重点集中于缉私、经济犯罪、非法移民、拐卖人口等，虽然工作量较大，但在中越陆地边界条约签署后，上述工作的政治重要性已变得相对较低，其管理采取以当地民政、边防公安、海关等为主的模式。目前越南对边民跨境流动实行了电子追踪、备案制度，越方所有的关口均实现了联网，所有出入境边民的信息均可异地查询。越南一方面鼓励边民互市，与中国开展经贸来往；另一方面，对不法行为甚至犯罪行为实行严厉的打击。对于偷越边境、拐卖妇女、经济犯罪等行为，除给予相应的警告和法律处罚外，越南边防公安和相应的民政管理机构还可视情况给予在某一段时期内吊销其边境通行证的处罚。对于偷越边境超过6个月者，公安机关可吊销其户口，[③] 而超过一年不受越南相应机构管理者，则自动丧失越南国籍。[④] 同时，越南对越中边境地区的边境通行证实行年检制度，以杜绝偷越国境、长期滞留国外事件的发生。由于这些措施均和边民所享受的经济福利和优惠待遇密切相关，在新一轮的边境制度落实后，越南边民非法越境、违法犯罪事件有所下降。

---

① 这种通行证是长期有效的，根据边民年龄的不同，需要在使用一定期限后到发证机关换发新证。

② 此系通过采访老街和河江学生所得，数据为2012年底数据。

③ 参照越南公安部《关于加强边境地区户籍管理的若干规定》，（越南）金盾出版社，2006，第79页。

④ 根据越南法律，拥有越南血统的人就有权利申请加入或恢复越南国籍，但必须宣誓效忠宪法。

三　因地制宜应对非传统安全

边民跨境流动不仅会产生走私、偷渡等普通违法犯罪行为，而且在很大程度上夹杂着境外势力渗透颠覆和毒品等非传统安全问题。在全球化不断深入发展和各国相互依赖程度不断加深的背景下，此类威胁产生的危害不亚于战争、冲突等传统安全威胁，因而越南一直非常重视边民跨境流动中存在的非传统安全问题。

作为应对措施，虽然滇越边境地区的安全秩序和法律环境都远远优于越柬、越老边境地区，但越南还是对滇越边境地区倾注了巨大的投入，主要是财政和经济投入，除在海关、边检系统中引入大批先进的电子信息管理工具外，还对边境地区少数民族和实边的京族实施大规模的经济补助和扶持政策，以抵消所谓的中国文化征服的影响。对于本该投入更多财政经费的更欠发达的西部地区，则较少有大规模的财政和经济扶持，仅仅以军警和安全部门的力量去应对境外敌对势力的潜在渗透。

面对北部和西部边境地区的不同形势，越南对越老、越柬边界地区的跨境人口流动管理采取了与越中边界地区不同的模式。在越中边界地区，越南采取的管理模式是以地方民政、边防公安、海关为主，边防为辅；在西部越老、越柬边境地区采取的管理模式则是以边防部队、边防公安为主，民政、海关等系统为辅。由于西部地区复杂的形势和落后的经济社会发展水平，正规的民事管理根本难以发挥作用。在越中边境地区实施的电子追踪系统，在西部一些少数民族地区，如克木族、莽族、色登族、傣族、苗族等的居住地，根本不能有效发挥作用。而且，在西部地区，对跨境流动人口的管控并不像在越中边境地区那样主要是管理越方的出入境人员，而是主要管控来自老柬两国的入境人员，防止境外分裂分子和反共敌对分子的渗透和干扰。另外是监控毒品等犯罪活动。西部是金三角地区毒品流入越南的主要通道，而运输毒品的人大多是被犯罪分子利用的当地少数民族边民。

为应对民族分裂分子、反共敌对势力和严重的非传统安全威胁，越南对西部地区的跨境人口流动，采取以直属于内务部的边防公安部队和从属于公安部的边防公安为主，民政、海关等为辅的策略，进行准军事级别的管控。具体措施是将边界线15公里以内的范围划为边境管理区，建立以当地边防公安部队（相当于我国的武警部队）和边防公安局、公安屯（相当于中国的派出所）为主，联合当地海关和地方政府的综合治理管理体系。由边防部队的团部和当地县市地方政府建立联合工作组，边防部队的连队和当地边防公安屯及辖区村委会或者边防部门发展的信息员密切配合。因为西部地区复杂的地形和盘根错节的民族关系，通过海关、边境互市点等正常渠道很难有效监管边民的跨境流动。据越南西宁和奠边两省的海关部门统计，2011年经由两省规定的出入境通道合法出入境的人数分别只占两地出入境总人口的49.5%和43.9%，其余情况大部分是当地少数民族群众根据传统习惯经由非官方规定地点的“非法”跨境来往。[①] 但是，由于这种“非法”的过境通道一直是自然形成的当地居民的传统过境通道，而越南边境管理部门也不可能在所有地方设卡管理，就出现了居住在口岸和过境点附近的边民经过口岸等合法通道过境，而距离口岸较远的边民则通过约定俗成的自然通道穿越边境的情况。

西部边境边防联系村或村寨信息员制度，就是针对越南西部边

---

① 〔越〕阮氏惠：《西部非传统安全挑战》，（越南）国家政治出版社，2012，第125页。

境地区的特点建立起来的。在西部边境少数民族地区，村长除了是政府公务员外（在越南，村长属于国家公务员系统），往往还是本村寨的长老或头面人物。他们一方面可以利用自身在当地的威望与话语权协助政府和边防部门管控人员的跨境流动，向边民宣传越南政府和边防机关的政策，完成边防机关交办的各项任务；另一方面，他们也能充分发挥自身熟悉本地情况的优势，及时向政府和边防部门报告可疑人员的出入境情况及可疑的违法犯罪状况。由于边防联系村的村委会均处于公开状态，一般不法越境分子对其均有防范措施。为了获得进一步掌握情况的渠道，在联系村制度之外，边防和公安机关又进一步建立了信息联系人制度。信息联系人是秘密的，一般只有边防机关指定的特定人员才能掌握，这一方面是为了确保信息联系人的安全，另一方面也是出于保密的需要。信息联系人可以在第一时间将其掌握的可疑情况上报，这一方面是对联系村制度的补充，另一方面也是对联系村干部的有效监督方式。总体而言，联系村制度对于掌握民族地区边民总体跨境流动的状况较为有效，而信息联系员制度对于及时发现可疑的敌对渗透和犯罪活动则更为有效。

第二节　越南政府滇越边民跨境流动社会管理的经验

越南是个国家意识较强的国家，对国家安全、边防事务、族群安稳等问题较为重视，并通过长期摸索和实践，形成了对边境流动进行强化管理和有效控制的一整套思想、一系列方法和一定的经验。这些思路、方法、经验不仅对强化越方的管理起到了有效作用，也对我方拓宽思路、强化管理具有积极的启示和借鉴作用。

一　因地制宜的边民跨境流动管理机制

越南边境地区的少数民族基本上都是和邻国连成一片的，有些甚至是邻国的主体民族（如高棉族、僚族、傣族、汉族）或次主体民族（如岱依族、侬族等）。虽然地理分布类似，但由于越南在北方边境地区和西部边境地区面对着不同类型的国家、不同的挑战和不同的管控目标，因而在管理滇越边界边民跨境流动和西部边界边民跨境流动时动用了不同的管理力量，采取了截然不同的管理模式。这种因地制宜、对症下药的管理模式与管理经验非常值得我国特别是云南省在管理跨境边民流动时借鉴和学习。

在中越边境地区，越南政策的重点在于防“国”而不在于防民，因而在边民跨境流动管理的资源、人力配备上远不及西部地区；边民跨境流动管理团队与国防力量比较起来，基本上处于边缘角色。越中边境地区集中了越南陆军中最精锐的部队，包括战功卓著的王牌部队308师。[①] 相反，在西部边境地区则以防“民”为主，而非防“国”。确切地说，是防控混迹在双方边民当中的敌对势力和民族分裂势力。因而，越南西部边境地区的边境管控力量以防控敌对势力和非传统安全威胁为主，整个西部边境地区仅部署有5个陆军师的兵力，其中只有一个属于满员的甲种师，部署于越柬边界地区；而其余4个乙种师均属架子师（兵员只有满员师总人数的不足50%）。[②] 在越中边境地区，管理边民跨境流动的机构以民事机构为主，而在西部边境地区是由直属于内务部的边防公安部队和反恐力量来掌控的。

简言之，越南在北部的部署侧重国防和整体，定位于战略性威

---

① 越通社：《冯光青大将视察308师》，（越南）《年轻人报》2013年4月27日。

② 兰强：《越南概论》，世界图书出版公司，2012，第274页。

胁；而在西部侧重确保政权、防范民族分裂与非传统威胁。这种根据不同邻国的情况而制定不同管理模式的经验是非常值得我方学习和借鉴的。目前，对于我国而言，在中越边境和中老边境面临的主要问题是一些分裂主义势力将中越、中老边界作为偷渡出境的主要渠道，如果不能有效遏制这一趋势，很可能影响滇越边境地区的社会稳定。而在滇缅边境地区，我方则主要面临缅北战争引发的人口非正常流动。因而，学习越南的经验，因地制宜，根据不同性质的问题和威胁制定不同的应对措施，是云南省在管理边民流动问题时需要认真思考的问题。

二　因对象异同实施相应的监管力量配置

在滇越边境地区，越南针对中国设立了以“国防”和战略整体目标为主、“民防”为辅的监控目标。越南是将中国边民向越南流动和越南国防安全结合起来看待的，在北部地区重点监视中国的军事部署及异动情况。而对于边民的跨境流动，越南认为由于越中之间意识形态、社会制度相同，边民跨境流动中尚不存在境外势力和民族分裂势力的渗透问题，而且越中双方边防部门在相关方面有着良好的合作，中国对边境地区的控制和管理力度也强于越南，故越南在跨境边民流动方面的监管力量以海关、边防公安屯、边民互市点为主，较少有内务安全系统参与。而在西部边境地区，越南设置了以“反渗透”“反分裂”为主，“国防”为辅的监控目标，将西部地区的边民跨境流动置于政权安全和国家完整的高度，参与监控管理的主体由海关、公安和边境户籍等民政部门为主变为以国家安全、边境准军事特警部队为主，海关、公安和边境行政机构相配合的机制。这一人员配备策略完全是根据目标和任务的特点设置的。目前，我国陆地边境线长达2万余公里，和14个国家毗邻，某些地段边民跨境流出挑战严峻，有些地段流入问题突出，有些地段流入和流出问题均非常突出，这就需要我们根据不同的情况，准确找出症结所在，按照任务目标来配备监控资源。

三　因情况异同采用差异化的监管措施

在滇越边境地区，越中双方的法律机制较为完善，管理到位，而且滇越边境地区半个多世纪以来一直是越南的大后方而非前沿，越南一侧与中国一侧除了在国家认同意识方面差别较大之外，其他方面同质化程度较高，守法意识较强，便于进行现代化、规范化管理。因而，在北方越中边境地区，越南的边民跨境管理措施是越南同类管理措施中最规范化、最现代化和最高效的。在北方边境地区，越南对边民的跨境流动管理完全采用正规化的民事管理机制，并采用了最先进的电子记录追踪系统，这与越中边境地区居民较高的守法意识和中国对边境地区的严格控制有关。而西部地区对于越南来说不仅在历史上一直是边缘地带，民族成分复杂，而且大部分地区直到20世纪70年代中后期才得以进行有效控制，边境地区居民对本民族的认同远高于对国家认同，且分离主义思想盛行，许多地区存在着部落制、部族制的残余和封建制的残余，人们的法律意识淡薄，没有国界的概念。故越南在西部边界地区很难像在北方边界地区那样实施现代化、规范化的管理。据越南边防管理部门统计，在莱州省越老边界地区，双方边民经过关卡等合法渠道的跨境流动仅占21.59%，而在越柬、越老边境的西原地区，这一比例仅为19.87%。[①] 鉴于这种

① 郑鸿：《2012年的越南海关工作》，（越南）《法律》2013年1月5日第3版。

情况，越南对西部边界地区少数民族边民跨境流动的管理，不得不采用传统的“信息联系村”和“信息联系人”制度。在越南，村委会干部是纳入国家公务员系统的，因而“信息联系村”制度尚可被视为国家行政管理的延伸，但“信息联系人”制度属于一种线人告密制度，这种做法在很大程度上是背离现代文明发展趋势和方向的，但根据当地现实情况，“信息联系人”制度却不失为越南有效管控边民跨境流动、及时发现敌对势力和分裂分子渗透的有效措施。

四　因新情况出现及时形成新的对策

边民跨境流动是世界范围内，特别是亚非等发展中国家面临的较为棘手的问题，也是地区冲突和众多非传统安全问题的诱因。我国作为一个多民族的发展中国家，与 14 个陆地邻国毗邻，面临着来自各方面的威胁，云南方向则面临着毒品、边民外流等一系列非传统安全问题的挑战。越南是云南所毗邻的 3 个邻国当中社会发展程度最高、社会制度和基本国情与中国最为相近、应对边民跨境流动问题较为成功的国家。越南在管控边民跨境流动问题上的一些具体做法，无疑是值得我们借鉴和学习的。特别是由于滇越在民族构成、发展程度、地缘位置上的接近性，越南的经验无疑更值得云南借鉴学习。

然而，曾经有一段时间，国内的一些民族分裂势力将滇越边境作为其偷渡出境的主要通道之一。滇越边境地区各少数民族跨境而居的格局，边境地区少数民族群众法律意识淡薄，中越双方在此前设计的边境跨境人口流动管理制度针对民族分裂势力活动的管理措施不够完善，增加了中越双方跨境人口管理机构面临的挑战和压力。为了应对这一新的挑战，不仅要借鉴越南的有益经验，还要求中越双方边境管理部门密切合作，加强沟通和协调，建立和健全新的边境联络会晤协调机制，共同维护好边境地区的稳定。因为这些极端分子不仅威胁到中国的利益，同时也威胁着越南社会的安全。滇越双方加强在此新领域的合作，有助于维护两国的安全，提升两国的互信水平，有利于滇越双方合作交流的进一步提升。

但是，我们在借鉴越南经验、推进和越方合作的同时，也必须注意到中越双方利益的异同，在增进双方合作的同时，要积极防范越南在管理跨境人口流动时的单方面利己行为，以降低我方可能面临的风险。越南在管控本国跨境人口流动时存在着严重的民族利己主义倾向，对于可能危害到越南的行为，越南会加大力度查处，对于和越南不相关或关系不大或危害中国但有利于越南的行为，则采取睁一只眼闭一只眼的态度。例如，近年来，越南加大了打击边境走私、销售假冒伪劣商品的经济犯罪行为，上述行为实际上在很大程度上是通过跨境人口流动完成的。但是越南在采取行动打击走私、销售假冒伪劣商品活动时，却采取了内外有别的利己主义政策。在中越边界线上，中国和越南都深受走私和其他经济犯罪活动之害，这些违法犯罪活动很多时候就是通过当地边民非法越境来完成的。2015 年前后，中国境内出现的大批数十年前的私冷冻肉制品，就是由第三国转运到越南，再经越南通过云南和广西进入中国的。而将其运入中国的过程，则是由越南边民通过自己的身份便利完成的。越南对这类活动进行了打击，但在打击过程中却存在有选择的执法，对从中国向越南的走私严惩不贷，而对越南边民越境向中国偷运过期冷冻肉制品则睁一只眼闭一只眼，这实际上起到了庇护越南边民的作用。另外，对于中国国内民族分裂势力非法越境进入越南的行为，虽然在我方要求下，越南给予了较为积极的配合，但这类势力能够进入越南，与边民的参与有关。没有越方边民的接应和配合，这些势力很难顺利进入越南境内。然而，越方边境管理和公安部门在应对这些事件时，对查处越方相关人员，从源头上杜绝此类现象显然动力不足。这无疑要求我方加大力度在中国一侧对此类不法行为进行打击，同时还要进一步做好和越方的沟通和协调工作，必要时需要督促越方顾及中方利益，维护好我方合法利益，进而从长远和根本上维护好双方的利益。

第四章　滇越边民跨境流动及中国政府社会管理现状调查

云南因与越缅老三国接壤，长期存在边民跨境流动情况。何明教授通过调查研究，揭示了中华人民共和国成立以来我国西南地区与东南亚国家之间边民跨境流动的阶段性特征：20 世纪 50 年代至 70 年代中期，中国西南边民大规模向周边国家单向流动；20 世纪 70 年代后期至 90 年代，中国西南与周边国家边民双向流动；21 世纪以来，周边国家向中国边境地区单向流动。[①] 其中隐含着纷繁复杂的政治、经济等原因。中越边境线漫长复杂，滇越边境地区跨境民族众多，边民长期以来以地缘为条件，以族缘、亲缘为纽带进行着频繁的跨境活动。越南是我国重要的山水邻国，也是我国“一带一路”建设的重要参与国，加强和改善滇越边境地区边民跨境流动的社会管理，关系到我国的东南亚南亚开放战略、“一带一路”建设实施和云南“桥头堡”“辐射中心”战略地位的发挥。云南红河州的绿春、河口、金平和文山州的马关、麻栗坡、富宁以及普洱市的江城共 7 个县与越南接壤，都存在边民跨境流动的历史与现实情况，鉴于云

① 何明：《开放、和谐与族群跨国互动——以中国西南与东南亚国家边民跨国流动为中心的讨论》，《广西民族大学学报》（哲学社会科学版）2012 年第 1 期。

南7县与越南所接壤地区经济社会发展程度、国家口岸设置和边民跨境流动实际情况等综合因素，课题组选择红河州河口、金平和文山州马关三县作为田野点进行重点调查，以掌握滇越边民跨境流动的基本情况，并对流动的原因、特征和所实施社会管理的情况进行研究分析，为研究和提出加强社会管理的新思路与对策奠定基础。

第一节　云南河口县边民跨境流动现状调查

河口瑶族自治县位于云南省红河哈尼族彝族自治州东南部，东北与文山壮族苗族自治州马关县接壤，西南隔红河与金平苗族瑶族傣族自治县相望，北靠屏边苗族自治县，南部与越南社会主义共和国老街省相邻，是云南省唯一以瑶族为主体民族的自治县。河口县城距省会昆明约410公里，距红河州州府蒙自市140多公里，距越南首都河内295公里。县境东起老卡寨戈索河，西止莲花滩的清水河与红河汇合处；南起河口镇的“中越国际大桥”，北止老范寨的小牛场。东西横距90.7公里；南北纵距57.5公里。总面积1332平方公里，山区占总面积的97.76%。境内热量充足，雨量充沛，高温多湿，土地肥沃，生物资源丰富，有“小动物王国”“小植物王国”之称。

据2010年全国人口统计数据，河口全县共有人口104609人，其中少数民族人口64414人，占总人口的61.58%。少数民族人口中，瑶族人口为24013人，占总人口的22.96%；苗族人口为16282人，占总人口的15.56%；壮族人口为11967人，占总人口的11.44%；彝族人口为5062人，占总人口的4.84%；布依族人口为2318人，占总人口的2.22%；其他民族人口为4772人，占总人口的4.56%。全县共辖

6个乡镇，27个村委会，275个村民小组，3个社区居委会，4个省属国营橡胶农场，有1个国家级口岸、3个省级边境通道和多条边民通道。

河口县与越南老街省的老街市、巴刹县、孟康县、新马街县相邻，国境线长达193公里（其中河界73公里，陆界120公里），双方边民跨境流动频繁。根据边民跨境流动的动因，可以将当地跨境流动边民分为政治型流动边民、社会型流动边民和经济型流动边民三种类型。

一　政治型流动边民及其现状

政治型流动边民是指因政治原因出现的流动边民，主要有归侨和越南难民。这部分流动边民大部分是在中越两国关系紧张时期从越南各地流入河口的，其中越南难民都是在中国对越自卫反击战期间从越南边境村寨迁入河口的。从民族成分看，归侨多为汉族，越南难民多为居住在越南边境村寨的少数民族。从社会管理角度来说，归侨早已获得中国国籍，并已经完全融入当地社会，而越南难民却依然处于无国籍状态，由此产生的各种社会问题，影响到边境的安全、边疆的稳定和社会治安的维系。

1. 归侨及其现状

河口共有归侨496户，1858人。其中，县城归侨456户，1378人，除2户为农业人口外，其余均为非农业人口。河口县的河口、坝撒、蚂蝗堡、南溪等四个农场有归侨40户，480人。在河口归侨中，除少部分人原来侨居马来西亚外，大部分原来侨居越南。河口与越南之间仅有南溪河、红河相隔，成为侨居越南的华侨回到祖国的重要通道之一。经由河口回国的华侨，大多数是出于政治原因，其中以中越关系恶化期间回国的华侨数量最多。

回到河口的华侨共有三种走向，一是将河口作为一个暂时停留点，然后分散到全国各地。其中，一部分由政府安置到文山平远街农场、宾川太和华侨农场等省内各个华侨农场居住生活，另一部分由政府根据华侨意愿将他们迁往祖籍地广东、广西居住生活，还有一些在安置地停留后即迁往美国、加拿大、澳大利亚等西方国家。二是将河口作为一个暂时停留点，然后回到侨居国。这部分华侨都来自越南，他们主要是出于政治原因回国的，待政治风波稍微平静后就返回越南生活。如 1953 年因法国飞机轰炸造成的越南华侨，次年 4 月即全部返回了越南。三是定居河口。这部分华侨从侨居国回国后，选择在河口定居生活，当地政府对他们进行了妥善安置，并逐渐融入当地社会，从而成为课题组在河口调研时所见到的归侨。

定居河口的归国华侨主要有两种安置方式。一是安置在农垦系统的四大农场。河口是云南省重要热带作物垦区之一，当地高温多湿、雨量充沛、土层深厚，非常适合种植热带作物橡胶。1953 年，云南垦殖局在河口成立了垦殖指导所，指导河口的橡胶种植。随后，在河口创建了河口、南溪、蚂蝗堡、坝撒四大农场，开始大面积种植橡胶。为加强四大农场的橡胶种植力量，归国华侨中有热作技术和橡胶种植经验的人首先被安置到了这四大农场。安置在四大农场的归侨主要为马来西亚归侨，他们都有橡胶种植经验，为橡胶在河口成功种植做出了不可磨灭的贡献。例如，马来西亚归国华侨李开山于 1956 年 3 月来到河口后，被安置在蚂蝗堡农场。云南省农垦总局任命他为生产队长，负责对橡胶种植进行技术指导，除此之外，也有少部分越南归侨被安置在农场。二是安置在河口县城。归侨定居河口后，大部分被当地政府安置在了河口县城。对于那些大规模回国的归侨，河口县政府还专门为他们建造了房屋，进行妥善安置，并在生活方面予以照顾。例如，1968 年来到河口的华侨，除部分返回广东、广西原籍外，其余留在河口的共有 247 人。县政府在县城建了华侨新村，对他们进行了安置。为保障他们的生产生活，当地政府想了各种办法。1983 年，县里拨款 2.5 万元创办了归侨养殖场，安置了一批生活困难的归侨和侨眷，该养殖场 1990 年已有固定资产 32.49 万元。在党委政府支持和归侨自身努力下，归侨的生活很快便走上了正轨。目前，在县城居住的归侨大多生活在各个社区，其中居住人数最多的是合群社区。合群社区成立于 2002 年 10 月，地处河口县繁华地段。通过调查得知，该社区共有常住人口 1811 户，4339 人，其中归侨、侨眷 157 户，655 人。部分归侨的亲属后来又侨居其他国家或地区，具体人数为：英国 22 人，加拿大 82 人，美国 59 人，越南 62 人，澳大利亚 18 人，德国 8 人，比利时 1 人，日本 1 人，法国 2 人，丹麦 2 人，中国澳门 2 人，中国香港 15 人。

归侨定居河口后，在身份上经历了一个由不适应到逐渐适应的过程，并最终成为河口居民的一个重要组成部分。对于刚到河口的归侨而言，物理空间的迁移让他们面临多种困难。综合归侨所讲述的内容，大致可以将当时的困难分为四种。第一，他们进入河口大多是因为政治局势的突变，因而离开越南时所带财物不多，这给他们在河口的生活带来了极大的困难。第二，生活环境的变化带来了心理上的不适应。如有些归侨在越南时居住在气候凉爽的地方，而河口却是一个炎热的小城，让一部分归侨感觉很不适应。第三，文化上的不适应。据很大一部分归侨反映，当初来河口时，因听不懂河口方言，给生活带来了诸多不便。第四，当地人对他们的歧视增加了他们在心理上的焦虑感。据合群社区归侨罗金莲讲述，他们从越南回来后，“河口人很看不起归侨，买菜吃都很困难，即使有钱人家也不卖，吃菜都是拾人家不要的那种。”这些问题，使得河口归侨在身份上面临严重的危机和焦虑感，他们在当地的生活也呈现出不适应问题。

虽然有诸多不适应，但归侨还是积极地争取融入当地的生活。来到河口后，归侨面临的一个很重要的问题就是生存。刚来时，政府对归侨进行了救济，但他们很快便凭借自己的劳动去获取生存资料了。归侨在定居河口后，除少数人被安置到政府部门工作外，大部分都从事过挑沙子、砍竹子、砍柴等体力劳动。这类劳动虽然辛苦，但所需本钱不多，需求量也大，所以非常适合当时的归侨。在这些劳动中，归侨加强了与当地人的联系，也逐渐改变了当地人对他们的看法。

与此同时，归侨为了生存和发展，还运用多种手段来争取当地社会的认可，从而获取普遍的权利。首先，在语言的使用上，河口归侨在日常生活中主要使用两种语言，即河口方言与“广话”。河口方言是归侨与当地人交流时使用的语言，这样有助于当地人视归侨为“自家人”，从而争取当地人更多的认同。广话是归侨内部交流时使用的语言，有助于增强归侨内部的自我认同。其次，河口归侨还充分利用侨办、侨联等组织，利用“归侨”的特殊身份，为自己争取与当地人相当的社会权益。例如，在 20 世纪 90 年代初，河口归侨采取通过县侨联向上级侨办反映的方式，争取到扶持资金，对贫困归侨、侨眷给予扶持。自 1990 年 3 月到 2003 年 1 月，共发放扶持款 17 人次，发放资金 55500 元，有助于侨户脱贫致富。

在各级党委政府的支持下，通过自身努力，归侨逐渐为当地人接纳和认可，成为河口县城除当地人、湖南人之外的第三大群体。

中越关系正常化后，河口边境贸易迅速发展，部分归侨利用其曾侨居越南、在越南有亲戚、懂越南语、熟悉越南情况等优势，开始从事边境贸易。以归侨居住最为集中的合群社区为例，除四五家归侨家属在行政单位或事业单位工作外，大部分归侨都从事商业活动。归侨在从事商业活动时，除了发挥其地缘优势外，还充分发挥着语言、文化以及与越南的关系等优势。一些归侨在越南侨居期间，掌握了制作越南小卷粉的手艺，他们便在河口开起了以卖小卷粉为主的小吃店，有些归侨甚至将小吃店开到了昆明；一些归侨利用其会越南语的优势，专门给从事外贸的商人担任翻译；还有一些归侨则利用有亲戚在越南的优势，直接从事商品进出口活动。不过，总体而言，归侨多经营小吃店等小本生意。

在从事边贸活动的过程中，一些归侨利用其娴熟的越南语和在越南拥有的良好社会关系，逐步从小型贸易发展到开办贸易公司、经营大宗外贸生意的规模。如“海圆公司”总经理，1952 年出生于越南义路省万安镇。1968 年，因越南发生排华活动，回国定居。1989 年，她与人合伙贩了一卡车香蕉到哈尔滨，但由于经验不足，香蕉全部被冻坏。当地边境贸易复苏后，她利用自己越南语娴熟和在越南有亲戚的优势，从 1991 年开始从事边贸生意。最开始时，她负责将昆明厂家生产的布匹销售到越南，从中获取一定比例的酬金。同时，因为她还了解香蕉市场，就帮国内商家从越南联系香蕉供应商，从中获取报酬。在有了一定的经济实力后，她于 1996 年注册了“海圆公司”，最开始主要做农副产品生意，将中国的土豆、番茄等运往越南，现在则主要从事轮胎、采矿机械、吊车等大宗外贸生意。

除了直接从事外贸生意外，还有一些归侨间接地从边境贸易发展中获益。随着经济实力的不断壮大，河口已经逐渐形成了一批侨属企业。据统计，2011 年河口县有侨资企业 3 家，其中注册企业 2 家，1 家正在办理相关手续；侨属企业 22 家，其中边贸企业 16 家，房地产开发企业 2 家，专业服务公司 2 家，百货、农资公司 2 家。在这些侨属企业中，一部分是由本地归侨、侨眷自办的企业，还有一部分是外地归侨、侨眷在河口创办的企业。在对外贸易方面，除海圆公司外，经营状况较好的还有丰源商贸有限公司、和顺商贸有限公司、宏福商贸有限责任公司、强仙商贸有限责任公司等 10 余家侨属企业。在房地产开发方面，企业效益较好的有枫华房地产开发有限公司和华旭房地产开发有限公司。

侨属企业不仅成为河口县发展经济和开展对外贸易的重要力量，同时也为地方政府提供了重要的税收来源。以枫华商贸有限公司为例，该公司总经理刘巧霞最初主要经营百货生意，在积累了一定的资金后，又发展了咖啡种植业，现在主营业务已转向房地产开发。2010 年，其名下的房地产公司销售额为 800 多万元，向国家纳税 80 多万元。海圆公司 2010 年进出口总额为 1734.2 万元，向国家纳税 26.87 万元。

随着归侨经济实力的增长，当地人对归侨的认同感进一步增强。例如，海圆公司总经理不仅优先安排归侨、侨眷在自己的公司就业，近年来还先后捐款 40 多万元回报社会，成为人们交口称赞的归侨典范。她通过提供就业机会和捐款的方式回报社会，履行了一个社会成员帮助弱者的职责，也为自己进一步融入当地社会创造了条件。不仅如此，普通归侨在边境贸易中的表现也增进了他们与当地人的联系。笔者在调查中发现，很多河口当地人认为，归侨在边境贸易领域具有他们无法比拟的优势。为了与越南人打交道，一些当地人还专门向归侨学习越南语。

作为“托庇性迁移”的移民，河口归侨大多是在中越关系恶化的特定政治环境下产生的。从侨居国迁移到河口后，物理空间的迁移让他们也曾面临身份上的危机和焦虑。身份危机与焦虑如果长期持续存在，将不利于归侨群体的生存与发展。河口归侨并未消极地等待，而是积极主动地融入当地人的生活中。他们除了通过努力劳动去获取急需的生存资料外，还策略性地运用多种方式来争取获得与当地人相当的社会权益；第一，通过主动向当地人示好，达到为当地人认同的目的；第二，通过内外有别的语言使用的手段，加强了群体内部的自我认同，增强了群体成员的凝聚力；第三，积极利用国家制定的相关政策，为归侨群体谋取更多的社会权益。而所有这些，对于消解归侨在身份上面临的危机与焦虑，使他们迅速融入当地社会无疑是有积极作用的。中越两国关系正常化以后，已经融入当地社会的归侨，利用其在地缘、语言及社会关系方面的优势，积极投身于中越边境贸易中。这不仅增强了他们的经济实力，而且也加深了当地人对归侨的认同程度，进一步提高了归侨在当地的融入程度。

2. 越南难民及其现状

对于越南难民，中国政府采取了三种不同的安置方式，即单一民族集中安置、多民族杂居安置、个别难民投亲靠友“插花”式安置。

云南省委、省政府高度重视越南难民工作，积极主动想方设法解决在华越南难民的实际困难。2005 年以来，云南省公安厅和民政部门共为越南难民核发了 6979 张身份证。2009 年 3 月 31 日，省政法委召集公安外管、治安总队、边防总队、省外办等部门，对难民与我边境地区社会稳定问题进行了专题研究。

为贯彻落实好省委、省政府领导的批示精神，2009 年以来，云南省外事办多次组织公安、边防、民政、侨务、农垦总局等相关部门，召开专题会议，研究解决越南难民问题。经过认真研究，提出立足省内解决越南难民问题的方案。对长期居留在云南省境内的越南难民，在其自愿申请的基础上，尽快核发身份证，办理落户手续，发放户口簿，给予其国民待遇；尽快解决难民及其子女的上学、就业、医疗、住房等现实困难，以安人心，稳民情，保持边境的和谐安宁。云南省公安厅研究并制定了《云南省为部分越南难民发放居民户口簿工作实施方案》，对 2005 年以来发放居民身份证的难民及所生子女发放居民户口簿。

云南边防总队在河口越南难民的管理上，一是积极开展政策法规宣传教育。针对越南难民文化水平低、法纪观念淡薄的实际，红河边防支队以“大走访”爱民实践活动为契机，组织民警进村入户，采取召开干部大会、难民大会、发放宣传单等形式，广泛向难民宣传党的方针政策，增强难民遵纪守法意识。二是强化治安管控。红河边防支队各边防派出所将已落户的难民，按常住人口管理规定进行管理；对被集中安置未落户的难民，全部纳入实有人口进行管理。同时，及时掌握预警性信息，确保了难民居住区社会治安总体平稳。河口城关边防派出所在辖区安装 BF－01 警民联防报警系统，实现了人防技防相结合的新型警务模式。三是坚决执行省委、省政府的难民政策。自从 2005 年开展越南难民身份证发放工作以来，红河边防支队各边防派出所积极响应，坚决执行省委、省政府的决定，组织高密度、大批量民警深入难民居住区，开展身份核查甄别工作。四是主动为难民排忧解难。红河边防支队各边防派出所利用法制夜校，组织难民开展种植、养殖技术培训，提供致富信息，帮助难民脱贫致富。同时，还积极与驻地企业、厂矿联系协调，推荐有技术、有特长、遵纪守法且有身份证的难民到企事业单位务工。五是积极开展“三非”人员清理遣返工作。每年各单位都要对滞留我境的非法入境、居留、务工“三非”人员进行1～2次集中清理遣返，防止“三非”人员混入难民队伍中借机获取我户籍。

二　经济型流动边民及其现状

河口历史上就是我国与南亚、东南亚各国进行经济文化交流的门户和咽喉，是陆地“南方丝绸之路”的第二条通道。1895年，河口被辟为商埠，当时，红河航道上出现了“大船三百，小船千艘，千帆云集，来往如蚁”的盛景。1910年，随着滇越铁路的建成通车，河口商贾云集，店号林立，热闹非凡，云南省经河口进出口的物资占80%以上，成为中国西南对外商贸的最大集散地和新兴商业城市。在历史发展进程中，由于战争和自然灾害等多方面的原因，河口历经沧桑，几经兴衰。随着中越友好关系的恢复，1992年国务院批准河口县为沿边开放县，同年12月，国务院特区办批准在河口设立4.02平方公里的边境经济合作区，河口迎来了发展经济的政策机遇，从而由改革开放的末端走向对外开放的前沿。因此，经济型流动边民在跨境流动边民中占据了较大比重。经济型流动边民是指因经济原因出现的流动边民，在河口主要有边境商贩、互市边民、越南务工人员以及“越南妹”等。由于经济型流动边民人数多、流动性大，对他们的管理也具有较大的难度。

1. 边境商贩

河口对外经济的发展，使得越南到河口从事经济活动的边民人数较多。据统计，大约有3000名越南商人长期留在河口从事合法经商活动。河口县城有人口 3 万左右，从事合法经营的越南人占 10% 左右。这些人有些从事小额贸易，有些从事进出口生意。他们原来大都集中在越南街四周，经营范围包括化肥、钢铁、服装、建材、食品等，2015 年才搬到河口新建的商贸城。原来的越南街位于河口滨河路，是由三幢一字排开的三层楼房连成一线构成的市场。由于在这个市场内经商的多为越南人，且所经营的产品大多是越南特产，故得名“越南街”，远近闻名。越南街上的越南商人每当见到中国游客走过来，就会用不太流利的中国话努力兜售其所经营的商品。与此同时，还有大约 40 名以沿街兜售红木手链、吊床等越南产品为生的越南商人。他们一般头戴一顶越南绿盔帽或草帽，右肩披挂越南吊床，左手腕挂一串串红木手链、串珠，衬衣口袋里装一叠越南盾，左肩挎一个装满其他小商品的挎包。这群人每天游走在河口的大街小巷，向路人尤其是外地来的游客兜售越南商品。

2. 互市边民

河口县拥有河口国家级开放口岸和老卡、纸厂、坝洒 3 个省级开放口岸。河口口岸地处河口城区，与越南老街省口岸相对，距昆明约 410 公里，距越南首都河内 296 公里，距出海口越南北方最大的海防港 416 公里，是滇越铁路、昆河公路、红河航道与越南乃至东南亚地区铁路、公路、航道相连接的交通枢纽，也是中国西南进入南亚、东南亚和太平洋的便捷通道。老卡和纸厂口岸地处河口桥头苗族壮族乡，分别距离河口县城 105 公里和 86.5 公里，距乡政府所在地 27 公里和 12 公里，分别与越南老街省孟康县的花龙口岸和孟康口岸相对。坝洒农场口岸，距河口县城 20 公里，与越南坝洒口岸相对。此外，在长达 193 公里的陆界和河界上，还有无数条民间通道，与越南老街省北部地区的民间通道相对。

上述便利条件，为越南边民到我国边境地区互市提供了条件。据统计，河口年出入境旅客通关320多万人次，其中绝大部分是来中国互市的越南边民和商人。中国商人从内地带来农用物资、化肥、良种、小型机械设备、食品、电焊条、摩托车、建筑材料等产品，越南商人又把农产品、铬矿砂、铁矿石、铜矿石、木材等原材料引进中国。河口口岸公路大桥每天出入境车辆600余辆次、进出境货物逾2000吨。此外，还有大量越南边民采取步行或骑摩托车等方式从民间通道进入中国互市。经过20多年的发展，河口已经成为云南省最大的陆路对越贸易口岸。

3. 越南务工人员

随着经济社会的发展，河口急需大量劳动力，从而为越南边民到当地务工提供了条件。到河口务工的越南边民主要有两个去处：一是河口县城的餐饮、边境贸易行业，二是河口的香蕉种植园、胡椒种植园、橡胶种植园。河口热带资源丰富，适合栽种橡胶、香蕉、胡椒等经济作物。近年来，河口香蕉、胡椒的种植面积急剧扩大，而当地劳动力又严重短缺，从而为越南边民到中国边境地区从事农业劳动提供了机会。

河口县瑶山乡的王正安拥有当地最大的香蕉种植园，面积超过3000亩，共计种植香蕉20余万株。在这个种植园打工的越南务工人员多属于季节性工人，种植园事情不多的时候仅有不到10人，采收时节则会突增到四五十人。这些务工者均是来自越南老街省瑶山乡的红头瑶。由于香蕉采摘的特殊性，忙起来的时候，这些工人每天得干14个小时左右的重体力活，报酬在300元左右。这笔收入对于生活在越南边境地区的边民而言无疑具有极大的诱惑力。因而每当中国这边需要劳动力时，都能从越南边境村寨招到足够多的务工者。

4. “越南妹”

除了从事合法经营活动外，一度还有约500名越南妇女在河口从事色情工作，她们被习惯性地称为“越南妹”。由于相关方面对这一问题的隐讳与保密，这个数据与实际情况会有所出入。“越南妹”主要集中在原来的越南街二楼，一楼则是从事合法经商活动的越南商人。“越南妹”的平均年龄为20.95岁。

三 社会型流动边民及其现状

社会型流动边民是指因社会原因出现的流动边民，本调查中专指当地常见的跨境婚姻中的越南妇女。这部分边民主要是沿着族缘、亲缘这条线流动的，基本上表现为族内婚。办理跨境婚姻的手续相对烦琐，而且绝大部分边民并不懂如何办理，因而河口所见的跨境婚姻几乎都没有办理手续。

长期以来，河口沿边村寨就有与同一民族的人跨境通婚的习俗。中国对越自卫反击战爆发前，跨境婚姻呈现出双向流动的状况。中国改革开放以来，在跨境婚姻上，呈现出越南妇女嫁入中国的单向流动状况。据河口县2009年调查结果，改革开放以来，全县共有跨境婚姻210宗，其中以桥头乡最多，有近100宗。对于桥头乡的边民而言，中国内地的经济条件更好，因此如果机会适宜，外出打工的妇女会大量嫁入内地或其他经济条件更好的地区。于是，在桥头乡便出现了男女比例严重失调的状况，很大一批家庭条件差的男青年找不到配偶。但是，由于中国经济发展速度较快，中国边民的经济条件优于越南边民，嫁给中国边民成了很多越南妇女的向往。她们想方设法，如通过走亲戚、赶街等方式与中国边民认识，然后嫁到中国，从而摆脱贫困的家庭，过上物质相对充裕的生活。

1. 甘树坪个案

甘树坪是桥头乡竹林寨下辖的一个多民族杂居的村寨，其中瑶族占1/6，傣族占1/10，壮族有4户，汉族最多。改革开放后，当地女性大量外出务工，扩大了婚姻圈，但在这个婚姻圈中，女性的流动是单向的，即几乎只有当地女性流向外地，而没有外地女性嫁到当地。截止到2011年，甘树坪嫁到福建的1人，嫁到安徽的1人，嫁到四川的1人，嫁到广西的2人，嫁到湖南的2人。这些人都是经人介绍自愿嫁过去的，不过也存在被拐卖的情况。甘树坪一个女孩被同村人以介绍工作的名义拐卖到了广西，被迫嫁给一户人家后，找了个机会偷偷地跑了回来。村里得知消息后，对这个人贩子进行了经济处罚，罚了1600元。

在甘树坪，娶越南媳妇的主要是瑶族人。当地人不看好跨境婚姻，主要是觉得这种婚姻的双方属于两个不同的国家，通常情况下双方不会办结婚证，如果女方跑回越南去，当地人很难找到女方。

2. 荒田坡个案

桥头村荒田坡的居民一半是布依族，一半是汉族，共有4对跨境婚姻。2008年，一个越南沙人嫁给了村里的一个汉族人，当时没有谈什么彩礼，但还是给了介绍人和女方父母一笔钱。2010年，又嫁过来三个越南妇女，其中一个年龄稍大，是沙人，嫁的是汉族人，也没谈什么彩礼，但也给了介绍人和女方父母一笔钱；第二个女孩是苗族人，当时只有16岁，本来不愿意嫁过来，但在父母多次做工作下也只好嫁了，男方（布依族）出了1万元彩礼；第三个女孩也是苗族人，当时只有17岁，男女双方都愿意，女方父母也愿意，男方（汉族）给了3000元彩礼。在给介绍人和女方父母一笔钱的两例婚姻中，女方都是在越南嫁过人、生过小孩的，但没带小孩过来；

而得了彩礼的两名女性是未婚姑娘。在2009年，娶16岁女孩的那个男子曾经娶过一个越南媳妇，该媳妇在越南生过小孩，但嫁到中国后却没能生小孩，后来离开了男方家。

3. 竹林寨马草坪个案

马草坪是竹林寨村委会下辖的一个苗族寨子，村里的杨子华、杨子福、杨子和三人是亲兄弟。2006年4月6日，杨正妹嫁给了杨子和。除杨正妹外，村里还有三个越南媳妇，都是杨正妹介绍过来的。2006年6月20日，经杨正妹介绍，38岁的越南苗族妇女陶兴兰嫁给了杨子华。此前，杨子华与前妻已经生育过三个子女，因家庭困难，前妻偷偷地跑掉了。陶兴兰之前在越南结过婚，但没有生育。嫁过来后，她说中国这边的生活比越南那边好得多，因此生活得很愉快。杨子华家实在是太穷了，前妻跑掉后，当地妇女没有人愿意嫁给他。好在陶兴兰嫁过来了，否则他可能将一直单身。婚后，两人关系很好，也没有发生过争吵，陶兴兰也没有再回过越南。陶兴兰与村民相处得很好，在村子里经常与村民换工干农活。2006年12月10日，杨正妹将自己的亲侄女杨小妹介绍给了杨子和的侄子杨云光。2007年3月12日，杨正妹又将吴金莲介绍给了杨子福。

这四个越南媳妇都是越南汤恩县大孟村人。据称，马草坪与大孟村相隔很远，大孟村是沙巴县那边高山里的寨子。她们属于白苗，而马草坪民属于黑苗，除了部分词汇存在差异外，双方的语言差别不是太大，生活习惯也非常接近。这四个越南媳妇嫁过来后，与村民较容易相处。但是，从交谈中也可以得知，村民一般认为，因为越南那边比中国更穷，这些越南妇女才会嫁给村子里的穷人，而当地人一般是不会嫁给这些穷人的。

滇越边民跨境婚姻根植于边境县两侧边民的族缘、亲缘等历史原因，但随着两国在经济社会发展领域出现的明显差距，跨境婚姻出现了由双向流动到单向流动的变化，而且存在非法婚姻居多、越南女性所嫁的对象和家庭不一定理想、户口难以解决、受歧视、缺乏社会保障等情况，成为事实上的不平等婚姻，也很难给婚姻双方带来真正的幸福。

第二节　云南金平县边民跨境流动现状调查

金平苗族瑶族傣族自治县位于云南省红河哈尼族彝族自治州南端，是一个集边境、山区、多民族、贫困、原战区为一体的国家扶贫开发重点县，东隔红河与个旧市、蒙自市、河口瑶族自治县相望，西接绿春县，北连元阳县，南与越南接壤。县城距省会昆明约400公里，距红河州府蒙自130多公里。金平县边境线长达502公里，居云南省第二。拥有金水河国家级口岸和马鞍底地西北、十里村热水塘、金水河隔界、南科边民互市点及66个边民通道。金水河口岸距越南封土县城18公里，距莱州省会莱州市56公里，距越南北部历史文化名城奠边府市195公里，距越南首都河内580公里，距老挝丰沙里省孟买县城231公里，可直抵越南莱州市、奠边府市，向东南可达越南首都河内，向西经越南西庄口岸可连接老挝丰沙里省。

全县辖13个乡镇，93个村委会，4个社区，1107个村民小组。全县总人口35.6万人（第六次人口普查数据），少数民族30.47万人，占全县总人口的85.59%，有苗、瑶、傣、哈尼、彝、汉、壮、拉祜、布朗（莽人）9种世居民族，其中，苗、瑶、傣为主体民族，是红河州世居民族最多的县，也是全省跨境民族最多的县之一。金平境内地形复杂，山高谷深，最高海拔3074米的西隆山和最低海拔

105 米的龙脖河都在边境乡镇，矮山海拔低于 1000 米，半山海拔在 1500 米和高山海拔在 1500 米以上的气候变化明显，形成了自然环境、物产等呈立体分布的特征。金平既是多民族自治县，又是贫困县，1992 年被国家计委列为云南省的七个战区恢复县之一，同时被列为外交部的对口扶贫县，1994 年被国务院批准为“八七”扶贫攻坚县。在金平县的 6 个边境乡镇中，有 2 个扶贫攻坚乡镇。全县总地域面积 3677 平方公里，山区面积占全县面积的 99.7%，具有边、山、民、战、贫五个特点。金平是红河州唯一的多民族自治县，也是红河州贫困人口最多、贫困面最大、贫困程度最深的县。

金平县与越南老街省的巴刹县和莱州省的封土县、清河县、孟德县接壤，共有 17.12 万人生活在沿边跨境民族地区，其中 15.3963 万人是少数民族，占金平县沿边跨境民族地区总人口的 89.93%，再加上金平县的地理、历史、政治环境特殊复杂，种种因素决定了金平县边民跨境流动问题的特殊性。从金平县滇越跨境流动边民的成因和现状来看，当地流动边民的类型可以分为政治型流动边民、经济型流动边民和社会型流动边民三大类。

（一）政治型流动边民及其现状

金平县的政治型流动边民主要为历史遗留下来的难民，目前主要集中在勐桥乡。勐桥乡位于县城东北部，距县城 108 公里，面积 397 平方公里，南与越南老街省巴刹县接壤，边境线长 31 公里。1988 年 1 月成立勐桥乡，现辖 6 个村委会 109 个村民小组，全乡共有 5216 户 22219 人，世居着苗、瑶、傣、哈尼、彝、壮、汉七个民族，农业人口占总人口的 97.5%，少数民族人口占总人口的 94%。2015 年，全乡共有耕地 33861 亩，人均有粮 313 公斤，人均纯收入 1797 元。勐桥乡是一个集多民族、山区、边境、原战区、贫穷五位于一体的工业乡。其中，难民主要安置在骂卡、勐坪、桥头、红桥、卡房 5 个村委会，18 个难民村小组。据 2015 年调查结果，这些难民共有 699 户，3012 人。其中，桥头 240 户，1056 人，涉及的村寨有金竹冲、麻木树、红土坡、大滩、街边等；勐坪 94 户，429 人，涉及的村寨有中领岗、瓦窑公路脚、烂滩公路脚等；骂卡 64 户，265 人，涉及的村寨有小热水塘、攀枝花丫口等；红桥 223 户，877 人，涉及的村寨有老新街、大热水塘、野猪冲等；卡房 78 户，385 人，涉及的村寨有大竹坪、大坡头等。

据勐桥乡政府提供的数据，2015 年难民耕地面积为 2279 亩（其中水田 358 亩，旱地 1921 亩），人均耕地面积 0.72 亩；粮食总产量 370.8 吨，人均有粮 116 公斤；经济总收入 448 万元，人均经济纯收入 987 元；有大牲畜 427 头（匹），生猪 769 头，家畜 4040 只。难民中有 1 人为中专生（公办教师）；高中生 2 人，初中生 20 余人，小学生 308 人。2015 年，勐桥乡境内的 18 个难民村全部完成“三通”（通水、通电、通公路）工程；茅草房、杈杈房已完成改造，126 户危房完成重建。357 户 1608 位难民享受城市低保，占难民总人数的 51%，每月共领取低保金 162826 元。同时，政府还积极组织发动难民开荒种地，进行生产自救，使广大难民的生产生活条件逐年改善，生活质量有了一定的提高。

由于环境因素和思想观念等方面的差异，难民的国籍归属问题尚未解决，身份无法确认。在很长一段时间内，这些难民的婚配、生育均只在其内部进行，很少出现村民和难民通婚的现象。难民同村民一样享受着同等的国家政策，却无法真正同村民融合。近年来，村民、难民的交流逐渐频繁，这种交流扩散到生活的各个领域，双方的生活、生产方式不断靠近，民族关系也不断融合，这给后来村民与难民的通婚奠定了基础。为难民提供法律保护的依据主要是一些国际条约，如1948年的《世界人权宣言》、1951年的《难民公约》、1967年的《领域庇护宣言》与《难民议定书》、1969年的《非洲难民公约》等。特别是《难民公约》在国际难民法律保护方面有突出地位，如该公约第33条“难民不推回原则”为难民法律保护方面十分重要的原则。同时，这些条约也对难民的管辖提出了指导性意见，明确难民须服从庇护国属地关系及庇护国类似国民的属人管辖，并提出了对所在国家负责、不受歧视、不影响与公约无关的权利、相互条件的免除、特殊措施免除等5项难民待遇原则。

目前，金平县难民和村民的通婚已为常事。在勐桥乡，他们既享受着同样的政策，也受到同样的法规约束。在生育问题上，根据《云南省计划生育管理条例》规定，当地政府采取“同罚同赏”措施，即多生则罚，少生则赏。难民虽然没有户籍，但他们和村民结合的后代则可落户为中国公民。难民问题简单看是牵扯难民颠沛流离、无家可归的人道主义问题，但其实又是复杂敏感的政治问题，涉及难民产生国与接纳国的内政外交。

在调研中发现，金平县党委和政府对当地难民实施了生活补助、安居、农田、水利、教育、人畜饮水等扶持政策。例如，发放难民低保金，并在每个难民村都成立低保监督小组，统一发放，做到资金误差为零，使全乡难民的生活得到保障。同时，积极组织发动难民开荒种地，进行生产自救，使广大难民的生产生活条件逐年改善，生活质量有了一定的提高。但由于难民的经济来源主要是种植、打零工和国家救济，收入极低，加之人多地少，难民占有的耕地主要是旱地，缺少资金投入和科学耕作管理，粮食产量不高，大部分难民的生活水平都在贫困线以下。从2004年开始，我国政府着手解决难民身份问题，但目前还没有得到落实，难民无合法证件，导致出行难、上学难、就业难等问题，难民的国籍和身份确认已迫在眉睫。

由于历史源流、生活生计、出境便利等复杂原因，难民跨境流动成为常态，非法跨境流动和从事非法行动成为突出问题。

（二）经济型流动边民及其现状

1. 自由过耕

由于金平与越南山水相连，居住于此地的各民族原本就具有边民迁居、过境开荒的习俗，后虽被划在国境线两侧，但由于政府对边境地区管理力量薄弱，居民边境意识淡薄，自由迁徙行为仍较突出。1969 年 3 月 25 日，金平县革命委员会代表团前往越南封土县，与封土县行政委员会商讨双方过耕地移交事宜。经双方协商，金平向越南移交过耕草果地 380.5 亩，越南向金平移交过耕草果地 110 亩。1970 年，越南清河县王家寨村入境金平县独眼后山开荒，种植玉米 3.5 亩，1971 年越南清河县李家寨入境牛塘，种植大麻 0.45 亩。目前，过耕问题已被两国妥善解决，但过耕入境的部分边民则留在了中国境内。另外，20 世纪六七十年代，由于自然灾害及“文化大革命”等原因，我国境内部分居民为躲避灾害与动乱，迁至越南、老挝、缅甸等国境内生活，这部分居民的迁移活动基本不为越、老、缅等国所获知与认可。改革开放后，随着我国经济迅速发展，当年迁出的居民试图回到国内。由于经过几次人口普查后，他们的户籍信息早已被消除。虽然他们自称中国人，但我国的相关系统中已无他们的信息。而越、老、缅等国也不承认他们为自己国家的居民，因此他们成为无国籍人员，散居在我国境内各地。加上因自由迁移进入我国的越、老、缅等国人员，成为云南边境地区“三非”人员的又一组成部分。他们在政府行政管理和法律约束无法顾及的情况下，游走于双方边界附近地区，进行自由过耕，跨境流动成为其生计和生活的必要途径。

2. 口岸贸易

金水河口岸位于金平县南部212省道南终点，地跨东经102°57′至103°01′，北纬22°26′至22°45′。西接勐拉乡，北与金河镇相连，东、南邻越南封土县，距县城37公里，距越南封土县城18公里，经越南12号国道连接4D号国道，距越南西北部商业重镇奠边府206公里，国境线长126公里。镇政府驻地金水河口岸，海拔301米。清光绪二十三年（1897年），属河口副督办一等汛辖地，民国初设那发对汛。民国37年（1948年）改设那发分署。1954年12月17日，在勐拉乡那黄街设立口岸，与越南马鹿塘口岸对接。1955年8月，口岸驻所迁至现址。1963年3月16日，中越政府批准建立金水河—马鹿塘边境小额贸易口岸。1970年，那发口岸改称金水河口岸。1979年初关闭，1990年10月27日恢复。1993年2月，国务院批准金水河口岸为国家级对外经济贸易口岸，1993年11月10日复通，是云南省主要对越陆上通道和红河州对越开放口岸之一。金水河是国家战略安全的重要组成部分，口岸雄镇南门，可与越南西北4省进行大规模贸易往来，历来为云南省主要对越陆上通道和红河州对越开放口岸的“桥头堡”。

2011年，金水河口岸完成一般贸易和边境小额贸易（不含边民互市，下同）出入境货物64601吨，与上年同期的63459吨相比增加1142吨，增长1.8%。其中，出口92吨，进口64509吨，货值389.1万美元。完成出入境人员查验89103人次，比上年同期上升29.03%。其中，出境44227人次，入境44876人次。出入境车辆查验1311辆次，其中出境700辆次，入境611辆次。2012年1～11

月，金水河口岸完成出入境查验人员 198827 人次，与上年同期的 80566 人次相比增加 118261 人次，增长 146.8%。其中，出境 99108 人次，与上年同期的 39976 人次相比增加 59132 人次，增长 148%。入境 99719 人次，与上年同期的 40590 人次相比增加 59129 人次，增长 145.7%。完成出入境车辆检查 5825 辆次，与上年同期的 1228 辆次相比增加 4597 辆次，增长 374.3%。其中出境 2936 辆次，与上年同期的 634 辆次相比增加 2302 辆次，增长 363.1%。入境 2837 辆次，与上年同期的 594 辆次相比增加 2234 辆次，增长 377.6%。完成一般贸易和边境小额贸易性出入境货物 2358.1 吨，与上年同期的 64568 吨相比减少 62209.9 吨，下降 96.3%。其中出口 1844 吨，与上年同期的 59 吨相比增加 1785 吨，增长 302.5%；进口货物 514.1 吨，与上年同期的 64509 吨相比减少 63994.6 吨，下降 99.2%。完成一般贸易和边境小额贸易性出入境货物货值 156.3492 万美元，与上年同期的 390.527 万美元相比减少 234.1778 美元，下降 60%。其中出口 95.20878 万美元，与上年同期的 13.8952 万美元相比增加 81.31358 万美元，增长 585.2%；进口 61.1404 万美元，与上年同期的 375.162 万美元相比减少 314.0216 万美元，下降 83.7%。

金水河口岸进口商品主要有中草药、稀土、木薯片、红土镍矿、铅锌矿、铜精矿等，出口商品主要有水电发电设备、机械、日用百货、粮食、饲料、建材、家禽、水果、食品、家具等。2013 年，全年监管进出口货物 6.32 万吨，进出口总值 1258.37 万美元，共监管出入境旅客 283190 人次，监管进出境运输工具 11473 辆次，查获违规超量携带人民币现钞 31.5 万元入境案 1 起。

3. 边民互市

金平地区边民互市贸易由来已久。20 世纪 50 年代，双方就设有边境贸易口岸通道。1963 年，越南西北自治区、老街省、河江省代表团与云南省代表团签订《关于双方边境工作配合问题的会议记录》后，建立了马鹿塘、十二楼两个边民互市点和迤底、乌马独洪两个便道，并在贸易点设立海关、货币兑换所。1998 年，开通封土县至金平县的国际客货运输线。双方经贸互访不断升级，互通有无，积极开拓互利合作新领域、新渠道，在商品流通、商贸旅游、文化体育交流、农业科技、矿产资源开发方面成果丰硕。目前，金平县境内 2 个镇（金河镇、金水河镇），3 个乡（者米乡、马鞍底乡、勐拉乡）先后开放了 10 个互市（区）点。2013 年，每周到这些互市点赶集的人数达 40800 余人次（参见表 4－1）。其中，马鞍底乡地西北互市（区）点每隔 6 天设集 1 次，赶集日高峰人流量可达 13000 余人。赶集日人流量最少的金水河镇田房山寨人流量也达 1800 余人。另外，在金平 502 公里的边境上，除了正式公布的 10 个边民互市通道外，非正式通道非常多，边民也会私自从小道过境，禁止出入境这一项规定很难执行，存在“有边难防”问题。中越边民虽可办理到对方国家探亲、访友、求医治病的通行证，但有关部门无法对走亲串寨的人口实行登记。

表 4－1　2013 年金平县中越边境互市点贸易往来情况一览

序号 TT	互市（区）点名称 Tên chợ biên mậu		所属乡镇	赶集日	双方参与人数（赶集日）
	中方	越方			
1	地西北	迤底岩头（Di Tý）	马鞍底乡	隔 6 天	13000 余
2	热水塘	王麻寨（VàngMà Chải）	金河镇	隔 6 天	5000
3	隔界	会笼（Hồi Lông）	金水河镇	属蛇日，隔 12 天	4000
4	南科	南温（Nam Ôn）	金水河镇	属鼠、马日	3500

续表

序号 TT	互市（区）点名称 Tên chợ biên mậu		所属乡镇	赶集日	双方参与人数（赶集日）
	中方	越方			
5	老白寨	裸马（Lô Ma）	者米乡	隔6天	2000
6	中梁	八围寨（Ba Vùng Chải）	马鞍底乡	属牛、羊日	4000
7	草果山	十二楼（Sì Ở Lầu）	金河镇	隔6天	2000
8	田房山寨	南丹（Nằm Tần）	金水河镇	隔6天	1800余
9	蚂蝗塘	仆沙（Bộc Cát）	勐拉乡	属鸡、猪日	3000
10	龙博河	阿母冲（Á Mu Sông）	马鞍底乡	隔6天	2500

（1）热水塘边民互市。热水塘边民互市点位于金河镇东，海拔680米，隔纳木期河与越南莱州省封土县瑶山乡相望，因当地有一温泉水涌出而得名。1963年3月16日，云南省委代表团与越南西北自治区老街省、河江省行政委员代表团签订《三省协议》，将之定为边民互市点。该地共有35户壮族农户，距金平县城31.5公里，有老街道1100平方米。热水塘边民互市市场建设，完成投资476.4703万元。工程完成征地65.3亩，拆迁房屋168.7平方米，在市场南入口处开挖停车场回填土石方119467立方米，整个停车场规模为6046.22平方米，其中上台1945.74平方米。完成停车场排水沟440.9米（含靠边坡排水沟顶上高1米、厚0.3米的挡土墙）、两条出入口公路、停车场斜坡混凝土浇灌631.35平方米，挡土墙103.7立方米。停车场滑坡治理挡土墙1043.75立方米，各种排水沟566米。新建街道2235平方米，人行道1590平方米，台阶式三面光排水沟383米，直径预制排水管127米，挡土墙120.4立方米，槽钢排水沟12.8米，安全栏杆72.3米，排水沟跌水隔断48米，太阳能路灯22盏，绿化地61平方米，种植各种花木4060株，加高原大排水沟挡土墙122.4

立方米，挡土墙 96 立方米和清理停车场塌方 120 余立方米，停车场弹石场地 2400 平方米。逢街天有各种摊位 200 余个，有客商 4000 余人，铺面 40 余间，大米、农药、化肥、蔬菜、服装、猪肉、水果等商品一应俱全，烧烤摊、饮食摊比比皆是。年均进出口贸易额 8466 万元，年均出入境人员 6 万余人次，年均货运量 1.9 万吨。

（2）隔界通道边民互市。隔界通道边民互市点位于金水河镇东南，因与越南清河县会笼乡隔沟相望而得名。距县城 70 余公里，距金水河口岸 30 公里，是一条传统中越边境贸易便道。2004 年 1 月开街，日赶集人数 4000 余人，其中越方边民 1000 余人。2009 年互市额 1.9 亿元。近期完成投资 123.15 万元。工程征地 38.02 亩（其中鱼塘 0.26 亩），街道硬化 2907.2 平方米，人行道 3080.5 平方米，排水沟 780.3 米，篮球场 589 平方米，绿化场地 206 平方米，种植绿化树木 125 棵，建办公室 50 平方米，公共厕所 55 平方米，建挡土墙 100.6 立方米。

（3）地西北边民互市。地西北边民互市点位于金平县东地西北村，南与越南老街省巴刹县迤底乡接壤，距金平县城 163 公里。1978 年 12 月经云南省外办和省公安厅外办字〔1987〕第 83 号批准为边民互市点。2009 年 6 月，中越双方公路在天生桥 87 号界碑处对接。互市场地占地 12 亩，有居住人口 486 户，2157 人。进出口商品为农副产品、中草药、日用产品、家电、农具、建材等。工程完成情况征地 21.44 亩，新建街道和各种场地 8493.14 平方米，其中主街道 2448.36 平方米，次街道 704 平方米，停车场 3391 平方米，商品展销台 244.7 平方米，其他场地 1705.08 平方米。各种挡土墙 3544.33 立方米，各种排水沟 1017 米，大小雨水井 86 座。各种房屋 321.35 平方米，其中管理用房 231.18 平方米，公厕 65.17 平方米，厨房25平方米，人行道1800.5平方米，连接新老街道的阶梯宽4米，长44.3米，安全栏杆长272.7米，4立方米化粪池1座，蓄水桶2座（3立方米），平整开挖回填土石方18249.5立方米，其中石方爆破开挖577.35立方米。建各种灯光40盏，其中太阳能路灯38盏（老街道17盏），商品展销台灯光2盏。围树木墙60.7立方米，减震带14米，垃圾池2座，停车场国旗杆1座。建商品展销台中厚彩钢瓦大棚300平方米。建绿化花池179.6平方米，种亮叶榕106棵、三角梅10棵、黄榕球10棵、非洲茉莉3棵。配置文件柜4组、办公桌8套、沙发4个、茶几4张、床1张、电视机1台、垃圾搬运车1辆、围墙60.7立方米。2013年交易额11000余万元，每6天赶集1次，街天高峰期人流量达13000余人，其中越南边民3000余人。投入80万元完成互市场改扩建工程，完成22.8亩土地征用和房屋拆迁工作。

（4）中梁边民互市。中梁边民互市点位于马鞍底乡南部，东、南、西与越南老街省巴刹县迤底乡和封土县瑶山乡接壤，面积71.85平方公里，距乡政府22.5公里，距县城168公里，海拔1250米。辖中梁脚、岩羊坪、香菌坪上寨等9个村民小组，人口3000余人，世居民族全部为苗族。中梁边民互市点有4条通道与越南迤底乡相通，每隔6天赶集1次。投入超过120万元建成主街道1840平方米，人行道600平方米，公厕50平方米。互市点超市、餐馆、旅馆、通信、理发、医疗设施一应俱全。服务范围不断拓展，交易产品种类及数量进一步增多，农具、农药、化肥、饲料、药品、建材、服装鞋帽、食品、蔬菜、水果、通信设备等产品皆有。日均交易额3万余元，年交易额超过200万元。每街赶集人数4000余人，其中越南边民400余人。

（5）南科边民互市。南科边民互市点位于金水河镇西南南科村，东与乌丫坪村相接，西、南与越南清河县皮净乡、摸布乡南温村接壤，北与普角村相望。距金水河口岸 70 余公里，国土面积 151.11 平方公里，海拔 900 米。乌丫坪村委会辖联防、南科老寨、南科新寨、南西、沙罗、伍队、南行新寨、坪河下寨、坪河中寨、老佰寨、母鸡冲 11 个村民小组。居住着苗、瑶、哈尼、彝、拉祜和布朗族，均为少数民族。现有 1 条宽 9 米，长 400 米，面积 3600 平方米的街道兼交易市场。每隔 6 天赶集 1 次（鼠、马日赶集），赶集人数千余人。进出口商品也由单一的农副产品和中草药扩大到日常生产和生活用品、农具和电器等，其中进出口商品主要有水麻皮、黄姜、黑姜、野良姜、草果等，农产品有玉米、木薯、大米、棉花等。农具有锄头、镰刀、砍刀等。机电设备有小型水能发电机，家用电器有 VCD、电视、电饭煲、电磁炉等。日常用品有电池、香皂、洗衣粉、毛巾、啤酒等。

（6）田房边民互市。田房边民互市点位于金水河镇南乌丫坪村，距金水河口岸 60 公里，与越南莱州省清河县巴丹乡、会笼乡、南坝乡接壤。由于地理位置和属于共同民族的原因，两地边民来往历史悠久，结下了深厚的情谊。现有 1 条宽 15 米，长 60 米，面积 900 平方米的街道兼市场。每个星期六为赶集日，赶集人数超过 1500 人。

4. 非法务工

越南每年都有大量劳动力输入其他东南亚国家，而这些国家一般都实行较为严格的外籍劳工管理制度，因此，只有一部分越南籍人能够获得输入国的居留或者工作许可，成为合法劳工。由于不能通过正常合法的途径进入他国就业，越南籍人也常通过偷渡或观光等方式进入他国，进行非法务工。中国是人口大国，对外籍劳工的管理更为严格，一般不鼓励国内企业招聘外籍劳工，但企业需要而国内确实无法解决的特殊技能人员、高级技术人员、高级管理人员除外。因此，也存在越南籍人到中国非法务工的情况。近年来，随着欠发达地区劳动人口向发达地区的转移（外出务工），金平县出现了许多行业劳动力不足的情况，土地无人耕种，农作物成熟后无人收割。因此，金平县边境乡镇对越南籍劳工的就业有了适当的放宽。随着边境沿线地区我方一侧经济发展、社会进步所形成的吸引力，吸引了大量境外边民。他们认为到了中国有饭吃、有出路，可以解决温饱问题。因此，在边境地区滞留了大量非法就业的境外边民。

课题组在金平河镇、勐桥乡、马鞍底乡调查时了解到，进入金平县境内的非法务工人员有以下几个特点。一是季节性强。每年农历二月至三月的播种期、农历九月至十一月的收割期需要大量劳力，他们一般在这两个时期进入金平县境内，在农忙期过后离开，停留时间不长。二是流动性强。这类人员什么地方有活计就前往什么地方，与金平县境内的雇主之间为一种松散的联系，彼此了解甚少，一旦结清工费就断开联系，前往下一个地点。三是呈较稳定团队。一般此类人员都是同村同寨甚至同一个家庭的成员，彼此熟悉，相互照应，集体行动。四是人数波动大。此类人员都集中在边境乡镇一带活动，闲时在其本国生活，农忙时期结伙进入金平县境内，受雇从事农业生产，在不同时间段，人数波动很大。五是自由出入境。此类人员出入边境时不通过规定的口岸及通道，也基本不持有任何证件，进入我国境内的方式均属非法入境。同时，由于缺乏必要的手续，女性一般从事色情、足疗馆等服务行业，而男性则在种植业、建筑业等需要重劳动力的行业工作或者打短工。2015 年，金平县 6

个边境乡镇10余个村委会，60余家香蕉种植农户存在非法雇用越南人员的行为。在金平县其他乡镇也大量发现非法雇用越南籍人员的情况，甚至还有经昆明把入境的越南籍人员送往沿海城市工厂的情况，而且这一势头正呈逐年上升趋势。

（三）社会型流动边民及其现状

1. 跨境婚姻

社会型流动边民以跨境婚姻为主。跨境婚姻是当前的热门话题。在中越边境地区，由于受特殊的地理自然环境和人文历史背景的影响，很久以来就有着跨国通婚的传统。然而，我国改革开放以来整体社会经济水平的提高以及中越两国国家关系的稳定发展，2013年，金平县全年完成生产总值32.31亿元，增长12%。其中，第一产业9.28亿元，增长7.3%；第二产业14.48亿元，增长15.3%；第三产业8.55亿元，增长10.1%。公共财政预算总收入3.99亿元，下降7.77%，其中地方公共财政预算收入2.33亿元，增长5.62%。地方公共财政预算支出18.2亿元，增长17.26%。规模以上固定资产投资33.01亿元，增长49.37%。社会消费品零售总额6.9亿元，增长13.36%。边境贸易总额7.91亿元，增长11.77%。金融机构各项存款余额39.34亿元，比年初增长17.49%；贷款余额15.32亿元，比年初增长21.5%。城镇居民人均可支配收入18584元，增长13.6%；农民人均纯收入3644元，增长17.1%。越来越多的越南女子选择嫁入中国，打破了原先中越边境跨国婚姻相互流动的格局，并呈“一边倒”趋势，出现女方入境通婚多，男方出境通婚少的局面。越南边境地区每个家庭都有六七个子女，基本上是女孩子多、男孩子少，存在适婚人口比例失调问题，使越南妇女面临择偶相对困难的局面，这在一定程度上促使越南妇女寻求国际婚姻，进行跨国通婚。另外，中国实施严格的移民政策。徐军华认为，国家的移民政策是造成非法移民的一个重要原因。他以美国、德国、英国、法国为例，认为限制移民政策的实行在一定程度上助长了非法移民的发展趋势。中国本属于世界人口第一大国，无论是历史上或是今天，实行的都是严格控制移民进入的移民政策。移民大量涌入与严格的移民政策构成了无法化解的矛盾，于是非法移民的问题才愈发严重。首先，外国人理论上可以申请加入中国国籍，《中华人民共和国国籍法》规定了外国人或无国籍人加入中国国籍的条件，但对于云南周边国家一般居民来讲，获得中国国籍的可能性很小。其次，获取中国永久居留资格的可能性同样较小。依据《外国人在中国永久居留审批管理办法》（国务院 2003 年 12 月 13 日批准）以及 2013 年 7 月 1 日生效的《中华人民共和国出入境管理法》的规定，外国人特别是云南周边国家的边民距离“对中国社会发展作出突出贡献”和经公安部批准的要求都太遥远，他们获得中国“绿卡”的可能性微乎其微。最后，通过跨境婚姻实现移民的越南边民，由于难以满足我国婚姻登记管理的条件，而成为“黑人黑户”的非法移民。民政部颁布的《中国与毗邻国婚姻登记管理试行办法》第六条规定，毗邻国边民申请结婚登记，必须持有本国护照或代替护照使用的经双方通过外交途径确认的边境地区出入境证件、本国有效居民身份证件、本国边境县（市、政府机关出具的经公证机关公证的婚姻状况证明和同意与中国边民结婚的证明、中国边境县（市、区）指定医院出具的婚前健康检查证明。许多边民的跨境婚姻，因无法提供以上证明文件而成为不受法律保护和认可的“事实婚姻”。

目前，滇越边民跨境婚姻有以下四种形式。一是越南妇女自由过境后，与中国男子相互了解、自由恋爱而结婚，包括由于双方父母或亲属有交往，从而得到家长同意的情况。如：WHY，女，傣族，37 岁，越南封土县坝单村人，未婚时经常到马鹿塘、金水河赶集，与金水河村村民毕国民（44 岁，傣族）相识，1994 年 4 月 7 日结婚，生有一男一女。二是由媒人或熟人介绍而成。这种情况所占比例较大，所组跨境婚姻大多家庭和睦，且多数已生育子女。越南女性嫁过来后，大多喜欢留在中国生活，只是偶尔回越南探亲。如：刀小兰，女，傣族，34 岁，越南清河县万门村人，经越南亲戚介绍，1992 年 4 月与金水河村村民 WQH（49 岁，傣族）结婚，生有两个女儿。三是被人贩子拐卖过境成婚。由于中越边境地区人口构成在性别比上存在差异，中方边境地区存在对外籍配偶的市场需求，给了人贩子可乘之机。四是为谋求商业或事业上的优势而通婚，尤其体现在中国男子一方。越南妇女在语言及人文地理环境等方面的优势，可以给中国男子在中越边境或越南境内从事贸易活动带来极大便利，双方通婚能够实现商业上的优势互补。如：LYM，女，37 岁，越南邑底人，彝族，因经常在地西北互市点做药材生意，认识了中方做同样生意的地西北村村民 GFY，两人于 2008 年 4 月结婚，生有两个女儿。

2015 年 8 月，金平对全县村委会开展了边民通婚生育情况调查。数据显示，金河镇、金水河镇、勐拉乡、者米乡、勐桥乡、马鞍底乡 6 个边境乡镇，共有边民通婚情况 697 对，其中，非婚同居人员 696 人（越南 694 人，缅甸 1 人，其他 1 人）；同居 3 年以下的 161 人，同居 3 年至 5 年的 165 人，同居 6 年至 10 年的 151 人，同居 10 年以上的 220 人；未生育子女的 92 人，已生育一孩至二孩的 580 人，生育二孩以上的 25 人。另外，以通婚最为典型的马鞍底乡为例，2012 年 7 月的统计数据显示，该乡共有 78 对跨境婚姻，并且都是越方女性嫁入当地。具体数据见表 4－2。

表 4－2　金平县马鞍底乡“三非”人员与我国公民通婚统计表

	通婚数量	未生育	生育 1 胎	生育 2 胎	带小孩嫁入
同民族	74	30	25	11	8
不同民族	4	3	0	0	1

从调查情况看，金平县跨境婚姻的对象主要是越南籍边民（参见表 4－3）。通婚的外籍公民以女性居多，通婚后在中国境内定居生活，生儿育女，一般家庭会生育两个孩子。这些“非婚家庭”生育的子女属于非婚生育和无证生育，但是，当地相关部门为过去生育的大部分子女办理了落户手续。这些跨境婚姻大多呈现出如下特点：多属于跨境族群通婚，男女双方有着相似的族群文化；越南妇女大多来自越南北部山区，来自城市者寡，流动距离较短；几乎都是越南妇女入境与中国男子通婚，鲜有中国男子入境越南求婚，因此可以说，流动的性别和方向呈现出单一化特征；越南妇女大多是无证入境，与中国男子成婚时未办理涉外婚姻登记手续，属于事实婚姻；边境通婚人员受教育水平普遍较低，家庭生活大多处于贫困状态；男女双方多为草率结合，情感纽带较薄弱，婚姻基础不够牢固；越南女性配偶在中国境内的地域分布有扩散趋势，开始由边境向内陆渗透。

表 4－3　金平县 2015 年部分跨境婚姻所涉越南妇女基本情况

姓名	民族	户籍地	嫁入地	婚姻状况	生育情况	是否落户
朱日少	哈尼	越南老街坎洒县茅坡寨	普玛村委会普玛村	再婚	2 个子女	否
黄举飘	哈尼	越南老街坎洒县茅坡寨	普玛村委会水井村	再婚	2 个子女	否
熊科	苗	越南邑底	中梁村委会中棚村	再婚	2 个子女	否

续表

姓名	民族	户籍地	嫁入地	婚姻状况	生育情况	是否落户
熊干	苗	越南邑底	中梁村委会中棚村	初婚	未生育	否
盘大妹	瑶	越南	马鞍底村委会石板寨	初婚	2个子女	否
盘二妹	瑶	越南	马鞍底村委会石板寨	初婚	2个子女	否
普大妹	彝	越南	马鞍底村委会田棚下寨	初婚	2个子女	否
李二妹	彝	越南	马鞍底村委会田棚下寨	初婚	未生育	否

共同的语言和宗教信仰、相似的生活方式，是目前金平县边境地区的跨国人口迁移的重要条件。跨境婚姻基本上为族内婚，夫妻双方属于同一族群。位于中越边境地区的云南省金平县金水河村东、南分别与越南莱州省的清河和封土两县接壤，全村共有262户，1239人，其中傣族1200人，占全村总人口的96.9%。据学者考证，“云南省金平县勐拉乡的白傣人是从越南迁入的。中国傣人与越南傣人有亲友关系，平日互相跨过边境，到对方的圩市交换产品，访亲会友”。金水河村是当地一个重要的商品集市，根据十二生肖推算，逢牛、羊日即为赶集日子。20世纪50年代，越南就在邻近金水河村的地方建立了马鹿塘口岸。20世纪70年代末，中越关系恶化，口岸关闭。20世纪90年代，随着中越关系逐步改善并正常化，越南马鹿塘口岸与中国那发口岸恢复开放，金水河集市成为滇越边民交换生产和生活用品的重要场所。相同的族群、相近的地域、历史上的亲缘关系、频繁的交往互动，为金水河傣族的跨境婚姻提供了便利，使该村形成了诸多跨国家庭。在金平县边境其他少数民族村寨调查所得的情况与上述情况相似，当地的跨境婚姻都是族内通婚。距离中越边境直线距离不到1公里，与越南隔河相望的云南省金平县马

鞍底乡红岩村苗族村民在 2005 年和 2006 年先后娶的两个越南媳妇也都是赫蒙人。据金平县民政局 2015 年统计数据，金平县跨境婚姻共生育子女 1167 人，其中取得户口 1051 人（男方为中国公民，且子女在中国出生的，可办理落户手续）、未取得户口的 116 人（大多由越南妇女随嫁时带入中国），已落户的适龄儿童均可就近入学。近年来，由于相关政策严格，当地公民生育的子女在落户时也必须提供结婚证，而跨境婚姻组成的家庭多未办理结婚证，影响了子女落户，给这些子女以后的入学、就业、医疗等方面带来许多困难和问题。

2. 临时非法活动人员

金平县沿边一线的一些跨境民族群众由于缺乏国界意识和法律意识，出于感情交往和经济贸易的需要，不以合法程序出入中越边境，借助村寨与越南边境村寨相邻的特点，觉得怎么方便就怎么走，因此存在一些习惯性出入境的小道，随意跨越国界，来往于两国之间。在金平县，经中越双方确认的合法出入境通道较少，只有 3 条，但双方跨境民族自发开辟的出入境小道至少有 66 条。随着金平县经济不断发展，人民生活水平迅速提高，与越南莱州省相比，金平县的居民更为富裕，吸引了大量越南边民进入我国境内从事违法犯罪活动。与通过互市迁移方式进入我国的“三非”人员不同，此类人员以年轻居民为主，通过多种途径进入我国境内，三两成伙，身上不名一文，也不持有任何有效证件，四处闲逛，从事一些临时性的工作，或以贩毒、走私、诈骗、卖淫、盗抢、贩卖人口等手段获取钱财，还有一部分则以小额贸易等活动在我国境内活动，在正常贸易背后也隐藏着诈骗、违反我国出入境管理法规等行为。此类人员的另一个组成部分是年轻女性。在金平县边境地区，存在一定数量的来自越南的卖淫女，在部分地区已经形成聚集现象。这部分人员在带来各类违法犯罪等社会问题的同时，也是疾病传播的一个主要隐患。此类人员流动性大，且无经济能力去进行身体检查，有病后也往往不及时治疗，仍四处游动。特别是患有艾滋病、梅毒、结核等疾病的卖淫女危害更大。以上情况，容易形成一种“有边无防”的混乱局面，给边境的管理控制和维稳工作带来一定难度。

第三节　云南马关县边民跨境流动现状调查

马关县地处祖国西南边陲，位于云南省东南部、文山壮族苗族自治州南部。南与越南山水相连，国境线长 138 公里；东北与麻栗坡、西畴两县隔河相望；北与文山县接壤；西南与屏边、河口两县相邻。县内居住着汉、壮、苗、彝、瑶、傣、布依等民族。截至 2012 年，马关县共下辖马白镇、坡脚镇、八寨镇、仁和镇、木厂镇、夹寒箐镇、小坝子镇、都龙镇、金厂镇、南捞乡、大栗树乡、篾厂乡、古林箐乡 9 镇 4 乡，共有 124 个村民委员会（社区），2197 个村民小组。截至 2010 年，该县少数民族人口为 18.1546 万，占总人口的 50.71%。其中，壮族 5.6305 万，苗族 8.0950 万，彝族 3.0970 万，傣族 0.6812 万，布依族 0.6509 万。

马关县边民跨境流动具有很长的历史。由于中越两国的特殊关系以及两地在经济、文化、社会、自然等方面的相似性，边民跨境流动频繁。自秦至宋初，今属越南的苗旺县和同文县与云南马关同域，两地民族感情深厚，往来密切。宋至清末，越南与中国为藩属关系，虽有藩属地区界线，但双方仍有通婚、互市、来往的自由，与同域时期的情况无质的区别。中法战争后，法国侵占越南，中越之间才形成现代国家关系，划定了国界线，原本属于同一区域的土地分属两国，本是同一民族的族群则在两国居住。但是，由于文化与习俗相同，跨境居住的边民并没有因为两国边界的划定而减少往来。20 世纪四五十年代，中、越两国分别建立起了现代民族国家，逐渐加强了边界管理，但双方边民仍然不断跨境往来。

在不同的历史阶段，马关县的滇越边民跨境流动的方向也在发生着变化。1960～1979 年，由于我国国内复杂的政治形势，出现了边民从我方迁往越南的趋向；1979 年，中越爆发边境冲突，越南对中越跨境民族进行排斥，形成排华浪潮，大量边民从越南流向中国；1985 年，由于进入中国境内的边民分不到土地和计划生育政策的执行，大量居住在中国马关境内的边民又流向越南北部山区。20 世纪 90 年代后，中国经济高速发展，创造了大量商机和发展机会，两国边民来往频繁，越南来华劳动力日增，成为主流趋势。尤其是进入 21 世纪以来，中越两国缩小纷争，扩大理解和合作，双方对边境地区进行了有效管控。中国实施睦邻兴边计划，越南在北部地区也加大了基础设施建设和社会保障支持力度，边境线两侧区域呈现出稳定和繁荣局面，进一步促进了中越边境地区的稳定与发展。通过发展促进稳定，中越边境地区的经济合作和社会各方面的事业加强了联系，在稳定的社会环境下，中越边民的交往更加频繁，双方政府的管理更加稳健与自信。

马关县国境线长 138 公里，有都龙、金厂、小坝子、仁和等四个边境镇与越南河江省的黄树腓、箐门和老街省的孟康、新马街四县接壤。其中，都龙镇与越南河江省箐门、黄树腓县两县接壤，国境线长 58.4 公里，目前 5 号界、7 号界已与越南实现公路对接，8 号界相接。金厂镇国境线长 41 公里，有 18 条人行便道直通越南，国境线上（二段）有1、2、3、4号界碑。都龙、金厂、小坝子等绝大部分是以山划界，因此从山麓或者河流向北就可进入马关。茅坪口岸的建成使用，改变了之前马关合法的出入境主要通过麻栗坡天保口岸和河口口岸的状况，使马关与越方的商贸交往有了合法和正规的途径。此外，马关段存在大量传统的小道、便道，因此存在大量非法跨境流动的情况。越籍边民一部分停留在马关，一部分北上进入文山、蒙自、开远、昆明甚至中国内地城市。除了这个通道优势之外，马关经济的发展也是一个重要的原因。沿海和内地的经济持续发展，大量的马关居民进入内地或者沿海地区务工，马关的矿业、三七种植业、香蕉种植业、基础设施建设都需要大量的工人，这就刺激了境外边民的跨境流动。

课题组在马关的调查点是大梨树乡倮撒旧寨、夹寒箐乡牛马榔村、小坝子石碓窝、金厂老寨等四个村，木厂乡、都龙镇两个乡镇集市场，茅坪和金厂两个边民互市点以及马关县城。马关边民跨境流动的基本情况如下。

一　政治型流动边民及其现状

鉴于中越双方当时特殊的关系，1977年开始，大量难民从越南、柬埔寨和老挝流入我国。到20世纪80年代初，共有28万余人进入中国。云南省共接纳印支难民6.41万人，除部分转移安置外，共安置印支难民4.5万人，分布在全省9个地区15个县市的农村和24个农林场中。

越侨有三种安置方式。第一种是人数较多无法在中越边境附近安置的，在云南其他州市的农场集中安置。元江华侨农场、普洱、西双版纳、临沧、大理甚至德宏、芒市、瑞丽等地方都安置了大量的越籍难民。第二种是考虑其人数规模适中，对边境环境较为适应，因此就让其组成相对独立的村落。第三种是把他们分别安排在不同的边境村落里面。一般来说，在1979年越南“排华潮”中来华的难民被称为“难侨”，他们目前已基本解决身份问题；而在边境战事后涌入中国的难民，大多被安置在滇越边境的难民村和农场中，身份问题一直没有解决。这些越籍难民很多都没有国籍，因此，在他们集体居住的地方，一般不悬挂国徽、国旗，不唱国歌，不做国家认同宣传和教育，所以他们基本上没有对国家的归属感。由于没有身份证，他们的社会活动被压缩在一定的社会空间内，上学、务工、就医、住店、考驾照等活动都受到影响。这些难民无法到中国内地进行流动和发展，为了获取生活资源，他们被迫跨越边境寻找资源和发展的空间。鉴于边民的特殊身份，中越双方对难民的跨境流动管理政策显得有一些宽松，因此难民跨境流动的幅度大、频度高。

在马关县木厂乡马西村，只有杨国祥一家人是难民，村中大多数人不知道这个情况，因而他们不会被区别对待。他的子女婚姻的对象都是当地有户籍的村民，这样他家的身份问题通过婚姻就解决了。从外表和生活习惯上看，难民中的很多人已经看不出是越南人。第一代难民大部分只会讲越南语和本民族语言，到了第二代基本能听懂越南语，第三代只会讲汉语。而且在被问及国籍时候，第一代人会迟疑地说自己是越南人，第二代对这个问题的反应是无声的，没有答案，第三代会高声说自己就是中国人。独立成村的难民就没有这么幸运，首先是他们的人均耕地面积较周边村落的少，其次是他们在别村人心目中就是典型的难民，因此其后代要承受巨大的压力。他们的子女想通过求学或者经商来改变不利的局面，因无身份证而十分懊恼。他们的难民身份很难随着经济发展而消除，反而随着发展及其频繁的交往而被强化，在其他村寨的视野里，他们就是不折不扣的难民。他们在婚姻、求学、就业、经商、务工等方面的机会明显缺少或者基本没有，通婚范围基本上局限在难民内部或者越籍边民之间，也很难通过婚姻来改变后代的身份。在马关木厂镇博车村克马山村民小组，有21户来自越南孟康的难民，经过30多年的发展，目前已经到了第三代。他们现在居住的房子大多还是20世纪80年代政府给他们建的安置房，少数几家通过外出打工获得收入，在建自家的房子。他们是苗族，在平常的生活中用本民族的语言沟通，即使第一代基本上也不会说越南语，现在全村有一百多人。由于难民生存的自然地理空间和社会空间非常有限，他们的跨界流动较为频繁。

二　经济型流动边民及其现状

1. 边民互市

20世纪90年代初中越关系正常化以后，云南省政府先后批准了马关县的都龙、金厂、小坝子等为对越互市贸易通道，使得因战争而一度冷淡的边境贸易逐步活跃起来。目前马关有金厂、都龙、茅坪、堡梁街、小坝子、金厂水头、夹寒箐、小坝子田湾、拉气等9个边民互市点。2014年全县实现边境互市贸易额7.03亿元，同比增长17.13%；实现外贸进出口总额227万美元，同比增长305%。互市是双方边民在边境市场上的一种交换行为，互市的历史非常悠久，即便是在两国交战时期，边民们的物品交换也没有停止过。不过，中越边民交往有一个从地下到地上、从黑市交易到合法交易、从散乱交易到规模交易、从非法交易到合法交易的过程。20世纪80年代末至90年代，一些马关的商人开始跨越国界进行交易，尤其是都龙、金厂、小坝子、夹寒箐、仁和、木厂等地的个体户，跨越国界做生意，他们从中国携带日用品、衣服、布料、生产用具和生活用品跨越边境去卖，交易方式是以物易物，把越南的药材、牛、羊、鸡、猪交换过来。随着两国关系的缓和，对边贸的支持力度变大，在边境集市的基础上形成了边贸市场，地点、时间相对固定，商家也在一定程度上出现了固定化。特别是1999年以来，为发展边民互市贸易，越南对越方到我方境内进行互市贸易的边民免收过境费，对我方到越南境内交易的边民降低收取过境费标准。在这样的政策引导下，边贸得到迅速发展。

目前，越南一侧与马关县接壤的两省四县同属越南贫困地区，由于经济发展水平比较落后，边民生活穷困，经商意识淡薄，边贸互市产品以农特产品、零星日用品为主，进出口货物科技含量较低。马关边境贸易进口商品以原材料和初级产品为主，主要有药材、粮食、茶叶、香料、大牲畜、可回收废旧物品、工艺品原材料、家禽等；出口商品以生产资料和生活必需品为主，有日用百货、化肥、农药、机电产品、家电产品、服装、建材、小型机械等。目前马关对外贸易的组织化程度不算高，从事边贸的主体基本还是边民个体或者家庭，以企业为主体的交易还比较少。围绕边贸的整个服务体系也不够，如相关的交通、物流、邮政、储蓄等服务体系还未建成。中越边贸的典型特征是中越摩托车见面会，中国的边民骑摩托车，越南的边民也利用摩托车来到边境上，他们销售完自己的农特产品，就开始购买自己的生活、生产物资。购买结束后，他们就会停下脚步，开始进馆子吃饭。课题组在茅坪边贸市场发现，这个市场的交易具有民族性特征。首先，两国边民其实基本上是跨境居住的民族，他们穿民族服装，用民族语言交流，交易完成后，他们会在烧烤摊上叙旧，也会在狗肉食馆里面喝酒吃肉，或者到赌博的地方去试试手气，有的去鸟市看鸟，有的去对山歌。课题组在一家狗肉馆见到一个拉基族妇女在那里打工，老板告诉笔者，每个周五互市的时候，越南的这个拉基族女人都会来，她在此地洗碗已经快有10年了，工作时间基本就是从早上九点到下午三点，工资是人民币二十元加上一顿饭。老板知道她的处境不好，对她也不是很刻薄，因此他们之间保持了近10年的雇佣关系。每次工作完成，拉基族妇女都会拿到她当天的工资，买回自己所需的生产生活用品。

课题组看到，买卖完成后，他们开始坐下来休息，穿民族服装的各个群体一般会聚族而坐。很多边民是亲戚，因此他们会用自己的民族语言交流。壮族、布依族、苗族、拉基人，都会聚集在一起分享着边境内外的故事。一群苗族人在一起喝酒，当翻译黄某用苗语和他们交流的时候，笔者看出他们显然很兴奋。此时，显然是因为民族认同得到了强化，他们开始不停地向我们敬酒，称赞中国的发展。有的越南人也会说他们之前也是中国人，是中国马关人，交谈中也会透露出对中国的羡慕和感激。一位中国边民告诉课题组，现在有这个边贸政策，越南的农民依靠中国的农药和化肥提高了他们的农业收入，温饱问题基本上得到解决，还可以通过养殖业获得的收入购回衣服、生活用品，提高生活质量。由于茅坪口岸还没有投入使用，边民们靠骑摩托车来交易。越南到茅坪的路已经修好，不过道路没有硬化。坐在老国门所在的地方观看，远方越南的公路上，马达轰鸣之后便是尘土飞扬。年轻的越南边民会购置摩托车和手机，手机卡一般是马关的，他们通过手机打听着相关的信息。很多越南的边民会借互市的时机，通过亲戚关系滞留我方境内。他们会骑摩托车，会使用电话等通信工具，因此流动性很强。

2. 务工

务工主要是指越南富余劳动力进入我方境内打工。近些年，马关依托其立体型多元气候大力发展种植业。国家实施的富民兴边、扶贫攻坚、建设边境经济发展示范带等政策，加快了边境地区的交通发展，边境运输成本大大降低，加之马关气候独特、地租便宜、民间资金较多、国内市场对香蕉等热带作物的青睐等原因，马关的种植业得到很大发展。而因药材市场的需求日渐增长，三七、草果等产业发展迅猛。2013 年，全县香蕉种植面积 15.1 万亩，总产量达 30 万吨，产值达 7.5 亿元，蕉农纯收入达 3.7 亿元；2014 年，香蕉栽种面积达 15.2 万亩。而仅 2008 年，马关县三七种植面积为 27567.1 亩，销售收入达 2.3 亿元。马关农村青壮年大多选择外出务工，因此吸引了大量越籍劳动力进入马关，帮忙收割香蕉和栽培三七。三七行业和香蕉种植及加工业分工趋于细致和专业化，如三七行业的劳动分为建大棚、选地、播种、定植、施肥、病虫防治等几个环节，因此需要大量的工人。越南富余的劳动力为马关的种植业提供了劳动力。种植行业吃住在荒郊野外，公安基本上无法巡查，即使是查到，考虑到这种活动惠及双方的利益和地方经济发展，对其管理也相对宽松。课题组在夹寒箐三七种植地里发现大批来中国打工的越籍劳动者，男女同工同酬，供一顿午餐，工资是五十元一天，一般是七天或者十多天一结，晚上就住在工棚或者附近的亲戚家。

三七种植户黄某某告诉课题组，越南妇女劳动态度较好，不挑剔，因大多数有孩子，所以干起活来很卖力。这些越南劳动者一般十五天左右就回去一次，一是回家看看，买点家里面需要的物资；二是要回越方边检处登记，避免因逾期不回而被销户。这也是越南对边民跨境流动的管理方式。马关本地民工的工资一般是120元左右，因此雇用越籍边民劳动力成本非常低。甚至矿山开采、建筑行业更喜欢用越南人，一是因为工价较低，二是在发生用工伤亡时赔付金额不高。课题组发现，只要出现工程和雇佣关系，就会出现跨国非法务工的越籍边民的身影。课题组在倮洒新寨问路，筑路工人听不懂汉语。翻译黄某告诉笔者，这些是越籍工人，有的不敢讲话，怕被认出，有的确实不会说汉语。随着边民城镇化改造的推进，建筑业的发展空间进一步增大，越籍务工人员源源不断地进入马关。2008年马关清理“三非”人员650人（男32人，女618人），具体分布情况为：都龙155人、金厂142人、小坝子154人、夹寒箐62人、仁和34人、木厂56人、古林箐15人、大栗树6人、山车2人、篾厂24人。非法居留情况为：非法居留1～3年的282人，育有子女127人；非法居留3～10年的178人，育有子女183人；非法居留10年以上的190人，育有子女219人。

三　社会型流动边民及其现状

社会流动是从流动人口的社会性角度去研究跨境流动特点的一种流动。伴随着边境内外发展的差异性和趋同性，伴随着物品流动和商贸往来，自然会产生跨境婚姻。而婚姻缔结成跨国的亲属关系，又会衍生出国界两边的互动与整合。而随着经济和社会的不断发展，民族传统逐渐复兴，跨境民族的地缘文化和民族文化将成为区域性和民族性的符号，这些文化交往诉求会进一步加速边民的跨境交往。

1. 跨境婚姻

中越间的跨境婚姻有一个巨大的推力和拉力。20世纪80年代末期，受过去战争的影响，多数越南妇女在战争中失去了亲人。在亲人难归、孩子难养、生活难过的情况下，她们非法进入我国境内，与我方部分因家庭贫困而无法娶妻的大龄男青年通婚，以谋求生计。对于女性来说，通过婚姻可以再次选择生存环境。女性的婚恋就是对生存空间的再次选择，就是生存资源的再次重组。通过婚姻可以完成社会阶层和社会角色、职业、地位的变动。婚恋是感性的，婚姻却是理性的，讲究经济环境和文化环境，既考虑对方的人品和经济能力，又考虑现实的物质基础。随着中越军事冲突的结束和中国改革开放的深化，越南也逐步迎来经济和社会发展的良好空间。20世纪80年代后，越南迎来了一个生育高峰。相关数据显示，1986年以后出生的人口占越南总人口的65%，因此，越南接近婚恋年龄的人口数量增多。越南边境年轻女性通过赶集、歌会、节日、访友、务工进入了中国境内，发现了边境内外巨大的差异性，较为羡慕和留恋中国的社会生活，萌生了嫁到中国的想法。此外，越南实行“家庭计划化”（类似于中国计划生育）政策相对较晚，而且重男轻女现象突出，一般的家庭都会有三个到四个孩子。有的家庭为了生男孩，往往多次生育，家庭人口较多，大的女儿为了替父母分担责任，也有跨境早嫁的想法。

而中国国内第二代农民工基本上都接受了九年义务教育，大多在外出打工之后发现内地和沿海地区的发达及城市的便利，大多都留在了内地和发达地区。那些女工打工的目的地，一般就会成为她们后半生的家。因此，返乡的打工女青年非常少。由此可见，打工扩大了村庄的通婚圈，促进了婚姻资源在更大范围内的选择，却带来了区域性的不平等。从宏观上看，由于当前中国男女性别比失调现象较为严重，在本来就因种种原因而缺少适龄女性的边疆地区，男青年面临着严峻的挑战和更为残酷的资源竞争。因此，跨境婚姻就存在供、需两旺的基础。边境内外虽然是两个国家，但居民都是语言相同、习惯相同、文化相同、生活方式相同、有族缘和亲缘关系的跨境民族，社会和生活融入性困难较小。而随着中国经济与社会的发展，公民素质明显提高，除了注重挣钱养家糊口外，大男子作风少、善待妻子、把钱交给妻子打理等优点也是推进跨境婚姻的重要原因。2011 年官方统计数据显示，金厂镇有 218 个外籍妇女嫁入，都龙有 155 人，小坝子有 154 人。

滇越边民跨境婚姻具有以下特点：一是民族婚，即以境内外同一民族通婚的居多；二是女方年龄普遍偏小，如牛马槲的熊某的妻子是 1995 年出生的，生育第一个孩子时年龄只有 15 岁左右，到 19 岁时已有三个孩子；三是女方家庭较为贫困，很多越南女性为帮助兄妹生活，嫁过来之后都会给家里一些援助和支持；四是很多孩子因属于非婚生育，所以生下来后成为黑户；五是越南女性嫁过来后落不了户口，经济社会活动受限，参加不了合作医疗，尤其是 20 世纪 90 年代初期结婚的，因疾病返贫的现象较为突出，加之跨境婚姻妇女的汉语基础差、汉文水平低，自卑心理较重，科学教育孩子能力不足；六是跨境婚姻以边境线为据点，逐步向内部扩散，边境乡镇最多，边境线越长，边境镇经济状况越好，流入的越籍妇女就越多。从目前情况看，中越边境婚姻圈日渐扩大，跨境婚姻带来的流动势头也随之扩大，并将长期存在。

2. 探亲访友

随着经济和社会的发展，人们的生活水平逐渐提高，并凭借现代科技的发展，逐渐从繁重的体力劳动中解放出来，剩余时间逐渐增多。生活富足、交通顺畅、资讯发达等条件，促进了人类走亲访友的需求。随着中越两国交往的正常化，民间亲戚交往的需求逐渐被释放出来。亲缘认同在很多时候都独立于民族认同和国家认同，因此，即便面临双边的战争，边境内外的联系也密切不断。例如，金厂镇国境线长 41 公里，有 18 条人行便道直通越南，山脉呈东北往西南走向，地势东南高、西北低。中越双方以山划界。由于边防需要，两国都在边境线附近修筑了公路，滇越边民都沿公路分布，两边村子最近的只相距几百米。双方边民同在一座山上砍柴，同在一块地上放牧，农忙的时候相互帮助，饥荒的年代相互接济，彼此之间的感情很深。

在古代社会和两国关系较好的早期，中越两国边疆地区处于有国无界的局面，边民在两国政权治理最薄弱的地区来回迁徙，为的是获取更多生活资源。马关是典型的山区，耕地资源有限，明清时期苗族、瑶族、布依族从贵州迁徙而来时，坝区已经没有生存空间，只有选择在中越边境的高山箐林中，沿中越边境自东向西寻找生存的空间。尤其是民国时期，中国内地战争不断，无法顾及边疆。当时法国对越南实行殖民统治，中国也无力顾及。因此，经过漫长的迁徙和流动，形成了一家两国、一族两国、一村两国的局面。20 世纪 80 年代边界较稳定后，当边民选择国家的时候，很多家庭、家族开会决定，到底是选择居住在中国还是越南。大多边民最后决定一家人两边住，分别住在中国和越南，局势不稳定的时候，他们可以有不同的选择。

中越边境甚至越南的内地都会有他们的亲戚。少数民族都有祭拜近祖和远祖的习俗，因此，共同的世系祖先会把他们凝结在一起。同时，随着跨境婚姻的发展，中越边民通婚频繁，双方走访和互动的机会越来越多。马关民间有拜干亲、打老庚、结拜兄妹的习俗，也就是通过结拜缔结非血缘的亲戚关系。在边民之间，这种结拜文化也相对流行，中国人到越南走访，越南人到中国互市，边民开展社会经济活动，在某个空间内停留，首先想到的是找亲戚，亲戚变成一种现实的、安全的生存法则。此外，中越边民的接触较多，比如在一起务工，产生了工友情怀。律师黄跃十多岁时在边境打工，修路时被坠落的石子砸破头，越南的工友曾背负他去抢救，因此，在后来的生活中，他们成了最好的朋友。有的一起参加过学习或者培训，有的常在一起放牧、砍柴、对歌，从而形成种种朋友关系。因而，走亲访友流动成为滇越边境地区跨境流动中重要的、常态化的类型。

3. 节日庆典

马关是个多民族的边境县，汉、苗、壮、彝、傣、布依等都是跨境民族。随着经济和社会的不断发展，民族文化复兴也随之出现。民族文化复兴有几种重要的推动力量。一是在国家非物质文化遗产保护大潮影响下，各民族文化遗产受到很大重视，民间文化传承人在主权话语的帮助下，增加了保护传承的主动性和积极性，而民族文化遗产是关系到民族认同的重要力量；二是在当地党委和政府推动下，当地区域和民族文化资源得到高度重视和大力挖掘，不仅增加了地方魅力和特色，改善了地方投资的文化环境，也有利于加快民族村寨文化的宣传展示和基础设施的建设，民族教育事业、扶贫开发等方面得到外界的重视和宣传；三是各民族优秀人物成为重要的推动力量，对民族经济、文化、社会的发展起到了积极作用；四是少数民族群众在经济发展的同时，产生了精神文化追求，修订家谱，立碑扫墓，强化血缘世系认同，家族、支系文化寻根热潮推动了传统的展示和复兴。

而边疆地区的城镇化建设也为民族文化的发展提供了很好的机

会，出现了民族的传统建筑复兴、民族的服饰文化复兴、民族的饮食文化复兴。纺织和传统的民族工艺也得到发展，民族的信仰文化得到展示和保护。在市场的工具理性的不利推演下，人们感觉到惶恐和不安，渴望传统道德文化的干预，因此，传统与现代实现了种种结合。传统得到复兴的最大标志是民族节日的重新兴起。马关民族间互相交往、通婚，民族风俗相差不明显，但各民族在传统节日庆典上略有不同，各具特色。苗族的花山节、壮族的二月节与六月节、彝族的火把节、傣族的二月节（也称“过大年”）与六月节、布依族的离娘节和牛王节、瑶族的盘王节、拉基人的跳掌节等重要节日，既是重大的文化活动，也是边民跨境流动的重要机会。

对于跨境而居的民族，在政府主导、民间参与的大型民族节日里面，分割在不同地域内的统一民族找到了一种本是同根的感觉。民族语言、民族服饰、民族文化成为他们认同的基础和平台。民族节日也推动了民族文化的保护和传承，促进了民间的交往，拉动了消费，刺激了地方经济的发展。据资料显示，马关苗族花山节参加者在2万~3万人次，按保守估计每人每天消费20元计算，则每天总消费额在40万~60万元，在持续五天的活动期间，消费总额可能突破200万元。因此，民族节日受到社会各界的欢迎。马关的苗族有8万多人，越南箐门、黄树腓县、新马街、孟康的苗族人口也在数十万，因此，在马关苗族花山节期间，跨境的流动人口很多。壮族“三月三”歌节是全国性的壮族传统节日。在节日期间，主要的活动是山歌对唱，这是男女青年倾心寻爱的好时节，中老年人也会组织文艺表演。“六月节”是壮族人民奉祭侬智高的节日。彝族的传统节日是农历六月二十四的火把节。在此期间，马关的各个彝族村寨家家户户都会点上火把，聚集在一起唱山歌、跳弦子舞，气氛十分热烈。迁徙到越南的彝族人，也会趁机回到马关，共同庆贺这个快乐的日子。因此，民族节日具有民俗性、群众性、集体性、宗教性、展示性、教育性、传承性的特点，是民族互动和民族交融的良好平台，也是民族跨境流动的高峰和主要动因。

4. 观光旅行

随着生活水平的提高，人们求变、求异、求知、求新的天性逐步得到恢复和激发，观光旅游成为一种必然的选择。因为边境和异国的神秘性和迥异性，更具魅力，更能激起人们的向往。课题组在马关茅坪口岸遇到很多来自北京、上海的游客，有的家庭还带着孩子，期望孩子们在观看了边疆的状况之后，能克服困难，立志成才。边疆旅游业的发展，除了得益于民族文化、边境自然风光、交通设施的发展，另外就是由于对越自卫反击战文化的展示和推进。电影《高山下的花环》展示了中华儿女的爱国主义和民族的凝聚力，歌曲《血染的风采》让这片烈士鲜血染红的土地具有与众不同的魅力。顺着金厂爬上罗家坪大山，听着昔日的战斗英雄讲述的边境故事，那些弹坑、雷区、伤残的村民、残破的房屋、受损的老树，无不提醒着人们那个时代的那段历史，促使中国年青一代不断反思。

目前马关的旅游景点有堡堡寨瀑布、大吉厂云海、马关古林箐原始森林、马鞍山水库、马关中山公园、都龙边境集市等。2005 年春节期间举办的“花山节”进入中央电视台《走遍中国》栏目；2007 年举办的苗族花山节被评为云南省“十大民族狂欢节”；2007 年举办的瑶族“盘王节”、2008 年举办的壮族“三月三”歌节在云南省电视台播出。马关民族文化遗产丰富，现有已公布的省级非物质文化遗产项目 1 个（马关县马洒壮族传统文化保护区）；省级非物质文化遗产名录传承人 2 名（其中代表人物 1 人，美术艺人 1 人）；

州级非物质文化遗产项目5个（马关县傣族帕子舞、马关县马洒银器工艺、马关县马洒壮族保护区、马关苗族歌舞之乡、马关县马洒民间洞经音乐之乡）；州级非物质文化遗产传承人15名（民间音乐传承人5名，民间文艺传承人2名，民间舞蹈传承人5名，民间刺绣传承人1名，风俗礼仪传承人2名）。凭借优美的自然资源和民族历史文化资源，以及反抗侵略的爱国实践，借助新闻媒体、互联网的推动，马关旅游业获得较快的发展。越南北部山区的农民也常常到马关附近旅游，因此，在旅游热的前提下，两国人民逐渐跨界而动。

5. 违法犯罪

（1）跨境偷盗。跨境偷盗是指边民潜入他国偷盗他国财物的行为。这种行为的发生地主要集中在边境线附近的几个镇，相对来说有一定的特点。越方边民跨境进入我国偷盗的主要是摩托车、电视机、影碟机、手机和牲畜等，我方边民跨境进入越南偷盗的目标主要是牛马等大牲畜，尤其是从牛价高涨以来，一头牛价值人民币1万多，很多偷盗者就把目光集中在这些物资上。数据显示，2014年我方公安部门破获越南耕牛丢失案件3起、马被盗案件3起，并追回被盗的牛马。越南公安部门也破获了我方边民的财物失窃案，并交还了我方丢失的马匹、电视机和影碟机。金厂老寨村民告诉课题组，现在我方管理办法有所改变，如果居民参与偷盗，就要取消其所有的补助和合作医疗。因此，目前我方边民去越南偷盗的事件逐渐减少，而越南边民生活非常困苦，有的时候还会出现饥饿和缺粮的情况，因此偷盗案件不会在短期之内消除。2014年3月，越籍人沈某在都龙镇茅坪村行窃，偷盗了1790元人民币，36054000越南盾（约合人民币10000元），10张越南手机卡和181张越南手机充值卡。

（2）跨境潜逃。一些越籍边民在越南制造了刑事案件之后，躲避到我方境内。我方的一些边民也存在违反法律后越境躲避的情况。据统计，2013~2014年，公安机关破获越方边民在我国境内被杀害案件2起，我方协助越方调查负案在逃犯罪嫌疑人24人次，并将抓获的1名越方通缉在逃杀人犯罪嫌疑人移交越南警方。越南协助我方调查负案在逃犯罪嫌疑人19人次，抓获我方通缉的“12·10”案件在逃重大犯罪嫌疑人杨启良。家住越南老街省孟康县盐井社某村的王某将其女婿熊某杀死后潜逃至中国马关境内，非法停留在仁和镇阿娥村杨某家，最后被我方抓获并移交越南警方。

（3）跨境走私。走私是指违反海关法和国家其他有关法律、法规，逃避海关监管，非法运输、携带、邮寄国家禁止进出境的物品的行为。马关处于河口口岸和天保口岸之间，茅坪口岸处于一个山腰上，有很多小路可以绕过口岸。在马关茅坪，经常有走私大米的团伙出没，他们不仅熟悉当地每个海关缉私人员的长相，而且对缉私车辆甚至缉私人员的私家车车牌都一清二楚。他们将走私的大米经过简单的粗加工、抛光打蜡等处理之后，与国内的大米进行混装，甚至冒充一些品牌大米进行销售，获取丰厚利润。2013年2月27日凌晨1时，在昆明海关缉私局的统一部署和指挥下，缉私人员兵分两路，在马关县城城郊公路上将运载走私大米的12辆货车及一辆“望风”的皮卡车截获，查获从境外经中越197号界走私入境的大米160余吨，案值约140万元，偷逃税款45万元，抓获犯罪嫌疑人13名。一年间，该走私团伙涉嫌走私大米4万余吨。至此，这起大米走私案件成功告破，共涉嫌走私大米6万吨，案值高达3.17亿元。一些不法分子受高额利润诱惑，从境外将价格低廉甚至发霉变质的冻牛肉、冻鸡爪等冷冻食品偷运到我国境内，经过化学加工处理后流入饭店甚至高档餐馆。文山边防支队已查获走私国家保护动物案件10余起、走私木材案件6起，查获走私烟叶180余吨、大米10余吨、冻牛肉60余吨，涉案总价值近1000万元。四川籍陈某以500元的价格从马关县小坝子镇一边民手中购买国家一级保护动物——蜂猴，准备运往四川老家贩卖，以赚取差价，被马关森林公安查获。此类案件不胜枚举。

（4）跨境贩毒。越南陆地边境线较长，西部的越老边境地区缉毒力量较为薄弱，金三角毒品通过越老边界进入越南北部地区，再通过中越边境线进入中国。在马关150多公里长的边境线上，分布着上百的通道，贩毒者经常选择经这些通道入境。1993年以来，越南政府开展了一场打击、防范和控制毒品的斗争，警方接连破获多起毒品犯罪大案要案，抓获一大批毒品犯罪分子，缴获和焚毁了大量毒品，毒品生产和种植在越南北部山区得到了有效控制。但是，目前毒品运输的纪录却不断被刷新。2009年1月27日（中国农历大年初二），两名越籍边民在偷越国境进入马关县境内后被抓获，查获走私入境毒品海洛因13块，共计5060克；2012年3月20日，两名中国籍男子携带近百万元现金，在马关县小坝子镇大梁子电站河边进行毒品交易时被抓获，缴获毒品海洛因19块，重6835克，查获毒资10余万元；2012年6月7日，河口县南溪镇马某只身前往越南，用3万余元购买了重达2275克的海洛因，伙同熊某到中国内地销售，后被抓获，并查获涉案毒品2275克。截至目前，马关县共破获涉毒案件9起，缴获毒品22020.5克（其中海洛因8870.5克，冰毒13150克），抓获涉毒违法犯罪人员13人。其中，破获省级目标案件一起，缴获毒品海洛因201.5克，抓获犯罪嫌疑人4人。截至2013年10月，马关共破获涉毒案件9起，缴获毒品22020.5克（其中海洛因 8870.5 克，冰毒 13150 克），抓获涉毒违法犯罪人员 13 人。其中，破获省级目标案件一起，缴获毒品海洛因 201.5 克，抓获犯罪嫌疑人 4 人。2014 年 8 月 10 日，马关县公安局成功查获一起运输毒品案，抓获越南籍犯罪嫌疑人 2 人，缴获冰毒可疑物片剂 10000 余片，合计 975 克。

（5）跨境拐卖人口

拐卖妇女儿童罪是指以出卖为目的，拐骗、绑架、收买、贩卖、接送、中转妇女、儿童的行为，是一种世界性犯罪。在我国，主要表现为从贫困的地区向东部和内地流动，越南妇女则多成为被拐骗的对象。2012 年“5·8 特大跨国拐卖妇女案”就是犯罪嫌疑人从越南拐骗妇女，经云南卖到甘肃。在被拐骗来的越南女子中，年龄最大的 30 岁，最小的 17 岁，大多数是在游玩、打工或外出途中，被这些人贩子盯上，以介绍工作、对象等各种理由诱骗至内地，然后再以暴力威胁贩卖出去的。而受害人普遍家庭经济条件一般，受教育程度不高，涉世未深的她们没有足够的判断能力，容易被犯罪分子诱惑和欺骗。该犯罪团伙的犯罪活动涵盖“拐、运、转、销”各个环节。这些被拐越南妇女均被越南人利用哄骗、威胁、恐吓、绑架等手段强行带走并潜入中国云南，云南犯罪嫌疑人接手后，以云南丘北县的农户家为“中转站”，将越南女孩“寄存”到他们家，充当他们的“女儿”，并通过非法手段办理当地户籍资料。如有“销路”，就让找媳妇的男子前来相亲，再几经讨价还价后转手贩卖至文县，从中牟取暴利。受害人熊某香出生于 1992 年，来自越南老街省新马街县赖萨村，她之前来中国河口旁边的香蕉地做工时认识的一个中国名叫“官”的青年男子打电话给她，说要娶她。她被带到河口蚂蝗堡休息了一下，最后进入中国；宋阿老来自越南老街省班行县新寨村，当时只有 17 岁。而相关跨境犯罪的组织者之一就是马关县马白镇花枝格村的村民。

第四节 滇越边民跨境流动的原因与特点

作为一种社会现象，滇越边民跨境流动如同其他事物一样，必有其内因和外因，也有体现其自身独有内涵和表征的特征。准确认知滇越边民跨境流动的原因与特征，有利于我们准确把握整个流动的规律与趋势，有利于更有针对性地防微杜渐、应对和化解问题。

一 滇越边民跨境流动的原因

流动迁徙是伴随人类产生和发展存在的一种自然与历史现象。当部落产生、国家出现、边界形成以后，跨境流动也就随之成为必然的社会现象。从历史和现实考察，引发滇越边民跨境流动的原因主要体现在以下几个方面。

（一）商贸往来需要，经济利益驱动

“天下熙熙，皆为利来；天下攘攘，皆为利往。”商业贸易需要、经济利益驱动，始终是边民跨境流动的重要原因。“商品交换过程最初不是在原始公社内部出现的，而是在它的边界上，在它和其他公社接触的少数地点出现的。”① 生活在滇越边境地区的边民，很早就形成了商贸往来、经济交往的习惯，这也是人类一种普遍的生产生

① 马克思：《政治经济学批判》，《马克思恩格斯全集》第 13 卷，人民出版社，1962，第 39 页。

活活动和正常的历史现象。由于交易时间的频繁和交易地点的固定，滇越边境地区很早就形成了一些被称为“草皮街”的简易集市，以供双方边民进行生产生活用品的交易。20世纪50年代末，河口、金平、马关等滇越边境县的很多集市被关闭，1961年前后才又逐渐得以恢复。当时，双方边民在集市上交易的商品多为农副产品以及农业生产资料。“文化大革命”期间，我国国民经济秩序受到破坏，滇越边境县市集市上日用工业品奇缺。虽然如此，双方边民还是定期到集市上交易粮食、野味、药材以及山珍等。

我国改革开放后，大量内地商品涌入滇越边境地区，同时，当地农副产品也大为增加。商品激增繁荣了当地市场，双方边民的经济交往活动日益频繁。为了满足市场需求，河口、金平、马关等县纷纷在边境乡镇设立购销点，同时鼓励私人经商。在这种情况下，涌入购销点的滇越边民数量日增，同时还出现了一大批走街进寨从事跨境商贸活动的小商贩。中国政府也加强了口岸建设的力度，河口的河口口岸、金平的金水河口岸、马关的都龙口岸等先后开通。口岸的开通，为滇越边民的经济交往提供了更为便捷的条件。每天开关，越南商贩便拉着平板车，或者骑着两边带大竹筐的自行车，成群结队地赶往河口、金水河、都龙等口岸的批发商店批发服装、啤酒、小食品、蔬菜、水果、瓷砖、家用电器等，通过平板车或自行车将货物拉到越南境内后，再通过汽车、火车运往越南内地销售。而越南的水果、咖啡、海产品等由口岸入关后，再运往蒙自、个旧、昆明等地销售。此外，越南商贩还会在河口、金平、马关等边境县市租赁店铺，经营越南特色小商品。

除了跨境经济贸易外，中国边境地区各种资源的开发为越南边民进入中国务工提供了条件。改革开放以来，河口为加快县域经济发展、促进产业升级，正全方位地对热带资源进行开发，形成了橡胶、香蕉、咖啡等优势产业。金平则充分利用资源优势，发展甘蔗50万亩，油茶50万亩，瑶药10万亩，石斛5万亩，野生三七、重楼1500亩，通关藤4万亩。马关县建成以核桃为主的木本油料基地22.4万亩，草果、八角种植面积均突破10万亩；发展商品蔬菜13.7万亩，烤烟3.65万亩，热区经济作物20万亩，木材加工企业发展到131户。河口、金平、马关等滇越边境县市各种资源的开发，导致当地对劳动力需求旺盛，但由于当地年轻人大量进入内地务工，为越南边民进入当地务工提供了机会。这些边境县市除了雇用越南长工外，每逢农忙季节还会雇用大批越南短工。

（二）国际情势复杂，政治原因引发

滇越边境地区山水相连，且并无高山大河阻隔，方便边民的跨境流动。每逢一国政治动荡或者其他政治原因，其边民通常会选择到邻国边境地区躲避。从河口、金平、马关等边境县市的调查情况来看，由于政治原因而流入当地的越南边民也不在少数。

一是由于战争，部分居住在越南边境地区的边民进入河口、金平、马关等地生活。刘永福抗法胜利后，在法国压力下率黑旗军退守河口，部分越南华侨随之定居河口。1947年，越南北部发生战争，部分越南华侨进入河口等边境县市居住。1967年，美国轰炸越南北方，生活在这一地区的部分越南边民为躲避空袭，进入河口、金平、马关等边境县市。

二是由于越南在一个时期内曾敌视中国，采取排华措施，促使部分居住在越南边境地区的边民逃亡到中国。因为山水相连且同为社会主义国家，中国与越南曾经唇齿相依、互相支持。然而，1974年以后，越方公然违背两党有关边界问题的处理原则，在边界不断

挑起事端，侵吞中国领土。据统计，从 1978 年 8 月到 1979 年 7 月底，涌入中国的越南难民达到 25 万人之多。[①] 毗邻越南边境的河口、金平、马关等县，也涌入了大量越南难民。中越两国关系恢复正常后，大部分难民回到了越南，但仍然有部分难民滞留在中国边境地区，给当地社会稳定带来了隐患。

（三）民族跨境而居，走亲访友催生

由于民族国家出现及边界的划定，长期以来具有相同祖先、相同族源、相同血缘的同一民族、同一家族、同一家庭分属不同国家、跨境而居的情况较为多见。虽然边界线分割了这些民族、家族、家庭的政治归属，但族缘、血缘、亲缘关系还维系着他们的亲情与交往。婚丧嫁娶要往来，节日节庆要走动，遇事解决要相商，跨境民族正常的走亲访友，自然使边民的跨境流动常态化。

滇越边境线长达 1353 公里，生活在两侧的我方 11 个民族与越方 23 个民族中的一个或几个民族有着同源共祖的渊源关系。[②] 其中，中国壮族与越南岱族、侬族、布标族、拉基族、山斋族，中国傣族与越南泰族、泐族，中国布依族与越南布依族、热衣族，中国苗族与越南赫蒙族，中国瑶族与越南瑶族、巴天族、山由族，中国彝族与越南倮倮族、普拉族，中国哈尼族与越南哈尼族、西拉族、贡族，中国拉祜族与越南拉祜族，中国布朗族与越南克木族、莽族，均为同源共祖民族。虽然居住在不同国家，但这些跨境民族有着较强的民族认同意识。

长期以来，滇越边境地区的跨境民族之间构成了一个稳定的通

---

① 参见黄惠莲《越南输出难民问题概述》，《东南亚研究资料》1979 年第 2 期。

② 参见范宏贵《中越两国的跨境民族概述》，《民族研究》1999 年第 6 期；范宏贵：《中越跨境民族溯源》，《中国民族报》2004 年 1 月 2 日第 4 版。

婚圈。学者研究认为，我国西南民族的通婚圈表现为民族内婚、村落内婚、支系内婚、相邻村落通婚等特征，在择偶范围上表现出族群意识、层级观念和空间地理要求等。[①] 滇越地区跨境民族的通婚圈就表现出与上述内容相符合的特征，他们大多喜欢在相邻的本民族村寨选择结婚对象。通常情况下，他们遵照族内婚的规矩，在民族内部通婚，而较少与其他民族通婚。这些婚姻中，很大一部分就是跨境民族跨越国界缔结的跨境婚姻。并且，婚姻的流向是双向的，即既有越南边民嫁入中国边境村寨，也有中国边民嫁入越南边境村寨。中国改革开放以来，他们的跨境婚姻虽然依旧保持着，但由于生存条件的变化而开始转为单向流动，即主要表现为越南边民嫁入中国边境村寨。

此外，滇越边境地区跨境民族长期以来还进行着频繁的跨境宗教活动。每当有人去世，本民族的亲朋好友，无论身在边境线哪一侧，都会参加死者的丧礼。以哈尼族为例，他们按社会地位、年龄与婚姻状况等划分丧礼等级，并在丧礼过程中向死者献祭大量牺牲。每当滇越边境的哈尼族村寨中有人去世，总会看到一队队哈尼人赶着牛、猪，抱着鸡和米、面等物跨越边境，前往死者所在寨子献祭。除了家族、姻亲内部的跨境宗教活动外，还有一种常见的跨境宗教活动，即神职人员跨境主持宗教祭祀。长期以来，虽然国界线横亘在双方边民中间，但神职人员跨越边境线主持宗教祭祀的活动从未中断过。

（四）文化交流频繁，社会发展衍生

由于历史、政治、经济、教育等多种原因，滇越边境地区虽山

---

① 参见杨筑慧《妇女外流与西南民族婚姻习俗的变迁》，《云南民族大学学报》2009年第6期。

水相连、隔江相望，但社会发育程度却不尽相同。社会、经济、文化发展的差异，自然引发相互的学习取经、交流共鉴甚至追赶，必然引发跨境流动。

而苗族的花山节、壮族的六月节、瑶族的盘王节等，都是这些跨境民族的重大节日。一方面，边界两侧的民族对此都极为重视；另一方面，当地政府的文化部门也愿意从繁荣文化的角度给予支持。所以，近些年来民族节日等文化活动频繁举行。在这些活动举行期间，一方面，双方政府部门都会邀请对方参加；另一方面，这些民族的群众都喜欢参加此类活动，自然产生了与之相关的跨境流动。

二　滇越边民跨境流动的特点

特点、特征是事物区别于他物的本质。滇越边民跨境流动有与其他国家和地区的居民跨境流动相同的特征，也有自身独有的特征。主要体现在以下几个方面。

（一）地缘连接紧密，边民跨境流动较为便利

滇越边境地区 1353 公里长的边境线绝大部分为陆路边界，水路边界不多。极少的水路边界多为不甚开阔湍急的小河流，而陆路边界也并无高山峡谷阻隔。生活在这一地区的跨境民族，其村寨相距不远，站在山头即可望见对方村寨。以越南孟康县为例，其边境瑶族村寨岔河、龙国坪、戈榔、龟保、竹浮寨、半坡与河口桥头乡瑶族村寨隔山相望。越南边境上的这些瑶族寨子与中国境内的瑶族寨子相距不远，鸡犬之声相闻。在滇越边境生活的跨境民族大多如同瑶族一样，彼此村寨相邻。每逢节假日和赶集日，双方边民或走路，或骑摩托车，花上小半天时间或一两个小时即可到达对方村寨。由于边民长期来往，在滇越边境地区形成了数量众多的边民小道。河

口国境线虽然只有193公里，但边民小道就有老卡寨、翻山、木城、碉楼、放马哨、三棵树、巴茅寨、纸厂、冷水沟、拉兔、新店、下薄竹、灯草坪、上大塘、坝吉、八字河、山腰、一条半、北山、王国卡、者兰、兰坪等22处。村寨之间距离较短、边民小道众多等条件，为滇越边民的跨境流动提供了最为重要的地缘条件。

（二）族缘亲缘成纽带，边民跨境流动频繁并成常态

虽然分属于不同的国家，但居住在滇越边境地区的跨境民族都铭记着他们的共同族缘。直至今日，滇越边民中间都还流传着很多同源共祖的传说、故事和歌谣。白石头的传说表明，生活在滇越边境地区的哈尼族支系果角人都是一对夫妻的孩子，在族群迁徙过程中分散到了边境两侧生活。为了纪念祖先，边境两侧的果角人在每年“昂玛突”节期间都会用猪和鸡进行祭祀。在现实生活中，这些有着共同族缘的滇越边民大多有姻亲、家族关系。在调查中，边民们经常会谈起他们在越南有亲戚。这种族缘和亲缘关系为双方边民提供了安全的生存发展空间，同时也在他们的跨境流动中起到了重要的纽带作用。实际上，生活在滇越边境地区的边民往往沿着族缘、亲缘这条主线进行着边民互市、节日交往、婚丧嫁娶、跨境务工等活动。每逢赶街，越南边民都会提前一天到互市点旁边的亲戚或同族朋友家中住下。每到当地赶街的头一天，大多数边境村寨都会迎来一拨拨来自邻国的边民。

（三）边民市场经济意识增强，经济活动型跨境流动渐成主流

随着社会的发展和市场经济意识的增强，在传统走亲访友这种流动外，滇越边民跨境进行商贸经济活动而形成的流动也日渐成为主流。在经济利益推动下，滇越边境地区的一些边民会跨境到邻国村寨从事经商活动。市场经济更是促使当地出现了一种劳动力“层

级流动"[①] 的现象，即中国边境地区的劳动力向内地流动，越南边境地区的劳动力向中国边境村寨流动。自20世纪末以来，中国边境村寨的大量劳动力开始进入内地务工。然而，近些年来边疆经济的发展，使得当地出现了劳动力短缺的现象。与之相反的是，越南边境村寨依然实行一年一作，当地政府又禁止边民砍伐森林栽种经济作物，而且越南边民还未形成去城市务工的习惯，因而村寨中有大量剩余劳动力。每逢栽种杉树、收香蕉、割橡胶、烤香茅油时，大批越南边民便涌入中国边境村寨务工。同时，随着外贸经济的发展，河口、金平、马关等县市也吸引了越来越多的越南边民来此经商。

在传统跨境流动中，双方边民更多是从"血亲情谊"与"熟人面子"的角度来考虑其活动的。[②] 因而，经济利益在边民的跨境流动中并不占据主要地位。一方遇到难处时，另一方往往会竭尽全力提供帮助。遇到建房、农忙等需要劳动力时，双方边民也会相互帮忙。在这些传统的跨境流动中，双方更多是从人情的角度去考虑，并不大考虑经济利益的得失。随着市场经济的发展，双方边民在跨境流动中越来越注重经济利益，由此引发的经济纠纷也开始出现。经济利益的考量也开始出现在双方边民的宗教交往活动中。传统上，神职人员在主持各种宗教活动时，主要考虑的是社会给予的尊重，而非经济报酬。但现在却有越来越多的神职人员在主持宗教活动时考虑经济利益，并且会因越南边民拿不出预期的报酬而拒绝跨境主持宗教活动。因而，跨境宗教交往在滇越边民的交往中正在逐渐消失。

（四）流动分散隐蔽，监管难度大

滇越边境线较为漫长，基本是以天然山水树石作为分界线，很

---

① 参见仝全辉《层级流动》，《浙江学刊》2002年第2期。

② 参见杨华《纠纷的性质及其变迁原因》，《华中科技大学学报》2008年第1期。

多地方都有天然的进出通道，形成了难以计数的小路便道；而国家设立的口岸较少，边境管理人员严重不足。通过无监管的、便利的小路便道跨境流动，具有很大的方便性和隐蔽性，监管难度很大，空白点很多，亟须国家加强资源和力量配置，从而解决这样的问题。此外，边民跨境流动涉及外事问题，敏感性较强，容易引发国家之间的矛盾，解决起来难度较大，需要防微杜渐、防患于未然。

（五）非法越境日渐突出，危害性不断增强

诚如前述，因为客观和主观原因，滇越边境地区存在管控难度大、空白点多等实际情况，一方面，导致非法出入境、非法留居、非法务工“三非”情况较为普遍，并成为一种严重的社会现象，需要引起国家和相关方面的高度重视，采取有力措施进行管理和整治，否则可能会严重影响中越两国关系、严重损害经济社会发展、严重危害边境社会秩序；另一方面，一些非法偷渡的极端分子、国际贩毒组织、国际走私团伙、国外情报间谍人员已将滇越边境地区作为重要的通道，利用这一地区进行非法活动，对国家主权等形成了严峻的挑战和巨大的危害，需要对其进行坚决打击和遏制，确保“一带一路”、面向南亚东南亚开放等的实施。

第五节 新中国成立以来滇越边民跨境流动社会管理的实践与经验

固边安边是国家安全、边疆稳定、人民安居乐业的根本保证。边民跨境流动管理是边境管理中最重要的一项内容。自新中国成立以来，党和国家对边境管理始终极为重视，经过半个多世纪的改革、建设与发展，形成了今天较为完善的边境管理机制。结合边境管理

任务的实施，中央、省、州市、县、乡镇乃至村各级党委政府和相关单位、相关部门从国家安全的战略高度和实际情况出发，在加强滇越边民跨境流动管理方面研究探索出了一系列重要思路思想，研究出台了一系列政策制度，实施了一系列对策与措施，形成了一系列行之有效的实践经验。

一 新中国成立以来滇越边民跨境流动的社会管理实践

在新中国成立不久后的 1950 年 1 月 18 日，我国就正式承认于 1945 年 9 月 2 日宣告成立的越南民主共和国政府，成为第一个承认越南和第一个与越南建立外交关系的国家。中越建交之时，正值越南抗法战争时期，当时刚建立的新中国百废待兴，但中国政府仍从道义上和物质上给予越南人民无私的帮助。越南战争时期，中国又无偿向越南提供武器装备和支援部队，并积极声援越南人民的抗美救国斗争。中国政府明确表示："七亿中国人民是越南人民的坚强后盾，辽阔的中国领土是越南人民的可靠后方。"据统计，在越南抗法及反美战争时期，中国总共派出工程、防空、后勤等援越部队 32 万余人，专家顾问 2 万多人，援助金额超过 200 亿元人民币。在这 20 多年的时间里，中越关系一直发展良好，两国领导人多次互访，两国在政治、经贸、外交、文化等领域的合作与交往也非常频繁。可以说，这一时期是历史上中越两国关系最为密切的时期，正如胡志明说的："越中情义深，同志加兄弟。"

中华人民共和国成立之后不久的 1949 年 11 月 15 日，即组建了隶属于公安部的边防保卫局，赋予其国家边境管理之重任。1951 年 7 月，第一次全国边防保卫工作会议召开，确定了边境管理工作的目标任务、方针原则、机构制度等主要问题，为边境管理做出了较好的顶层设计，并初步构建了边民跨境流动的管理机制。根据中央成立边防保护机构的规定，滇越边境县先后设置了边境工作站和边防派出所，负责边境治安工作和边境管理工作，处理边民过境纠纷和其他外事纠纷，处理边民在过境生产、商贸、社会交往活动中的纠纷，维护边疆地区稳定和发展。在这个过程中，边境管理逐渐规范。面对民族独立发展等相同的诉求，共同的政治理想和意识形态促成了中越两国同志加兄弟的友谊。当时越南面临的首要任务是摆脱法国的殖民统治，而中国的首要任务是打击土匪，打击国民党武装残余势力，建立各级人民政府，恢复和发展生产，防备敌特分子对新生政权的破坏活动。

中华人民共和国成立初期，由于社会处于新旧交替的阶段，不少群众受到敌对势力的蛊惑，对新生的人民政权产生了不理解和怀疑，尤其是很多地主、富农和为国民党统治服务过的乡绅等各个阶层从中国迁往越南。在经过土改，落实土地政策之后，又有大量边民回迁到中国境内。在三大改造过程中，又有一大批地主、富农迁往越南。人民公社化运动、“文化大革命”前后，不少人因国内复杂的政治环境和困顿的经济环境而迁入越南。随着越南在抗法战争中的胜利，中越双方在各自的行政区域内建立政权，在国境一带，中越双方都建立起自己的基层政府组织，各项社会事业也有条不紊地开展。

1950～1954 年，滇越边境由边防部队设防守卫，边民因正当理由到越南的，只需当地居民组长或民兵队长批准即可，几乎不用提供任何证件。越南边民因正当理由入境者，入境后要向当地政权机关、居民组长或驻军报告。

1956 年，云南省政府开始按《云南省中越边民出入境管理暂行办法（草案）》的规定实施管理。该办法规定，距离国境线 25 公里以内的地区为边境地区，在边境地区以外的内地居民出国境者，或边境地区的边民出国距边境线 25 公里以外需要持正式护照出入。边境地区的边民因生产、生活、互市、探亲访友等正当理由出入国境者，凭“云南省中越边境居民出入国境临时通行证”从正式口岸或指定的便道出入。

随着时间的推移，中越边境的管理得到了发展与重视。1963 年，云南省人民委员会代表团与越南河江、老街、西北自治区三省代表团在越南老街省举行会谈，双方达成《中越边境工作配合问题的协议》。随后，云南省制定并实施了《云南省中越边境居民出入国境管理暂行办法》，实行发证制度。双方在边境边防管理过程中，就以相关协议作为依据，中越边境管理逐渐正规化和专业化，边民无证跨境流动现象得到一定程度的遏制。在维护国界尊严和边境秩序的原则性规定下，双方边民须持各自政府签发的边境通行证，方能由口岸及便道进出。出入国界，需要有各自政府签发的边境通行证。我方边民边境通行证由县级公安局签发，有效期一般为三天左右，而且仅限在边境线纵深 20 公里以内的沿边地区使用，超过这个范围则需要向省级以上相关部门申请领取出国护照。对于公务人员出境有更加严格的管理要求。而为了照顾困难群体和避免发生不良事件，对于边民互市、探亲、互访等出入境活动，则按照以往的习惯办理。为了方便双方边民出入境，两国政府在边境线一带修建了一批桥梁、公路、便道。而事实上，由于有疆无界的传统观念，边民自行来往和不办理手续抄小路自行出入的习惯依旧存在。

在越南排华之前，中越双方的边境管理机构密切配合，解决了大量的边民过境纠纷问题，主要包括过境耕地、打猎、炸鱼、砍柴、烧炭等非法越界活动。如在1966年，越南漫美社交还给中方堡梁街一带过境耕种的土地192.5亩、都龙辣子寨过耕地10亩，越南箐门县交还茅坪和金厂一带过境耕种地461.6亩，越南八围树社交还马关县金厂乡老寨村一带过境耕种地16.5亩。同时，中方也把边民进入越南境内开垦和耕种的土地交还给越南政府。

20世纪70年代中期，随着国际形势的急剧变化，特别是中苏、中美关系的变化和发展，给中越关系带来了许多负面的影响。从1974年开始，中越对许多问题的认识产生了较大的分歧，如越南的援助要求超过了中国的承受能力。在中苏关系日趋恶化的背景下，实现中美邦交的正常化，符合中国的国家利益和发展需求。而越南则不理解中国的选择，两国原本同志加兄弟的关系日趋恶化。

1986年12月，越共六大确定了“革新开放”的总方针，调整了对内对外政策。随着东欧剧变和苏联解体，社会主义阵营不复存在，越南失去了政治盟友和军事援助，失去了90%的海外市场。在这种国际局势下，越南进行内政和外交调整势在必行。1989年，越南从柬埔寨全面撤军；1990年9月，中越双方就恢复关系达成谅解，两国关系走向新的发展时期；1991年11月，中越领导人在北京举行会谈，并发表中越联合公报，签署了贸易协定和处理边境事务的临时协定，标志着中越关系恢复正常化和恢复两国之间的经济、贸易、交通、邮电等方面的关系，两国关系步入新的发展时期。

1991年10月30日，根据中华人民共和国云南省代表团与越南社会主义共和国黄连山省、莱州省、老街省、河宣省、海防市代表团会议纪要，马关县金厂至越南鸡嘎、堡梁街至越南漫美、小坝子至越南新马街等道路被开辟为临时通道，都龙、茅坪、堡梁街、金厂、小坝子等被开设为边境互市点。1991年1月7日签署的《中华人民共和国政府和越南社会主义共和国政府关于处理两国边境事务的临时协定》，对边界维护、边境地区的生产及其他活动、边境地区人员往来、边境治安管理、边境贸易和地区贸易、边境地区政府联系制度等做了规定，同时提出将中方广西的东兴、友谊关、凭祥等12个和云南的田蓬、董干、天保、都龙、桥头、河口、金水河、坪河、龙富9个共21个口岸与越南境内的芒街、友谊关、老街等21个口岸进行建设和开放，为双方交往交流、经济发展和边民跨境流动创造了政策与法律保障的便利。1992年11月1日，云南省制定并实施了《云南省中越、中老边境地区人员出入境管理规定》，对滇越、滇老边境出入境管理做了细化规定。

随着中国改革开放和越南“革新开放”事业的推进，中越双方在经济、文化、教育、科技、国际合作等方面的交往和交流日趋频繁并日渐扩大，双方边民跨境流动的范围和频率不断加宽、加大、加快。边民流动的原因，主要是中越双方经济发展的互补性较高，越南一方的边民向中国出售各种物资，到中方城市里面务工，到中国购买生产资料和生活用品。随着中国边境地区的女青年进入沿海城市务工，大量外嫁，越南妇女跨境嫁入中国境内，而中国境内的妇女很少流入越南。随着经济的发展和民族文化的复兴，民族文化旅游业的发展也刺激和推动了跨境人员流动。1998年10月19日，中越双方在北京签署《中华人民共和国政府和越南社会主义共和国政府边境贸易协定》。2009年11月18日，中越双方在北京签署《中华人民共和国政府和越南社会主义共和国政府关于中越陆地边界管理制度的协定》，对双方陆地边界线走向、边界通道的维护和管理、边界联合检查、边境生产生活和贸易、出入边界和维护边境地区秩序、边界事件处理等做了详细规定，对双方边民跨境流动管理达成了共识，确立了制度保障。随着经济发展与交往程度的加深，中越双方边防管理高效、专业、信息化程度提升是边民跨境流动社会管理的方向。

二　滇越边民跨境流动社会管理的实践经验

（一）部队与地方紧密配合，警民联手“群防群治”

中越两国山水相连，陆地边界长达1650公里，有许多条来往的天然通道。云南省与越南奠边、莱州、河江、老街四省接壤，普洱市江城县与越南老街、奠边二省相连，红河州绿春、金平、河口与越南莱州省、老街省为邻，文山州马关、麻栗坡、富宁与越南老街省、河江省相接。武警边防部队作为守护国界、保边卫疆的主要武装力量，承担着沿边沿海地区边防管理、沿边沿海地区和海上治安管理及渔船管理、出入境人员和交通运输工具的边防检查及监护、涉外边防合作、防范和打击沿边沿海地区各种违法犯罪和管辖在边境管理区和沿海地区发生的偷越国（边）境案、破坏界碑界桩案、毒品案等重要任务，是边民跨境流动管理的重要力量。数十年来，边防部队的建制发生过多次调整，但主要职责和任务从未发生过变化。正是他们忠诚履职、细心检查、认真管理、牺牲付出，才保证了边防的安全和边民跨境流动的规范有序进行。

边防部队是守边戍边的主要力量，但若边民跨境流动管理仅靠边防部队进行，就会显得单一和不足。居住在国家边境线附近的各民族民众，他们的家园就是国家边疆的事实，决定了他们同样负有守家卫国的使命。因而，积极发挥他们在守家卫国中的作用，有助于加强对边民跨境流动的社会管理。根据与越南接壤，辖区拥有边线通道，边民来往、边境管控工作复杂，警力不足等情况，驻扎在河口、金平、马关的边防部队科学制定了《边防辖区网格化防控体系建设暨农村基础信息采集工作方案》，细化工作措施，明确实现维护边境地区社会稳定、服务人民群众、实现执法为民的根本任务，科学划分网格，分别建立了以派出所、村委会办公地、村小组办公点为中心的三级网格。以边境乡镇辖区为格、以辖区边界为线，以派出所为点，突出中心区域社会治安重点防控，建立一级网格；以相邻数个村委会辖区为格、以村委会行政界线为线、以村委会办公地为点，建立二级网格；以村小组辖区为格、以村小组行政界线为线，以村小组科技活动室为点，建立三级网格。通过以上措施，达到了“纵向到底、横向到边、全面覆盖、无缝对接”的效果。在工作过程中，优化人员配置。三级网格严格落实人防、物防、技防措施，合理设置警务室，严密调配警力部署。一级网格，以派出所民警为主力军，完善一级勤务指挥体系；二级网格，以各村委会干部为中坚力量，完善二级勤务指挥体系；三级网格，以各村小组长为辅助力量，完善三级勤务指挥体系。同时，为了深入实施“群防群治”，驻地部队开展形式多样的“看得见，摸得着，边民真正受益”的帮扶活动，如红河州边防支队各边防基层连队与驻地乡镇扶贫挂钩，实施智力扶贫、科技扶贫、文化扶贫战略，深入开展“连帮村、排帮组、班帮户”扶贫帮困活动，在绿春、河口、金平三县建立军民共建点40多个、扶贫对子403对，向贫困家庭和灾区捐款上百万元，为群众义诊4800余人次。通过这些活动，密切了边防连队与驻地的联系，整合了跨境流动社会管理各方力量，有助于加强对跨境流动的社会管理。

（二）有效传播宣传相关政策法律，切实增强边民依法出入境意识

边民是边疆和边境生活与发展的主体。边民的意识与观念，决

定着他们在守边戍边上的行为与行动，也影响着边境流动管理的成效。因此，肩负守卫滇越边境的云南各级党政组织、边防部队和相关单位部门将对边民开展宣传教育放在重要位置，并切实开展经常化和形式多样的宣传教育活动，及时把党和政府的相关政策与法律法规传达到广大边民中，以提高边民的爱国意识、信息意识和守土固边意识，引导群众积极参与边防建设和守边固边活动。河口边防大队、河口县外事侨务办公室不仅经常到各村寨宣传外事政策，同时还向沿边村寨居民发放外事宣传挂历，以此来不断增强边民的依法出入境意识。2011 年，由河口边防大队、河口县外事侨务办公室、蚂蝗堡农场、龙堡边防派出所、南溪边防派出所等部门组成的踏查工作组，实地深入蚂蝗堡边境一线，积极开展边境踏查活动。在活动中，踏查工作组向边民群众发放了 200 多份外事宣传挂历等资料，向群众广泛宣传了国家的边防政策、法律法规以及党和国家的惠民政策，进一步增强了群众的守边、护边意识。从 2012 年起，金平县边境乡镇武装部的工作人员入户入村宣传出入境政策，制作“非法入境是违法行为”“举报非法入境有奖”等墙体宣传语，有效提高了金平县边民的合法入出境意识，边民持证依法出入边境的比例正逐年提高，边境管理秩序稳步向正规、有序的方向迈进。2014 年，马关县公安局与越南箐门、黄树腓县、孟康、新马街四县警方在中越边境地区联合开展法律法规宣传活动 8 次，在法律法规宣传现场解答问题 400 余次，发放宣传材料 20000 余份，两国边民受教育人数 60000 人，有效地维护了边境社会治安的稳定。为不断提高中越两国边民的法律法规意识，减少边境地区各种违法犯罪活动的发生，马关县公安局与越南警方开展了相关合作。例如，做好关于中越“三个法律文件”、《中华人民共和国婚姻法》、《中国与毗邻国边民婚姻登记管理试行办法》、《婚姻登记条例》、《妇女权益保障法》、《未成年人保护法》、《刑法》、《民法通则》等的宣传教育活动，有利于切实增强边民的国家意识、法制观念，强化边民的守法意识和依法出入境意识，减少和杜绝非法出入境和非法务工现象的发生。

（三）深入推进跨国警务合作，共同整治非法流动

跨境流动是双向互动的行为，涉及边境两侧的两个国家，需要通过双边互动来应对。滇越边境线多为山梁河谷，山高、坡陡、箐深、水急，道路不畅，点多面广，情况复杂，加之基础设施落后、边境管理人员不足、边民出入境随意性大，导致边境管理难度较大。为此，中方与越方积极协调，形成了一些共识。一是抓好重点，控制好源头；二是互动共振，形成合力。如2004年，马关县公安局与越南箐门县、黄树腓县公安局进行了警务合作季度会谈，双方签订《关于打击边境地区跨国刑事犯罪活动合作机制协议》，决定建立警务合作机制，并取得了可喜的成绩，积累了共同打击非法移民的经验，并将这一制度加以完善和推广。从河口、金平、马关当地社会管理的实践经验来看，两国政府、警方加强在边民出入境管理方面的合作，能够有效打击非法务工、跨境犯罪、边境走私等违法犯罪活动，从而堵塞漏洞、规范进出、减少违规无序流动，确保边民跨境流动的健康有序进行。

（四）大力发展边境贸易，改善边民生产生活

在边民跨境流动中，为生计而流动占的比例较大。中越陆地边界的成功划定，为两国建立正常友好关系奠定了良好基础。但在中越关系趋于缓和的情况下，随着越方大量群众移居边境地区，给我国的守土固边带来了严峻挑战和巨大压力。而随着我国经济社会的

不断向前发展和国家对边疆民族地区扶持力度的不断加大，我国边境一线各族群众的生活也越来越好，对越方边民的吸引力也不断提升，边境贸易的机会也不断增加。边境贸易是边境地区对外开放的最便捷通道，是边境地区经济社会发展的主要动力之一。在金平县境内的 2 个镇（金河镇、金水河镇）3 个乡（者米乡、马鞍底乡、勐拉乡）先后开放了 10 个互市（区）点，每周参与赶集的双方边民超过 40800 人次。其中，马鞍底乡地西北互市（区）点在赶集日高峰期的人流量超过 13000 人。金平县 10 个互市（区）点的年均贸易额超过 67787 万元，其中，金水河镇隔界互市（区）点的年均贸易额达 15020 万元，年均贸易额最低的马鞍底乡中梁互市（区）点也达 2000 万元。正是各级党委政府积极抢抓机遇、出台政策、创造条件、招商引资、富民兴边，不断推动边境贸易的发展，加强了河口、金平、马关等边境县与越南相应地区的交流与合作，才更好地促进了中越两国边民睦邻友好关系的发展，增进了彼此间的友谊。

第六节　滇越边民跨境流动社会管理中存在的问题

新中国成立后，中越建立了“同志加兄弟”的亲密关系。在越南摆脱法国殖民统治和反抗美国侵略的过程中，中国为其提供了巨大援助，给予了巨大帮助，中越边境成为越南获取援助的主要通道。当时，中越边境地区管理的目标之一，是取得越南民族民主革命的胜利。因此，越南革命者出入和物资的运送是便捷和通畅的。在中越自卫反击战中，边境加强了军事管控。越南“革新开放”之后，中越交往重新开启，两国经济合作关系不断提升。此后数十年间，滇越边境地区边民跨境流动社会管理虽然取得了较多成就，但也存在诸多矛盾与问题，需要引起国家、省和各级党政组织的警觉和高度重视，才能面对现实，开展有针对性的研究，提出应对思路和解决之策。存在的问题主要体现在以下几个方面。

一　边境管理战略意识不强，理念观念滞后制约严重

思想是实践的指南，理念是行为的先导。思想认识、理念观念深度影响着实践和行动，决定着事业的兴衰成败。由于历史上曾存在过的闭关锁国、战争时期事实上的隔绝和隔离、学术研究上的空白薄弱等原因，我们在边境管理上缺乏历史连贯的、系统科学的、全面深入的战略思想与辩证思维，因而有些管理措施还存在一定不足。在边民跨境流动管理思想理念方面，存在的问题主要有以下几条。

（一）重中心轻边缘思想制约着边境地区的建设和发展

我国是一个海陆边境线较为漫长的国家，东北的长白山与朝鲜相连，北面与亚欧大陆连接，西边是帕米尔高原和青藏高原，西南是云贵高原，只有东南和东部与大海相连。历史上，我国的发展方向主要是从中原向四周推进，少数民族主导的政权也多次入主中原，中央区域开发较早，发展水平较高。而近代经济的发展，也是发端于交通便利的沿海和中原地区。中原是国家的中心地带，沿海是国家发展的重点地区，内陆地区在国家发展战略中长期处于次要地位，而边疆和边境地区基于战略防卫的需要，则长期处于重战备轻建设、重防卫轻发展的状态。重中心轻边缘，不仅是我国历史发展的结果，也是我国发展面临的无奈选择。2000 年，国家制定了西部大开发政策，加大了对西部省份基础设施建设的投入，但由于边境地区处于

西部边缘地带，面积广、省区多、基础弱，因而基础设施建设仍有短板。鉴于边境地区存在历史与现实、战略与发展的实际，边疆地区长期形成的重稳定轻发展、重防卫轻建设的观念，在一些部门和一些地区依然根深蒂固，这就在很大程度上影响了边境地区的建设、发展与治理，形成了边疆对内地依赖、内地向中心依附的内卷模式。

（二）重经济轻社会的评价体系影响着边境治理体系作用的发挥

20 世纪 70 年代末，党和国家将工作重心转移到经济建设上来，以经济建设为中心，实行了改革开放的政策。我国的经济发展取得了举世瞩目的成就，人民群众的生活发生了翻天覆地的变化，正在走和平崛起的发展之路。但是在这个过程中，国家对地方的评估和对地方政府政绩的考察，更多偏重于经济指标和 GDP。在东部地区和中部地区，采取这一评估体系毫无争议，但对于边疆边境地区来说，这种单一指标评价很容易限制与缩小边境地区社会治理的外延，使其偏离科学发展的轨道和目标。过于强调和追求经济指标，往往会造成对边疆边境地区社会发展能力、社会安全、文化建设等指标的忽视，也就很难为边境治理创造配套良好的综合条件。

（三）重硬管理轻软教育对边民边境安全造成隐患

在滇越边民跨境流动社会管理上，历年来，国家在武警边防严格管理、法律制度完善、严查严打非法越境等违法行为等方面采取了一系列措施，取得了非常突出的成绩与成效。当然，由于人力物力配备严重不足等原因，在管理执行上自然会出现一些薄弱环节乃至漏洞。通过调查发现，目前进入河口、金平、马关等县务工的越南籍民工很多，主要分散在种植、养殖、建筑等行业。2015 年，河口香蕉种植面积达到 19 万亩，金平草果种植面积 30 余万亩，马关三七种植面积接近 2 万亩。每年香蕉、草果、三七成熟时，需要大量劳动力从事采摘劳动。由于河口、金平、马关当地青壮年大量到内地和沿海地区务工，且中国人的工价高于越南工人，大量越南边民就涌入河口、金平、马关等县帮雇主采摘香蕉、草果、三七等，或从事修路和建筑等需要大量民工的行业。越方边民在滇边境地区从事“零工”的人员都是早入晚归，从事“短长工”的人员则均在务工地点搭建简易工棚居住，工期结束后再潜回越南。对于这些从事季节性务工活动的边民，因组织越南籍人员到中方境内非法务工隐蔽性强、组织者分布广泛、组织形式多样、非法入境点多面广、职能部门力量有限，导致管控难度大，边境管理机构很难进行有效管理。而在众多到中国境内务工的越南边民中，难免混有越方情报人员，可以想象存在的隐患与危害。

国家对边境实施严格的、硬性的管理是必要的，但对边民进行国家安全、边疆安全、边境安全的宣传教育还不够强。一是部分党政组织、单位部门、从业人员对边疆稳定、边境安全、边境治理现代的、科学的、前沿的思想、理念、理论、知识缺乏整体的、深度的认知与把握，从而影响和制约了相关的实践与行动；二是未将系统深入地对边民进行党和国家相关政策、法律法规、知识常识的宣传教育放在足够重要的位置上，缺乏系统深入、长远持续的宣传教育规划；三是宣传教育的系统性不够、针对性不强、形式单调单一，随意式、应景式、常识式、娱乐式特征突出，深入边民人心不够，宣传教育成效小。如：当地边民习惯以地缘为条件，以族缘、亲缘为纽带进行频繁的跨境流动，但他们很少意识到非法跨境流动有可能威胁到国家安全。因而，即使越南边民参与了某些违法犯罪活动，也容易得到中方本族边民的庇护，从而给边境安全带来隐患与危害。对查获的“三非”人员，难以进行拘留审查，只能采取以教育为主、处罚为辅的方式加以遣返。查获的越南籍非法务工人员较多，但难以查获组织者，导致打击处理难度大。遣返期间，还需负责他们的食宿，并承担高额的遣送费用。长期以来，越方民工就误认为中国警方对他们非法入境的行为不予处罚，并以人道主义方式招待他们，将他们遣送回家。他们被遣返之后，很快又会回到中国境内务工，逐步形成了“非法入境—遣返—再非法入境”的恶性循环，致使越南边民非法入境现象屡禁不止，且有日益增多之势。

二　管理体系不完善，管理效果不理想

社会管理是一个结构复杂、关联互动的系统工程，其中诸多要素影响和制约着社会管理的运行与成效。目前滇越边民跨境流动管理中存在的问题，主要体现在以下几个方面。

（一）多重管理，职权界定不清

滇越边境的社会管理事务涉及边防、海关、教育、工商、医疗、公检法、林业、劳动、社保、税务、民族、宗教、旅游、文化等多个部门。目前，由于缺乏管理对象细化和理论的预设，缺乏相应的分工与合作。在边境事务管理过程中，因为目标多元，管理主体多元、管理内容复杂，出现了角色混乱，管理效能低下的状况。这种以事件为中心的管理办法，使得在面对新的事务时，需要相关部门重新协调沟通，在界定事务属性和协调工作团队方面会耗费大量的时间，从而使管理愈加复杂。由于不同部门的职责界定不清，在具体的管理活动中，缺乏可细致操作的对策，从而导致很多事情无法得到处理或者处理不及时。

（二）管理落后于需求的发展

随着经济全球化的发展进程加快，世界各国经济联系性增强，

商品流通速度加快，商品类型呈多样化发展趋势，跨区域的商贸活动增加，文化交流频繁。中越之间的交流与合作也开始从经济扩展到文化及社会多个领域。但是，目前滇越边境地区的管理水平还满足不了全球化和区域化的发展需要。例如，滇越边境地区不少商品必须绕道广西的东兴和凭祥，从而增加了物流成本，延长了交易时间，影响了边贸的发展。同时，很多产品的审批周期过长。面对目前滇越边境地区的经济热、文化热态势，边境地区的社会管理显得有些落后，满足不了现实出行和物流发展的需求，而且面对资金流、信息流的发展，显得更加被动。

（三）管理队伍专业化水平不高

滇越边境地区社会管理的常态运转，一般依靠边防管理来操作和执行。但是，目前边防管理队伍中缺乏专业化、年轻化、信息化的管理人才。对越自卫反击战之前，滇越边境地区的管控相对宽松。对越自卫反击战之后，双方在边界上修建了一些军事设施，以加强控制，边境管理的目标主要是防止境外敌特分子的渗透。现在滇越边境的边防管理队伍主要继承自那个时代，因此军事特质较强。随着中越经贸交往速度的加快，两国合作共赢双边政策的落实，中越交往的主要形式转变成了经济交流和文化交往，能源、原料、资金、信息、技术等的流动成为其主要内容。在这种情况下，边境地区社会治理，尤其是边防管理中迫切需要各种专业人才，承担复杂而多变的管理任务。只有加强边防管理人员的培养、招募、录用，形成动态化的管理队伍，才能承担日趋变化的管理目标和任务。

（四）地方政府的社会管理水平亟待提升

随着经济社会发展，边境地区和民族地区的社会事务愈加复杂多样，亟须政府提供优质的公共服务。然而，目前作为边疆民族地区的滇越边境沿线各级政府，在很大程度上还处于传统管理的思维和模式中。传统管理中，社会治理诸创新要素未引起重视，未得到激活，社会治理效能未能得到很好发挥。

通过调查发现，我方政府对边民的管理绩效在有些方面确实不如越方。例如，越南政府对我方进入越南的人员进行了严格的分类和全程控制，直至其离开越南土地返回中方境内。目前，越南对合法商业投资者给予的自由度相对大，而对学术考察人员和有政治背景的人员限制较大。我方人员进入越南的路线基本上是事先确定好的，越方通过对边民的培训，严防我方人员随意进入。即便有合法的入境手续，也不能随意行走、调查、访谈和拍照。越是靠近边地，这方面的管理就越严格。相比之下，越方人员进入我方境内就相对容易。他们进来之后，活动也相对自由。如果不开口说话，我方较难辨认出他们是越南人。在对边民跨境流动的管理中，越南不仅注重经济效益，而且非常注重安全效益。

三　经济社会发展滞后，制约边境社会管理问题的系统解决

（一）经济发展基础差、起步晚，发展缓慢

滇越边境地区经济社会发展不仅基础差，而且起步晚。“文化大革命”对边境地区、边疆地区、民族地区的经济社会发展造成了较大破坏；20 世纪 70 年代末 80 年代初，当全国其他地区开始走向以经济建设为中心、改革开放的良好发展阶段时，因为进行对越自卫反击战，使得滇越边境地区错失了发展的良机。中越十年对峙，使得滇越边境地区从发展转向备战，各种投资基本停止，各种边境贸易也基本停止，严重迟滞了边境地区的建设与发展。

两国关系缓和后，由于滇越边境地区经济结构不合理，经济总

量小，发展起点低，发展时间短，当地经济发展缓慢。由于基础设施差，经济生产成本和交易成本较大，经济竞争的总体能力差，活力不够。同时，由于投资环境差，投资政策不合理，地方经济吸纳资金能力不足，导致本地经济投资不足、消费不旺，经济发展趋于缓慢。例如，在文山州农业种植领域，三七成为重要的经济作物，但是三七的产业集群没有得到发展，仅仅限于初级产品的种植。受到资本市场的影响，三七种植和交易浮动加大，市场极其不稳定，出现恶意哄抬与炒作，不少农民被掏空，负债累累。农业面临传统的自然风险和现实的市场风险，农户生产的积极性在一定程度上产生动摇，外出务工成为富余劳动力的首选，形成了赴沿海地区务工的浪潮，广东、浙江、上海成为滇越边境地区富余劳动力务工的目的地。

（二）地区发展不平衡，贫困状况依然严峻

滇越边境地区地理结构复杂，有连绵起伏和山脉，有纵横交错的江河，山高谷深，河流湍急，山水的切割形成各种特殊的地理空间。在历史的开发进程中，那些地理区位好、资源丰富的地方得到优先开发，而那些边远的、自然条件差的地方却未受到重视，从而形成了区域发展的不平衡。例如，马关县主要是陆地边境，交通相对落后，因此当地的边防建设相对较差，重要的物资需要从河口和麻栗坡进出，线路迂回上百公里，增加了边贸成本。河口、金平、麻栗坡、富宁等地区，由于靠近江河水道，得到了优先发展，而马关、绿春等陆地边境地区发展则缓慢得多，如马关都龙的茅坪口岸，建设速度就明显缓慢。而在这些地区与越南的边贸交易中，大宗商品较少，大多仅限于生活用品和生产物资。边境地区发展的不平衡，除了表现在县域经济不平衡，还表现在行业发展不平衡、城乡发展

不平衡等方面，而区域经济基本上没有形成具有特色的功能区，县域经济更是出现了趋同化和畸形化现象，县域之间经济联系不紧密。

（三）兴边富民战略缺乏更为优惠的政策配套和支撑

从生产到消费，经济是有周期性的。同时，经济活动和经济联系是在一定的地理环境中展开的，也就是说，经济具有较强的区域特质。边境地区作为一个区域，有着相对独立的交易空间和场所，有着作为生产者提供的物品和作为消费者消费的产品。因此，边境地区既需要与内地保持复杂的经济联系，同时也要与边境以外的地区保持密切的经济往来，由此形成一个自动和互动的发展区域。20世纪90年代，越南“革新开放”和中越关系正常化后，边境地区的封闭性逐渐被打破，中越双方在反思历史的基础上，重新调整了双边关系，利用陆地边境优势发展两国经济，符合两国人民的利益，符合滇越边境两侧人民的利益。为促进边境地区经济社会发展，我国提出了“兴边富民”的发展战略。但是，由于滇越边境地区发展基础差，基础设施和管理跟不上，当地经济活力不强，容量不大，同时，由于缺乏各种有利的金融、税收等配套政策，使得这一政策依然处于宏观的理论描述中，缺乏具体的操作。而相比之下，越南针对边境地区制定了大量的优惠政策，加大了社会保障体系的建设，边境地区的医疗、教育等民生工程政策比我们更加优惠。[①]

四　边民国家意识不强，主体作用发挥不明显

边民是跨境流动的主体，边民的意识、素质、习惯等决定着边

---

① 周健、刘东燕：《越南的民族政策及其对我国边境民族地区的影响》，《东南亚纵横》2004年第11期。

民跨境流动的情况。通过调查发现，该方面存在的问题主要体现在五个方面。一是由于滇越边界两侧普遍存在跨境民族，同源同流的历史情况，使得边民的族群意识强于国家意识、亲情意识强于安全意识、习惯意识强于法制意识，对跨境流动的意义缺乏系统深入的把握，因而非法入境者有时会得到境内亲友的帮助与庇护。二是滇越边境地区属于山区、边疆、民族、贫困、滞后地区，经济、社会、文化、教育、科技等较为落后，边民特别是少数民族边民受教育程度普遍较低，相关意识和认识处于自然状态，缺乏足够的自觉性和警惕性，有的边民甚至会在经济利益驱使下犯罪或协助犯罪。三是相关单位和部门宣传教育或不深不细，或空洞教条，或缺乏针对性，边民受到的宣传教育效果不佳、印象不深、可操作性不强。四是近年来，中越边境地区兴起了一股寻根热，很多边民跨越边境寻根、立碑扫墓，新修族谱，一些中国边民感觉本民族文化在越南保存得更好，因此把孩子送到越南村寨中学习传统文化，也有一些边民到越南去学习宗教文化，还有一些边民则参加越南的节日庆典，这些现象值得重视，并应加以正确引导和对待。五是边防事业的社会性、群众性、互动性发挥不足，边民在边防建设中的主体地位发挥得不充分。

五　基础设施薄弱滞后，缺乏足够的支持与支撑

（一）边境地区的边防基础设施需要建设和更新

中越边境地区的社会管理滞后，反映在基础设施和边防装备、人才队伍建设以及边境管理的实践探索上，而基础设施是边境管理的重要依托。越南政府在靠近中越边境的越方境内进行了大量的基础设施建设，修筑边防公路，越南在边境一线形成了完备的公路网，

有利于边防管理的巡逻和越南边民的物资运输。而中国境内金平、河口、马关、麻栗坡、富宁等中越边境线上的边防公路没有完全连接，导致很多时候到县郊还需要绕道县城，加大了边防巡逻的难度。此外，海关和边防检查站的建设也需要加快。例如，马关县有138公里的边境线，原来没有边检站，因此成为越南走私大米的一个重要陆上通道，出行也要绕道麻栗坡天保和河口口岸，从而刺激了非法的越境行为。此外，中越边境地区边民互市点及通道的建设也需要加快。应增加边防设施的投入，增加边防管理人员的装配和支出经费。

（二）边境地区社会管理的网络化、信息化建设需要加强

中越边境地区的网络化、信息化发展缓慢。在边境线20公里的范围内，中方人员即能收到越南发射的手机信号。越方通过大功率手机发射台向我方一侧发送信息，还没有到边境线时，通常就能收到越南方面的信息。在金平，出县城向金水河方向前行不远，就可以收到越南的信号。河口则是一过新街就会收到越方的相关信息。而从马关进入都龙，离边境线还有20公里左右，就可以收到越方的相关信息。而从越南进入中国时，信号的强度和提示的速度均不能与越南相比。同时，应该增加中越边境地区的数码监控设备和信息技术的投入，以提供高效优质的服务。我方应该利用网络和电视、广播，加大边防管理政策的宣传，加强对入境外籍人员的管理，建立外籍人员管理档案，做到来去有登记，平时有跟踪，实现及时掌握情况。[①] 同时，应增加无人机巡察，提高边防管理队伍的信息化建设水平，加强工作人员对现代化、信息化设备使用能力的训练。

① 李向春、袁春生：《云南跨境婚姻管理》，《云南社会科学》2015年第1期。

第五章　滇越边民跨境流动社会管理的对策与路径

开放性是物质世界的重要特性，也是现代社会发展的重要特征。和平共生，合作共赢，是现代国家的共同诉求。在当今世界经济全球化巨大浪潮冲击的宏大背景下，滇越边民跨境流动必将呈现出范围逐步拓宽、程度日渐深化、影响不断扩大的特征。这样一个涉及国家安全、边境安宁、边疆稳定、民族团结、经济繁荣、社会发展的重大战略与现实问题，特别需要国家、省、州市、县乡各级党委政府和相关部门高度重视、认真研究、审慎对待、科学处理。

对滇越边民跨境流动社会管理进行对策与路径研究，要在准确分析和把握事物发展规律和趋势的前提下，对滇越边民跨境流动社会管理的战略目标、总体要求、基本原则等进行科学的顶层设计。同时，需要明确研究，提出具体的政策、方法、措施、制度，以供决策咨询和参考。

第一节 “一带一路”建设背景下滇越边民跨境流动的发展趋势

2013年9月7日，国家主席习近平在哈萨克斯坦纳扎尔巴耶夫大学发表重要演讲，提出：“为了使我们欧亚各国经济联系更加紧密、相互合作更加深入、发展空间更加广阔，我们可以用创新的合作模式，共同建设‘丝绸之路经济带’。”[①] 这是我国首次提出共同建设“丝绸之路经济带”的倡议。2013年10月3日，国家主席习近平在印度尼西亚国会发表重要演讲时明确提出：“东南亚地区自古以来就是‘海上丝绸之路’的重要枢纽，中国愿同东盟国家加强海上合作，使用好中国政府设立的中国—东盟海上合作基金，发展好海洋合作伙伴关系，共同建设21世纪‘海上丝绸之路’。”[②] 由此，“一带一路”作为中国一个新时期开放发展的重大倡议浮出水面，并作为国家意志写入中共十九大报告和新修改的党章，也得到世界许多国家的认可与支持。

“一带一路”建设，是中国针对世界发展新变化、新形势提出的世界和平发展、合作共赢的新理念和新倡议，是构建多边合作机制的有效途径与措施，也是一项有利于促进沿线国家和地区经济繁荣与区域经济合作、加强不同文明交流互鉴、促进世界和平发展、造福人类的伟大事业。“一带一路”建设的提出与实施，提高了云南作为面向南亚东南亚辐射中心的战略地位，给处于国家对外开放重要前沿和“一带一路”重要节点上的滇越边境地区的发展

① 《习近平谈治国理政》，外文出版社，2014，第289页。

② 《习近平谈治国理政》，外文出版社，2014，第293页。

带来了新的挑战与机遇，无疑也将对滇越边民跨境流动及社会管理带来巨大的影响。

一 “一带一路”建设与滇越边境地区繁荣发展的关联性

在当今国际背景下，世界在发生着复杂而深刻的变化。世界格局发生深刻变革，国际金融危机的深层次影响继续显现，世界经济缓慢复苏、发展并分化，国际投资贸易格局和多边投资贸易规则酝酿深刻调整，各国面临的发展问题依然严峻。而中国所提出的“一带一路”倡议，顺应了世界多极化、经济全球化、文化多样化、教育国际化、社会信息化的潮流与趋势，其所秉持的开放和区域合作精神，对于维护全球自由贸易体系和开放型世界经济具有极为重要的意义和作用。从中国视角看，共建“一带一路”旨在促进经济要素有序自由流动、资源高效配置和市场深度融合，推动沿线各国实现经济政策协调，开展更大范围、更高水平、更深层次的区域合作，共同打造开放、包容、均衡、普惠的区域经济合作架构。因此，多国共建“一带一路”倡议的提出，不仅符合中国的国家利益，同样符合国际社会的根本利益，彰显了构建人类命运共同体的共同理想和美好追求，是国际合作以及全球治理新模式的积极探索，必将为世界和平发展增添新的正能量。

为推进“一带一路”建设，中国将充分发挥国内各地区的比较优势，实行更加积极主动的开放战略，加强东中西互动合作，全面提升开放型经济水平。云南处在古代南方丝绸之路要道，拥有面向“三亚”（东南亚、南亚、西亚）、肩挑“两洋”（太平洋、印度洋）的独特区位优势，成为“一带一路”建设中的重要省份。从区位上而言，云南既可北上连接“丝绸之路经济带”，又可南下连接“海上丝绸之路”，是中国唯一可以同时从陆上沟通东南亚、南亚的省份，并可通过中东连接欧洲、非洲。独特的区位优势，提高了云南在“一带一路”建设中极其重要的战略地位。在推进“一带一路”建设过程中，国家十分注重发挥云南的区位优势，推进与周边国家的国际运输通道建设，打造中印孟缅经济走廊、中国—中南半岛经济走廊、大湄公河次区域经济合作建设等新高地，建设成为面向南亚东南亚的辐射中心，推进西藏与尼泊尔等国家的边境贸易和旅游文化合作。特别是2015年伊始，习近平总书记在云南考察期间发表重要讲话，提出了“主动服务和融入国家发展战略，闯出一条跨越式发展的路子来，努力成为我国民族团结进步示范区、生态文明建设排头兵、面向南亚东南亚辐射中心”的新要求，重申了云南在全国发展大局中的战略地位，提出了云南“优势在区位，出路在开发”的根本性论断，为云南在国家“一带一路”建设实施中确立了新坐标、明确了新定位、赋予了新使命。

越南是中国的重要邻国，滇越边境线长达1353公里。自古以来，越南尤其是其北部地区就与云南有着密不可分的经济、政治和文化往来。“一带一路”建设的推进，必将进一步密切云南与越南的这些关系，进而促进滇越边境地区经济社会的全面发展。在中国“一带一路”建设实施的过程中，云南将积极发挥其连接交汇的战略支点作用，加强与越南的政策沟通、设施联通、贸易畅通、资金融通、民心相通，加快与越南互联互通的步伐。泛亚铁路东线的通车，将实现与越南的联通。云南河口—越南老街跨境经济合作区等重大项目的实施和推进，将更加密切双方的联系。毋庸置疑，“一带一路”建设的提出与实施，必将进一步加强云南与越南的互通互联，强化滇越边境地区在政治、经济、社会和文化上的交流，促进滇越边境地区经济社会的快速发展。在这样宏大良好的背景下，生活在滇越边境地区的我方 11 个跨境民族和越方 23 个跨境民族的跨境流动必将日趋频繁。

二　滇越边民跨境流动的发展趋势

事物总是在内外因的综合作用下产生、发展与变化。事物的发展和变化有其自身特定的规律。从事物发展变化的规律看，事物在发展变化过程中总会出现一些征兆和趋势，这是事物发展变化的动向，也是事物从量变走向质变的重要征兆。随着世界整体形势的变化和中越两国合作交流的加深，滇越边民跨境流动也出现了一些新的发展态势与趋向，主要体现在以下方面。

（一）难民等政治型流动边民逐渐减少

中越边境地区政治型流动边民的成因，主要是越南政局不稳或者越南当局的政治迫害。20 世纪七八十年代，越南当局推行反华政策，在越南大规模迫害华侨以及对中国持好感的边境少数民族，导致大规模的政治难民流向河口、马关、金平等中国边境县市。1991 年中越两国关系恢复正常后，边境地区的局势逐渐稳定了下来。2001 年，中越两国成立了中越陆地边界联合勘界委员会，负责勘界立碑工作，并起草两国陆地边界勘界议定书及其附图。2009 年 11 月 18 日，中越陆地边界勘界文件签字仪式在北京举行，标志着经过中越双方历时 10 年的共同努力，中越陆地边界已经全线勘定。勘界议定书及其附图的签署，在法律程序上给这项工作画上了圆满的句号。从此，在中越两国漫长的陆地边界线上，曾经的硝烟和战火成为历史。随着中越关系恢复正常，两国陆地边界问题得到妥善解决，中越边境地区的敌对和紧张局势不复存在，难民产生的土壤已基本消除，不太可能产生新的难民。随着中国“一带一路”建设的深度推进，中越两国的共同利益将越来越多，开放与合作的广度和深度将不断增大，必将进一步促进滇越边境地区的稳定与繁荣。因此可以说，产生政治型流动边民的因素也将日趋减少，滇越边境地区的政治型跨境流动也将逐渐减少。

（二）商贸劳务等经济型流动日益活跃和频繁

中国改革开放以来，随着政策放松以及国家对边境地区投入的加大，促进了滇越边境地区的经济发展，越南边民跨境务工、经商等经济型流动也日趋活跃。不仅各县的边境贸易得到迅速恢复和发展，而且内地对边疆地区各种资源需求的加大，也促进了各县开发程度的提升。尤其值得一提的是，中国作为“世界工厂”的发展，吸纳了大量边境地区的劳动力，而河口、金平、马关等县市开发程度的加深，使得当地劳动力出现了相对性短缺。在此情况下，越南边民获得了进入河口等县市务工的机会。“一带一路”建设的实施，必将进一步加快中越两国边境地区经济社会的发展，两国边民的经济型流动显然也会随之日趋频繁。

1. 从河口的情况看

1992 年，经国务院特区办批准，河口边境经济合作区成为全国 15 个国家级边境经济合作区之一，也是云南省 7 个国家级经济技术开发区、边境经济合作区之一。经过 20 多年的发展，河口边境经济合作区已建设成为基础设施完备、功能齐全、产业布局合理，集进出口加工、国际物流、边境贸易、跨境贸易和旅游为一体的现代化边境经济合作区，对促进河口县域经济的发展发挥了重要作用。目前，中国河口—越南老街跨境经济合作区的开发建设正稳步推进，各项规划编制和修编工作正逐步推进。跨境经济合作区虽然尚在审批之中，但招商情况良好。泰国正大集团、英利集团、香港华润集团、海一投资集团有限公司、广东大洋集团等77家企业400余人次到跨境经济合作区进行了实地考察，均对跨境经济合作区表示出浓厚的兴趣。红河华鑫活性脱硫糖仓储物流项目、机电组装装配项目、农产品和林产品进出口加工、生物制药加工等一批产业性项目也已初步达成投资意向，只待跨境经济合作区政策明确后，即可正式签订投资协议。随着河口县域经济的发展，也必将吸引越来越多的越南边民进入河口从事商贸活动。

随着内地市场对边疆地区各种资源的吸纳，河口也开始大规模开发山地，种植多种经济作物。河口热带资源丰富，目前香蕉种植面积达到了19万亩，年产值7亿元。橡胶是国家的战略物资。新中国成立后不久，为打破国际敌对势力的经济封锁，保证国防及工业建设的迫切需要，在转业官兵、科技人员、归侨侨眷、知识青年、支边农民的共同努力下，河口开始大规模栽种橡胶。经过几十年的发展，河口橡胶种植面积已达14万亩，年产值1亿元。此外，还有一些乡镇在山地栽种胡椒、杉树、桉树等。河口的橡胶树多已进入采胶期，每年有八九个月的割胶期，每天都得进行割胶，同时还得对橡胶林进行施肥等管护。每当香蕉采摘时，也需要大量劳动力。同时，香蕉的日常管理也需要大量劳动力。胡椒种植也是如此，栽种下去后也得进行经常性的管理、采摘。多种经济作物的栽种，给当地经济发展提供了机会，但其前提却是大量劳动力的消耗。而当地劳动力却在大量外出务工，由此造成了劳动力的相对短缺。越南边民没有像河口边民一样大规模栽种经济作物，而是依然按照传统进行稻作农耕，其劳动力也无法被越南国内市场所吸纳，因而各村寨都存有大量剩余劳动力。河口边境地区村寨劳动力的大量短缺，为越南边民跨境务工提供了机会。

可以相信，随着河口经济社会发展速度的加快，中越边境地区经济型跨境流动也将日渐频繁。并且可以确定的是，这种流动会以越南边民向河口边境地区流动的情况居多。

2. 从金平的情况看

云南省从2000年开始全力推进兴边富民行动，金平县已被全部纳入了兴边富民重点县建设范围。“十一五”期间，云南省共实施了两轮兴边富民工程，完成投资425亿元，较好地完成了基础设施建设、温饱安居、产业培育、素质提高、社会保障和社会稳定、生态保护与建设六大工程。国家的这些支持，有力地推动了金平县特色优势产业发展，提高了边疆少数民族群众的收入，探索和积累了产业发展的扶持模式、实施机制和经验，提高了群众素质，夯实了边疆民族团结和稳定的基础。“十二五”期间，中国政府进一步加大了对金平等边疆地区的支持力度。2011年5月，国务院下发《国务院关于支持云南省加快建设面向西南开放重要桥头堡的意见》（国发〔2011〕11号），确定将促进边疆和贫困地区加快发展，继续加大对云南边境地区的经济社会发展的支持力度。同年6月，国家民委、国家发展改革委、财政部、中国人民银行、国务院扶贫办共同发布《扶持人口较少民族发展规划（2011－2015年）》。同年9月，云南省人民政府批准了《云南省扶持人口较少民族发展规划（2011－2015年）》，中央和地方都将继续大力扶持人口较少民族的发展。金平县边境村寨基本实现了通路、通水、通电、通广播电视，有学校、有卫生室、有安全饮用水、有安居房、有基本农田或牧场，人均收入、人均有粮、九年义务教育普及率达到国家扶贫纲要和“两基”攻坚要求。

由于金平县大量青壮年进入内地打工，当地劳动力短缺，出现了土地无人耕种，农作物成熟后无人收割的情况。金平县边境地区劳动力短缺，为大量越南籍人员进入我国边境地区受雇从事农业生产及其他劳务活动创造了条件。这类人员表现出以下几个特点。一是季节性强。在播种期、收割期等需要大量劳力的时期进入我国，在农忙期过后离开，停留时间不长。二是流动性强。这类人员什么地方有活计就前往什么地方，与我国境内雇主之间形成一种松散的联系，双方了解甚少，一旦结清工费就断开联系，前往下一个地点。三是呈较稳定的团队。一般此类人员都是同村同寨，甚至就是同一个家庭的成员，彼此熟悉，相互照应，集体行动。四是人数波动大。此类人员都在偏僻的边境地带活动，闲时在其国内生活，农忙时期结伴进入我国境内，受雇从事农业生产，在不同时间段内人数波动很大。五是全部属非法活动。此类人员出入边境不通过规定的口岸及通道，也基本不持有任何证件，进入我国境内的方式均属非法入境行为。同时，由于缺乏必要的程序，其在我国境内受雇从事劳务或生产活动也违反了我国法律，属非法就业行为。值得注意的是，近年来还出现了部分越南边民在从金平入境后到我国内地和沿海地区打工的情况。

3. 从马关的情况看

随着国家改革开放的深度推进，马关县域经济得到了长足发展，居民收入得到明显提高，消费结构得到改变，社会总资产不断增加，居民的消费能力和消费水平得到提高，基础设施建设得到加快，城乡一体化建设得到推进。在与越南毗邻的边境地区，边民的跨境经济型流动越来越频繁。

一是改革开放以来，我国社会发生了翻天覆地的变化，内地与边疆的联系不断加强，内地对边疆地区包括劳动力在内的各种资源的吸纳力度也不断加大，使得越南边民跨境务工的人数不断增加。虽然马关等边疆县市在改革开放以来得到了长足的发展，但整体而言，我国经济发展的东西部差距依然存在，从而促使西部边疆地区的各种生产要素向东中部发达地区流动。换言之，由于内地市场对马关等边疆县市劳动力的吸纳，导致当地出现了劳动力相对短缺的情况。随着马关经济发展速度的加快，当地社会开发程度逐步加深，对劳动力的需求也不断扩大。在这种情况下，毗邻马关的越南边民开始大量涌入，从事各种农业种植工作。

二是改革开放以来，随着马关等边境县市市场经济的发展，中国边境地区各种商品日益丰富，促进了当地边民互市的发展。虽然在中国改革开放后不久，越南也实施了“革新开放”政策，但毋庸置疑的是，无论是在市场经济的发展程度，还是商品的丰富程度方面，越南边境地区都无法与中国边境地区相比。因此，通过边民互市提高越南北部山区的发展水平，从中国购进生产物资，提高农业的生产效益，扩大养殖规模和提高养殖效益便成为越南边民的选择。调查中发现，每逢马关县互市点赶集，便会有大量越南边民涌入，购置农产品、生活用品和各种农资。

随着“一带一路”建设的实施，中越两国对边境地区的投入力度必将加大，滇越边境地区经济社会发展程度也将进一步加深。在这种情况下，双方边民的经济型流动必将愈加频繁。

（三）社会型流动更加复杂多样

社会型流动主要有跨境婚姻、探亲访友、节日庆典、观光旅行等，这些活动随着边境地区经济和社会的发展不断涌现出来。

1. 跨境婚姻和走亲访友型流动会长期存在

跨境婚姻的产生，是因为国内不同地区之间经济的差异性发展，导致婚姻的供给出现巨大的缺口。从客观上来说，越南妇女的迁入正好可以缓解我国边疆民族地区女性稀缺的状况，有助于解决我国边境地区贫困农民及大龄青年的婚姻问题。跨境婚姻的存在，有其具体的、深层次的社会和经济原因。从现实上来说，只要存在婚姻的需求和供给，这种跨境的婚姻流动就是靠行政手段难以阻止、无法割断的。从总体上来说，中国的经济和社会环境优于越南，在跨境民族共同族缘文化、共同地域文化的推动下，这种趋势是不可遏抑的。应当适当控制其规模，对跨境婚姻中存在的问题进行解决，创新现有的户籍管理制度和社会管理制度，让通过婚姻进入我国的越籍妇女更好地融入目前的社会生活。经济社会的发展使人们有时间从繁重的体力劳动中解放出来，因族缘、血缘、亲缘、地缘、业缘关系形成的走亲访友将会愈加频繁，并成为常态。

2. 节庆文化型流动会益加活跃和频繁

随着经济繁荣、社会进步，民族地区传统文化呈现出了新的复兴态势，各民族的器物文化、精神文化、制度文化有了新的传承、发展和展现，体现了新的文化自觉与文化自信。各民族群众渴望自己的民族文化得到接纳、展现、发展。民族节日的庆典得到了政府和民间的重视。通过民族节日庆典活动，民族的建筑、服饰、饮食、工艺、宗教、民俗得以详细地展出。民族节日加深了不同民族之间的相互认知和理解，形成了民族内部互动、民族之间互动、民间与政府互动的新局面。滇越双方边境地区的苗族“花山节”、壮族“三月三”与“六月节”、彝族“火把节”等民族节日，集祭祀、缅怀、展示于一体，既有民族文化复兴的诉求，又在客观上刺激了经济的发展。节庆文化活动必将增加边民跨境流动的机会。

3. 跨境旅游型流动将成新的热点

旅游观光也是目前跨境流动的一种原因。滇越边境地区的旅游活动，随经济社会的发展而不断繁荣。随着收入的增加、生活的改善，当地边民产生了外出游玩的需求。随着居民可支配收入水平的大幅度提升，外出旅游成为现实，外地游客不断增加。边境地区既是旅游的热点地区，又是游客输出地区。边境旅游发展大有可为，跨境流动自然随之产生。如：马关东接麻栗坡，西接河口，南连越南的河江省与老街省，是越南泸江流域与红河流域进入中国的陆上通道。未来通过马关，就可以顺利进入越南北部，沿着越南的 2 号公路便可以直达河内地区。因此，作为过境旅游地区，将有大量的人员途经马关。同时，随着我国与越南经贸合作的加深，未来会有很多商贸洽谈选择在边境城市举行，边境地区将会成为理想会址。此外，滇越边境地区作为对越自卫反击战的重要地点，现已成为我国爱国戍边文化重要的展现区，为旅游参观增加了新的吸引力。

（四）非法跨境流动将长期存在，违法犯罪行为日渐突出

鉴于滇越边境线较为漫长、自然分界屏障性较弱、有效管理难度较大等实际问题难以改变，加之非法跨境流动成本较低、进出容易、牟利性高等情况，非法跨境流动还将在很长时期内存在，为利而动的违法犯罪行为将日渐突出。

违法犯罪是有一定动机的社会行为。其经济目的一般是牟利敛财，社会目的一般是报复破坏。大多数违法犯罪活动都是为了获取非正当的经济利益。在滇越边境地区，情况则主要表现为利用边境地区的地缘优势和管理漏洞，利用对方境内穷困落后的情况，利用普通人无备的心理，进行犯罪活动。目前，由于内地百姓法律意识和防范意识的提高，管理不断成熟，犯罪分子把视野转移到了边疆地区。随着信息的便利和发达，犯罪活动出现了严密的社会分工和网络化、智能化、科技化的结构，很多犯罪分子受过一定程度的专业训练，很大一批犯罪分子具有潜伏性、流窜性，反侦察能力较强。因此，作为出入境通道，边境地区治安管理的任务在加剧，难度在增大。偷盗是较为简单的治安案件。对中越边境地区边民的跨境偷盗行为，要从制度方面加以防范。中国边防派出所的做法就较为可行。根据相关规则，参与偷盗者有失去社会保障的风险。因此，边民显得较为理智。偷盗的成本加大，偷盗活动也就会受到限制。发生在边境地区的潜逃活动，也是利用了边境地区的可藏匿性。目前，越方在治安管理方面还存在诸多问题，没有构建起一个网络型的管理体系，非法进入越南者如果具有一定的伪装和隐蔽技巧，通过改名换姓、改装易容，躲过搜查和拘捕的高压期，就能顺利混入越南及东南亚社会。越南西部、北部地区逐渐形成了一条潜逃的通道。因此，针对区域性犯罪问题，中越警方需要加强合作。

高额利益刺激了走私活动。发生在中越之间的走私活动，对两国经济的破坏性非常大。从中国方面来说，通过走私进入中国的大米、谷物冲击着我方的主流市场，而且大量没有经过检测的、发霉劣质的谷物混入我方，严重影响了我国民众的健康。因此，要打击利用边民进行短途贩运的走私活动，也要打击走私集团，更要打击武装走私和涉黑走私活动。这样才能更好地维护国家利益和人民利益。因此，要高度重视滇越边境地区的走私活动情况，更要关注越南内部相应的交易活动，彻底从买卖、运输等源头切断、查处这些走私产品。贩毒集团在这一带的活动，也是利用了滇越边境线长的特点。贩毒者比走私者更难抓获。贩毒更具有隐藏性、组织性、破坏性。他们利用滇越边境上众多边民小道进入我方境内，通过发达的物流和交通系统进入贵州、广西、广东等区域。事实上，在滇越边境地区存在着黑户、难民，一旦他们的经济状况恶化，他们就会被犯罪分子引诱，完成毒品链上的搬运和传送工作。而组织化程度很高的贩毒集团，会在很短的时间内把一个难民训练成运毒人员。目前抓获的贩毒人员，除了大量的越籍人员外，还有一部分是我方边民。在跨区域毒品犯罪活动中，地方性特点是容易被忽视的。也就是说，在警力有限的情况下，工作人员通常会把重点放在那些过境人员和可疑人员身上，而本地人常常被忽视。犯罪分子恰好利用了这种特点，选择雇用本地人接力传送毒品。同时，警方一般主要把注意力放在边检口岸上，应该将范围扩大到边检站内外 100 公里。这个区域一般是犯罪人员停留和变更毒品运输方式的主要区域。

许多不法分子用私家车把越籍人员从边境上接出，直接运输到广东及其他沿海地区的工厂里面务工。那些工厂很多位于偏远的郊区，如果没有相关线索，警方很难处理，故存在越籍务工者隐藏多年未被发现的情况。目前，关于不法分子利用中越边界广西段组织非法务工的报道较多，警方加大了查处力度，因此，组织非法务工的活动有向中越边境云南段推移的趋势。在现代化进程中，出现了资源向东部及沿海附近集中的情况，在这些地区务工的收入相对较高，而发达城市的人文环境也吸引着大批来自边疆和西部地区的工作人员。在云南等西部地区，出现了许多以打工为主要收入来源的村寨。目前，一些边疆村寨出现了过度空心化现象，很多务工的女性青年一去不回。因此，在以务工为主要收入来源的地方，青年女性婚龄人员的缺口就非常大。在云南昭通、怒江，贵州毕节、黔西南地区，四川凉山，贫寒子弟和大龄青年都面临娶妻难的问题。不法分子看上了这个巨大的商机，跨境组织妇女甚至儿童的拐卖行为。这类事件的调查难度较大。很多被拐卖的越籍妇女汉语水平低，无法报案。此外，由于夫家看守严密，一般无机会报案。地方老百姓对相关执法活动不够理解，警察在打拐中遇到一定的阻力。育有子女的越籍妇女，去留犹豫，给案件的侦破带来了多方面的困难。

第二节　滇越边民跨境流动社会管理的总体思路和基本原则

在全球化深度影响和我国“一带一路”建设深度推进背景下，滇越边民跨境流动必将常态化、扩大化，其成因和表现形式更趋复杂多样。在促进双方边境地区经济、文化、社会合作交流与发展共赢的同时，也会产生一定的社会矛盾和问题，给我国国家安全、边境安宁、边疆稳定、经济发展、社会和谐带来不可忽视的影响与困扰。鉴于此，通过深入调查与创新研究，提出加强和改善滇越边民跨境流动社会管理科学的思路、对策、措施、方法，具有理论的重要性、对策的必要性和现实的紧迫性。

一　滇越边民跨境流动社会管理的重要意义

作为一种社会事项，特别是一种涉及国际关系、国家主权、领土完整、边境安全、边疆稳定、民族团结、社会发展等重大问题的重要社会事项，加强滇越边民跨境流动社会管理显示出特别的重要性、必要性、紧迫性，具有重大和长远、历史与现实的价值与意义。

（一）关系着国家主权的安全与尊严

国家主权，是指国家独立自主地管理自己的国家和处理自己国家的内外事务的最高权力。国家主权的本质目的在于维护国家安全、领土完整、国民利益，具有很强的神圣性与尊严性。边民跨境流动中存在的无序性与非法性，损耗着国家主权的行使效能与管理效应，侵蚀着国家领土的完整性和边界的神圣性，弱化着边民的国家认同意识，损害着国家法律的尊严，对国家主权和国家形象的危害与影响都是巨大和现实的，这也是境外敌对势力所乐见的，必须引起高度警觉，并采取切实措施加以改进。社会管理作为国家行使主权的重要手段和边疆治理的重要方法，在制定战略、强化目标、设计政策、完善法律、构建机制等方面起着重要作用，亟须深化和加强。

（二）关系着中越两国构建命运共同体的成效

中越两国唇齿相依、山水相连、制度相同、民心相亲，由毛泽东、胡志明等两国老一辈革命家共同缔造和精心培育的中越友谊异常珍贵，需要传承。而两国共同进行的社会主义建设事业，需要和平的环境以及双方的交流与合作。滇越边民跨境流动中存在的无序与非法行为，严重影响着中越双方的共同利益，影响着双方正常的合作与交流，需要双方深刻认知，形成共识，共同应对。加强滇越边民跨境流动社会管理，有利于落实好两国“长期稳定、面向未来、睦邻友好、全面合作”的共识，加强沟通、增进互信、管控分歧、消除弊端、合作共赢，全面推进双方战略合作伙伴关系，构建具有战略意义的中越命运共同体，成为永远的好邻居、好朋友、好同志、好伙伴。

（三）关系着边境边疆民族地区的安全与稳定

国境线是国家与国家之间的领土分界线，边境和边疆是边境线两侧一定范围的领土区域。边境和边疆，是国家疆域的重要组成部分，是国家安全的重要屏障。边境和边疆因其特殊的地缘关系、复杂的国际关系、敏感的政治外交关系，成为较为错综复杂、敏感激荡的重要区域。边民跨境流动中存在的无序和非法活动，将严重干扰边境边疆民族地区各民族群众的思想，严重损害边境边疆地区的治安秩序，严重影响边境的安全和边疆的稳定，从而损害国家安全的基础。加强边民跨境流动社会管理，有力整治边境边疆地区存在的有害因素与非法行径，有利于有效遏制和消除影响及危害边境安全、边疆稳定、民族团结、社会和谐、国家安定的隐患与因素，夯实基础，稳边固疆。

（四）关系着国家特别是边境边疆民族地区决胜全面建成小康社会的成败

经济社会发展是国家强盛、人民富足的重要渠道。经济和社会发展，是当代世界发展的主要任务，也是国家和区域发展的重要目标。经济和社会发展，需要良好的社会环境，需要良好的秩序。边民跨境流动中存在的非法走私、非法贸易、非法务工、无序流动等，将会冲击经济社会的整体结构、冲击经济社会发展的秩序、损害经济社会的利益，给世界经济发展、国际合作交流、社会健康发展带来巨大的挑战。且由于这种趋势不断加大，危害不断加深，加强社会管理显示出较大的紧迫性。边境边疆民族地区是脱贫攻坚重点区域，是决胜全面建成小康社会最难啃的硬骨头。边境边疆民族地区脱贫摘帽，对全国的决胜全面建成小康社会具有重大意义。加强边民跨境流动社会管理，最大限度地促进边境边疆民族地区经济社会的健康发展，最大限度地促进社会要素的良性互动，才能更好地保障国家特别是边境边疆民族地区决胜全面建成小康社会，才能更好地保障富强民主文明和谐美丽的社会主义现代强国的建成。

（五）关系着边民的安全与幸福

人民群众的幸福感体现在生活环境的安宁优美、生活条件的良好富足、身体上的健康良好、心理上的积极向上等，这也是国家和社会发展需要考虑的重要方面。边民跨境流动带来的难民身份难以确定问题、非法跨境婚姻造成的黑户问题、跨境流动手续的烦琐困难问题、贩毒走私带来的社会后果等，既形成了极为复杂难解的社会问题，也使边民面临保障缺失的局面，侵蚀和撼动着国家安全、边境安宁、边疆稳定、民族团结、社会和谐的思想基础。加强边民跨境流动社会管理，促进边境地区的经济社会发展，促进边民跨境流动依法有序进行，切实解决好各民族边民的实际问题，不断创造有利于各民族边民生活的安宁环境和保障条件，不断提高各民族边民的生活质量与生活水平，不断增强各民族边民的获得感、幸福感、安全感，始终是各级党委政府的主要任务和最大政绩，也是国家和社会发展的重要使命与主题。

二　总体思路

以习近平新时代中国特色社会主义思想为指导，以“一带一路”建设实施为契机，以推进国家治理体系和治理能力现代化为目标，确保国家安全和边疆稳定，为将云南建设成为民族团结示范区、生态文明排头兵、面向南亚东南亚开放的辐射中心提供智力支持。坚持“服从战略、服务发展，预防为主、疏堵结合，依法管理、科学管控，国际合作、综合施治”的基本原则，以“加强政策沟通、设施联通、贸易畅通、资金融通、民心相通”为要求，以逐步实现从社会管理向社会治理转型为基本路径，创新边民跨境流动社会管理治理的理念、方法、机制、模式与路径，提高边民跨境流动社会管理治理水平，更好地促进中越合作交流和“一带一路”建设的顺利实施，为祖国西南边境边疆民族地区经济社会发展创造健康稳定的社会环境与体制机制保障。

三 基本原则

（一）服从战略，服务发展

边民跨境流动的根本前提是国家主权和领土完整、边境边疆安全、社会发展健康有序。越南是我国重要的邻国，是“一带一路”重要的节点，是我国面向南亚东南亚开放的重要门户。滇越边民跨境流动社会管理，必须以维护国家主权和领土完整、边境安全安宁、对越和平有序交流为根本出发点和落脚点，坚决防止一切有损国家领土完整、主权神圣、边境安全、边疆安宁的行为；必须服从和服务于国家“一带一路”、对南亚东南亚开放和整体对外开放的宏观战略，确保国家对外事业顺利推进，确保构建和平稳定、合作共赢的国际环境；必须服从和服务于国家决胜全面建成小康社会、实现中华民族伟大复兴“中国梦”的伟大事业需要，构建良好健康的边境发展秩序，最大限度地促进滇越边境地区经济建设、社会发展、文化繁荣、民族团结事业的发展。

（二）预防为主，疏堵结合

滇越边境地区便利的地缘条件和密切的族缘、亲缘纽带，为边民的节日交往、边民互市、婚丧嫁娶、跨境务工等合法跨境流动提供了条件，同时也为非法的跨境犯罪活动提供了条件。第一类跨境犯罪活动是利用地缘之便偷盗耕牛。长期以来，滇越边民习惯让耕牛在野外食草，每隔十天半个月再去照看一下。中越两国明确划分边界线后，双方边民的这种传统习惯依然保留着。近年来，部分边民为了牟取不当经济利益，常常跨境偷盗相邻村寨的耕牛。第二类跨境犯罪活动是利用地缘、族缘甚至亲缘关系跨境贩卖毒品。近年来，随着中国打击毒品犯罪的力度越来越大，且加强了与周边国家在禁毒领域的联系，尤其是加强了与缅北少数民族武装的联系，金三角传统贩毒路线的运行成本提高，促使一些犯罪分子将目光投向老挝北部和越南西北部路线。[①] 这也导致越南—云南这条路线成为新的毒品通道，而滇越边境地区的部分少数民族边民也参与其中。从中越两国媒体的报道来看，滇越边境地区少数民族边民贩毒活动已呈高发态势。第三类跨境犯罪活动是利用地缘、族缘等关系拐卖妇女。由于我国内地人口性别比严重失衡，导致一些适婚男性青年不能在当地找到合适的伴侣，他们越来越倾向于通过直接或者间接的方式从边境地区寻找对象。在这一背景下，滇越边境地区的部分少数民族边民利用地缘、族缘关系，采取欺骗等手段将越南妇女拐骗到内地，再转手获利。第四类跨境犯罪活动是利用地缘、族缘和亲缘关系，在犯罪后跨境躲避警方追捕。这部分边民在触犯本国法律后，往往会利用便利的地缘和亲密的族缘、亲缘关系躲到邻国村寨，以躲避警方的追捕。第五类跨境犯罪活动是协助国内的犯罪分子偷渡至他国。近年来，部分国内犯罪分子将红河、文山作为偷渡到越南的通道，并已有证据表明他们的偷渡行为得到了滇越边境地区少数边民的协助。现有的媒体报道表明，近年来极端分子、民族分裂分子在少数边民的协助下偷渡至越南的现象已呈多发态势。

对于滇越边民跨境流动中存在的这些犯罪问题，应采取预防为主的原则，在部分边民实施犯罪活动之前予以制止，从而减少边民

① 参见尹鸿伟《金三角寻求贩毒新通道》，《凤凰周刊》2014 年第 6 期。

犯罪活动的发生，避免这些活动给边疆稳定和国家安全带来威胁。例如，对于滇越边境地区频频出现的偷盗耕牛的现象，政府可劝导边民改变“野放”耕牛的传统习惯，改“野放”为专人看管，从而最大限度地避免耕牛被盗。对于滇越边境地区边民利用族缘、地缘等关系拐卖妇女的现象，可以充分发挥人民群众的力量，鼓励边境各村寨居民向公安机关举报，凡是举报属实的，便可获得相应的物质奖励，以便打击这种犯罪活动。针对协助国内犯罪分子偷渡的现象，可向边境村寨人民群众广泛宣传此种活动对国家的危害，并采取奖励的方式鼓励知情者向公安机关匿名举报，避免犯罪分子偷渡至国外，从事危害国家的活动。采取预防为主的原则，目的就是力求避免跨境犯罪活动的产生，或者将跨境犯罪活动制止在萌芽状态，避免给边疆社会的稳定和国家的安全带来危害。

对于滇越边民合法或合理的跨境流动，应采取“疏”的原则进行处理。例如，随着我国改革开放和边疆经济社会的发展，越来越多的越南边民进入我国边境市镇、村寨进行互市交易。虽然中越两国边境地区也开通了口岸，设置了多个边检站，但由于口岸和边检站过少，边民从边检站进出需要花费较多时间，很多边民依然从边民小道出入边境。边民的这种选择，显然不利于加强对边民跨境流动的管控。对此，中越两国政府应该积极回应边民的诉求，增开口岸，多设置边检站，方便边民通过正规途径出入境。对滇越边民中长期存在的跨境婚姻，也应采取积极务实的办法。由于在边境以内无法寻觅到配偶，跨越国界寻找配偶成为边民正常的诉求。但是，由于跨境婚姻的手续相对烦琐，再加上一些边民经济条件不佳，使得大量选择跨境婚姻的边民放弃了合法的结婚手续，而是仅举办婚礼。对此，中越两国政府应该进一步简化相关程序，并切实为跨境婚姻双方提供便利。

对于滇越边民中既不合法亦不合理的跨境流动，则应采取“堵”的原则进行处理。例如，对于近年来滇越边境地区频频出现的偷盗耕牛、拐卖妇女、贩卖毒品、躲避警方追捕和协助犯罪分子偷渡等违法犯罪活动，必须采取毫不妥协、坚决打击的态度，开展专项整治活动，进行坚决打击和严肃处理。如果对这些犯罪活动手软的话，必将助长犯罪分子的嚣张气焰，恶化滇越边境地区的社会生态环境，严重威胁滇越边境地区的社会稳定，并给中越两国的关系和我国的国家利益带来损害。

（三）依法管理，科学管控

对于生活在滇越边境地区的中越两国边民来说，国境线两侧既无高山峡谷，亦无湍流险道，双方又有着千丝万缕的族缘、亲缘联系，所以他们一直保持着比较密切的联系。双方边民的跨境流动是双向的，一是生活在我国边境地区的各族边民向邻近的越南市镇、村寨跨境流动，二是生活在越南边境地区的各族边民向邻近的我国市镇、村寨跨境流动。虽然由于我国边境地区的经济条件和社会发展水平高于越南，从而使得越方边民大规模流向中国边境市镇、村寨，但不能视而不见的是，我国边民也在向越方的边境市镇、村寨流动。

滇越边民跨境流动社会管理，要认真贯彻落实党的十八届五中全会审议通过的《中共中央关于全面推进依法治国若干重大问题的决定》精神，着力健全和完善边民跨境流动社会管理的法律体系，着力提升依法治国、严格执法的自觉性，提高执法能力和执法水平，努力在边民流动社会管理上做到有法可依、有法必依、执法必严、违法必究，有效保障滇越边民跨境流动社会管理的依法有序进行。

在实施滇越边民跨境流动社会管理中，要把握好以下两个方面的情况。一是应该加强对我国流向越南边境市镇、村寨的边民的管控，避免其非法活动给我国边境社会稳定和国家利益带来威胁，同时也避免其非法活动在给越南带来危害的同时间接损害我国利益。二是应该加强对越方流向我国边境市镇、村寨的边民的管控，避免其非法活动直接给我国边境社会的稳定带来威胁，并进而威胁到我国的国家安全。注重内外公平，避免出现“强管控我方边民，而弱管控越方边民”的情况。

（四）国际合作，综合施治

从国内情况来说，一方面，滇越边境线漫长、边路易行等自然原因，造成滇越边民跨越边境较为容易，形成常态；另一方面，作为边境管理主体的公安边防部门，受到编制、经费、设备设施等客观因素的制约，仅靠公安边防部门的力量，难以达到滇越边民跨境流动社会管理的最佳效果，需要多方联动、综合施治。具体措施如下。

一是各级党委政府要高度重视，切实发挥顶层设计、组织领导、综合协调、组织实施、条件保障等主导作用，为边民跨境流动社会管理这项复杂工作的顺利推进提供政治上、组织上、经费上、条件上的保障。二是要切实发挥好公安边防在边境管理方面的防卫和管理主体作用，确保建立保障国家领土完整、边境安全、社会有序的钢铁长城。三是要充分发挥国安部门的积极作用。从现有的调查中可以发现，在进入我国边境地区活动的越南边民中，有一部分负有收集我国政治、经济、军事等方面情报的任务。这些边民的跨境活动，给我国相关情报的安全带来了威胁，进而威胁到我国的边疆稳定和国家安全，这点应该引起我国政府与国安部门的高度重视。在滇越边民跨境流动社会管理的过程中，应该充分发挥国安部门在搜集和分析情报、维护国家利益与捍卫国家安全方面的积极作用。四是要充分发挥外事部门的积极作用。调查中发现，边境村寨的很多边民对涉外事宜并不知悉，从而引发了较多的外事纠纷。在今后的工作中，应充分发挥外事部门在宣讲边境政策、处理外事纠纷等方面的积极作用，更好地服务于滇越边民跨境流动社会管理。五是要充分发挥乡镇政府和村委会的作用。由于地处基层，乡镇政府和村委会与跨境滇越边民的接触最为直接，对滇越边民跨境流动的情况也最为熟悉。在加强滇越边民跨境流动社会管理中，应将乡镇政府和村委会纳入管理体系之中，充分调动它们的积极性，更好地管理和服务好跨境流动边民。六是要充分依靠边境各村寨边民，发挥人民群众在边境管理中的积极作用。生活在边境各村寨的边民，熟知当地的地理人文环境，更为重要的是，他们背后有着基于族缘、亲缘建构起来的庞大社会网络。因而，他们非常熟悉当地边民的各种跨境活动。在滇越边民跨境流动社会管理中，应该充分发挥他们的长处，营造出边境管理的“人民之网”。

从国际上说，边民跨境流动是国与国之间双向互动的流动，对当事国同时产生着积极和消极的影响，是需要有关国家共同面对、合作解决的重要国际问题。唯有如此，才能从根源上解决问题，才会事半功倍，才能促进双方边境地区合法流动、合作共赢、繁荣发展良好局面的出现。中越两国既要对对方入境边民进行管理，同时也要对本国出境边民进行管理，因而合作就显得犹为必要。例如，在打击偷盗耕牛、拐卖妇女、贩卖毒品等跨境犯罪活动的过程中，往往需要中越警方联合采取行动。但是，在调查中也发现，中越两国在边民出入境管理方面的合作，经常会受到民族利己主义思想的干扰。例如，近年来越南在打击边境走私、生产和销售假冒伪劣商品等经济犯罪活动时采取了选择性执法，凡是从中国向越南走私的，一律严惩不贷，而对越南边民跨境向中国偷运过期冷冻肉制品的情况则视而不见、听之任之。如果中国也采取民族利己主义的做法，不对中国边民向越南走私的活动采取措施，就会损害越南的利益。这种基于民族利己主义的做法，虽然短期来看有利于一国的利益，但长期来看，则助长了边境地区违法犯罪分子的气焰，扰乱了边境地区的社会经济秩序，损害的是两国根本的、长期的利益。因此，中越政府应根据边境流动实际，定期沟通情况，及时制定管理方案与措施，合作开展整治活动，以期收到良好效果，为双方边境地区的安全稳定和繁荣发展创造保障机制和社会环境。

第三节　滇越边民跨境流动社会管理的措施与路径

滇越边民跨境流动作为一种社会现象，需要进行科学有效的社会管理，方能最大限度地降低乃至消除其负面影响和危害，最大限度地发挥其正面和积极的作用，以促进中越双方合作交流与发展共赢。从问题导向、服务需求、创新驱动的要求出发，需要在以下方面进行努力。

一　加大实施改革开放战略的力度，不断深化边境社会管理改革

改革开放，是推动国家、区域、民族的社会和历史发展的原生动力，也是我们统筹推进“五位一体”总体布局、协调推进“四个全面”战略布局、决胜全面建成小康社会、实现中华民族伟大复兴“中国梦”的重要举措。目前，滇越边民跨境流动存在诸多困难、矛盾与问题，这和我们对现行管理体制与运行机制的改革不够、对越全

面开放程度不够有着直接的关系。必须“不断推进国家治理体系和治理能力现代化，坚决破除一切不合时宜的思想观念和体制机制弊端，突破利益固化的藩篱，吸收人类文明有益成果，构建系统完备、科学规范、运行有效的制度体系，充分发挥我国社会主义制度的优越性”①，以便更好地发挥云南在国家“一带一路”建设和作为面向南亚东南亚开放辐射中心方面的重要作用。

（一）深化管理体制改革，改变职能交叉、效能低下的弊端

深入贯彻落实党的十八届三中全会关于全面深化改革的部署和要求，准确研判和把握国际国内安全形势和滇越边民跨境流动中不断出现的新情况、新变化、新特点、新趋势，树立问题导向，服务需求，构建由各级党委政府直接统筹领导、多方参与、综合施治的领导体制与工作格局，确保顶层设计、政策制度、工作推进、评价监管等渠道的通畅有力；积极探索建立中越命运共同体边民跨境流动社会管理双多边磋商合作机制，强化沟通磋商，合作共振，防微杜渐，妥善解决相关问题。

（二）深化对外开放政策制度改革，提升对外开放水平

贯彻落实好中央“和平合作、开放包容、互学互鉴、互利共赢”外交核心价值观和“亲、诚、惠、荣”周边外交理念及“以邻为伴、与邻为善、睦邻、惠邻”要求，全面深化和提高对越、对南亚东南亚开放程度；按照“合作开放、和谐包容、市场化运作、互利共赢”原则，推进作为“一带一路”重要通道的建设，努力做好与越南和南亚东南亚国家的政策沟通、设施联通、贸易畅通、资金

① 习近平：《决胜全面建成小康社会，夺取新时代中国特色社会主义伟大胜利——在中国共产党第十九次代表大会上的报告》，人民出版社，2017，第21页。

融通、民心相通工作；积极推动边境地区加工制造、边境贸易、边境旅游、国际会展等领域的对外交流；深化简政放权改革，合理下放边境地区与越南相关方面进行经济、文化、教育、科技等合作交流的外事权限，最大限度地调动和激发中越合作交流的潜力与活力。

（三）深化通关政策和制度改革，不断增强边民通关的便利性

深化通关便利化改革，贯彻落实好云南省人民政府《关于加快推进通关便利化的若干意见》等文件，全面提升滇越口岸综合服务能力和口岸通关便利化水平，逐步实现审批便利化、查验电子化、信息网络化、交通便捷化、口岸现代化，实现一站式服务，降低有效通关成本，不断提升通关能力，切实提供优质、安全、高效、快捷的便利化通关服务。

（四）深化户籍制度改革，构建社会保障制度

贯彻落实好《国务院关于进一步推进户籍制度改革的意见》，落实放宽户口迁徙政策，破除城乡二元制度的阻碍，建立城乡统一的户口登记制度，保障广大民众自由迁徙的权利；完善农村产权制度，加快推进农村土地确权、登记、颁证，依法保障农民的土地承包经营权和宅基地使用权；构建全国一体、覆盖边疆的医疗、教育、就业、住房、养老、社会福利、社会救助等基本公共服务保障体系，从根本上消除边民通过非法跨境流动谋取不正当利益的动机。

（五）深化边境财政、税收、金融、贸易、产业发展等改革，繁荣边境贸易

加大对边境地区财政转移支付力度，设立边民跨境流动社会管理专项资金；深化税收政策改革，落实好国家和云南省相关税收政策，实行边境产业发展和贸易税收减免优惠政策，降低税收负担，扶持边境产业和贸易依法有序发展；支持金融机构在边境地区独立或与对方联合推进亚洲货币稳定体系、投融资体系和信用体系建设，提升金融运行效率和服务能力，制定金融支持倾斜政策，拓展金融服务渠道，扩大双边本币互换、结算的范围与规模，构建区域性金融风险预警体系，满足边境地区经济社会发展的金融需要；优化投资和产业发展政策，着力推进承接产业转移工作，推动新兴合作，支持双方在边境地区建立科技园区、产业园区、经济合作区、边境贸易区等，鼓励中越双方企业借助边境政策和地缘优势在边境地区扩大投资、发展产业，建立新的国际合作产业链，满足南亚东南亚巨大的市场需求；拓宽中越贸易领域，优化贸易结构，深化贸易便利化改革，消除贸易和投资壁垒，建立新的贸易通道与机制。

（六）深化边境管理制度改革，提高边境管理水平

深化边境管理制度改革，强化各级党委、政府的领导，统筹军队、边防、公安、国安、外事、海关、边境管理、检疫、税务等部门协调机制、配置力量、发挥作用；强化边防部队和公安的职能，切实打击非法越境犯罪、危害边境安全等行为，确保边境线、边境地区的稳定和国家领土的完整与安全；严格落实边民出入境管理制度，加强边境地区的生产与安全管理，为边境地区的经济社会发展创造良好的环境。

二　健全完善边境管理法律法规，构建科学的法律保障体系

边境管理政策法规，是党和国家关于边境管理的工作要求、原则规定和行为规范，也是边境管理和边民出入境的政策和法律依据，

在边境管理、边民跨境流动中具有十分重要的作用。课题组在调查中发现，目前滇越边民跨境流动社会管理在法律法规方面存在空缺性、滞后性、针对性不强等问题，需要作为当务之急妥善解决。

（一）修订和完善出入境相关政策

边境管理政策法规，是规范出入境活动和边境秩序的重要制度保障。边境政策法规建设是一个系统工程，需要从战略性、系统性、前瞻性、科学性等方面出发，积极有效进行。从目前情况来看，需要及时从以下几个方面入手，解决好较为突出的实际问题。

一要调整外国人出入境有关条文。为规范中外公民出入境秩序，《中华人民共和国外国人入境出境管理法》规定外国人入境必须向我外交代表机关、领事机关或者外交授权的其他驻外机关申请签证，经中国政府主管机关许可后由开放的或者指定的口岸通行，并接受边防检查，否则将视为非法入境。在滇越边境地区，由于没有天然屏障，边境地区居民散居在漫长的边境线两侧，早已习惯自由往来。加之很多边境居民居住在远离口岸或通道的地区，严格要求边境地区群众必须由口岸或通道出入边境并接受边防检查往往是难以实现的。另外，由于边境地区与越南使领馆相距遥远，交通不便，往返一趟需要耗费大量时间及费用。绝大部分边境地区居民没有本国护照，要求边境地区居民前往我国驻该国使领馆办理签证也不具可行性。针对边境地区的特殊环境及特殊情况，《中华人民共和国外国人入境出境管理法》应对外国人入出境有关条文进行修改或增设特别规定。例如，可规定境外边民以其常住地乡镇或县市为范围，持边境地区签发的边民通行证不经由口岸或通道进出边境，并对其进入我国后的活动范围进行限制，限定在与其常住地相邻的乡镇或县市范围内。同时可规定，进入我国境内后，如需扩大活动范围，则必须经我国出入境管理机构同意，否则视为非法入境，予以遣返。

二要调整关于外国人在我国就业、工作的有关条文。为规范劳动力市场，保护我国居民的就业机会，我国对来华就业的外国人设置了必要的申请程序。但随着我国劳动力资源结构的迅速变化，不少地区出现了劳动力短缺的情况。特别是一些收入较低、劳动强度较大的工作，愿意从事的人员越来越少，在重体力劳动领域，短缺问题更显突出。由于云南边境地区不少青壮年进入产业较为发达、收入更高的内地或沿海地区工作，土地因无人耕种而荒芜或农作物成熟后不能及时收割的情况较为突出。我国已不能再以劳动力资源大国自居，必须正视已发生在部分地区的劳动力资源短缺现象，效法发达国家，依据国内的劳动力市场需求调整移民政策，及时调整有关外国人就业的政策及法律，在大力引进高级人才的同时，也适当放宽对外国人来华就业的限制，简化工作签证、许可的办理手续，吸引一些普通劳动者。例如，可规定已在我国境内的外国人，如需在华就业，不必返回国内向我驻外使领馆申请 Z 字签证，可持聘用证明直接向国内出入境管理机构申请居留许可，并向劳动就业主管部门申报备案。建议针对滇越等边境地区农业生产对劳动力的需求，制定特别规定，允许在农忙等阶段性时期，我方边境居民个人或集体可短时间内直接雇用持有边境地区通行证且合法入境的境外边民，并把须经劳动就业主管部门批准，调整为报劳动就业主管部门备案，同时报出入境管理部门备案。

三要调整关于外国人住宿登记的有关条文。为加强对在华外国人管理，我国要求外国人在我国居住必须进行住宿登记。《中华人民共和国外国人入境出境管理法》第二十九条规定：外国人在宾馆、饭店、旅店、招待所、学校等企业、事业单位或者机关、团体及其他中国机构内住宿，应当出示有效护照或者居留证件，并填写临时住宿登记表。在非开放地区住宿还要出示旅行证。但从边境地区实际情况考虑，临时进入我国境内并散居于我方边民家中的境外边民，很难完成住宿登记工作。边境地区交通不便，公安派出所设置数量有限，且与很多边民家庭相距较远，对于缺乏交通工具的边境地区居民来说，往返一趟派出所需要一定的成本，对于入境的越方低收入劳力来说很难实现。因此，除城镇外，主动报告留宿外国人的情况比较少见。而且，从司法实践来看，外国人住宿登记制度仅在有一定规模的宾馆、饭店、旅店、招待所等营利性部门执行情况较好。即便在大城市，散居在居民家中的外国人登记率也较低，仅有那些急需办理签证的外国人会主动申报居住情况。由此可以想见，在偏远的边境山区，该制度容易成为一纸空文。因此，建议在边境偏僻地区，适当放宽外国人住宿登记制度，如居住者为持有边境通行证的境外边民，可将报告时限由 72 小时放宽至 15 天或 30 天，以便我方边民在进出村镇时顺便报告留宿情况，或在我方派出所民警入户巡访时收集外方边民留宿信息。

（二）修改完善边境地区婚姻登记政策

改革开放以来，由于我国边疆民族地区大量适龄女青年到内地和沿海发达地区就业，很多选择嫁入当地，导致边疆民族地区适龄男青年找不到配偶的情况逐渐突出，边境地区男青年迎娶越南女青年的跨境事实婚姻成为普遍现象。据 2009 年 7 月统计，越南女青年嫁到河口境内的跨境事实婚姻已经有 210 例，420 人。在跨境婚姻中，越方人员大多数是女子。嫁入河口境内后，落户问题难以解决，所生育的子女均在中国落户，成为中国公民。从目前国内的男女人口比例上看，南方女性青年向东北方和沿海地区的流动大，造成河口男多女少的情况。而越南则是由于战争的影响，造成了女多男少的情况。由于改革开放的力度不断加大，中越边民来往频繁，跨境婚姻也就自然产生，并且正处于上升趋势。

滇越边境地区跨境通婚，符合当地边民的需求，但由于目前相关法律法规脱离当地实际，导致跨境婚姻中存在较多问题。《中国边民与毗邻国边民婚姻登记办法》是我国政府考虑到边境地区的特殊情况，从以人为本的角度出发而出台的一项利民政策。较之其他相关法律，该办法在婚姻登记条件上有较大的松动，但仍然存在较多问题，如婚姻登记程序烦琐、登记成本偏高，而且该办法并未涉及事实婚姻的合法化问题。根据相关统计结果，在我国已有超过 30 万缔结非法婚姻的外籍妇女。这表明，有数以十万计的实际存在的婚姻处于非法状况，导致婚姻双方、家庭成员存在较大的心理与认同问题，家庭合法性存疑、家庭结构稳定问题严重，自然会产生一系列的社会问题。另外，这么多违法行为存在却不受制裁，也使法律的严肃性受到严重质疑。因此，除了简化婚姻登记程序、降低登记成本外，还需要考虑对业已存在的事实婚姻进行妥善处理。对于那些以自身意愿为前提，与中国公民以夫妻名义共同生活且长期保持稳定的事实婚姻，应予以合法化。对受拐卖、欺骗与中国公民“结为夫妻”的外籍人员，应调查拐卖、欺骗的过程，对组织及实施者进行严厉打击，并充分征求受害者本人意愿，再考虑将其遣送出境或对其婚姻关系合法化。因此，建议各级人口管理部门加强与越方合作，制定跨境婚姻管理试行办法。如对中越双方已经存在的跨境事实婚姻所涉的越籍人员，在落户方面提供便利。通过改堵为疏，完善跨境婚姻管理办法，切实解决跨境婚姻中存在的问题。

三　加大边境地区经济社会发展，切实改善边民生产生活条件

边境地区的经济社会发展状况、边民生活的贫富程度，是影响边民国家认同的重要因素。由于自然、历史等原因，我国滇越边境地区大多属于经济和社会发展滞后地区，居住在此的少数民族群众生活较为贫困。由于经济社会发展滞后和生活条件较差，边民无法得到国家有效的政策倾斜、经济扶持，无法享受到改革发展的红利，自然会影响到对国家、政府的认同，由此产生的负面和消极的心理、行为，将会影响边境的安全、民族的团结和社会的和谐，从而威胁到边疆的稳定和国家的安全。因此，各级政府应高度重视边境地区经济社会的发展，不断改善边民的生活条件，使边民拥有相对于越南而言更具比较优势的制度保障和生活保障。

（一）加快边境地区经济社会发展，着力改善边民生产生活条件

社会研究成果揭示，越是贫困落后之地，越是社会不稳定、不安全之地。特别是国与国之边境地区、少数族群生活的地区，也是境外一些势力居心叵测地特别关注和伺机密谋、渗透、拉拢、挑唆、利用乃至策反的敏感之地。经济发展不了，建设搞不上去，社会繁荣不了，生活改变不了，民族问题、宗教问题可能就会凸显出来，并起到重要作用，边境安宁、边疆稳定、民族团结、社会和谐、国家安全就难以保证。

20 世纪 80 年代中期，境内外个别不法分子相互勾结，深入河口县瑶山乡牛唐村、八角村和莲花滩乡白岩村、上甘塘村等地，向当地苗族和瑶族群众传播谣言，鼓吹苗王和盘王即将降临，而他们就是其代表，要求群众每人或每户交纳 40 元，声称他们将在某月某日

用飞机将群众接往南京，并帮助全体老幼解决就业问题。部分苗族和瑶族群众信以为真，甚至将家产变卖，穿好新衣等候飞机到来。殊不知，不法分子一去不归，弄得个别群众倾家荡产。20世纪90年代初，不法分子又以类似的方式在河口县八角村和白岩村进行煽动，不同的是，他们在部分群众办理红白喜事、遭受自然灾害、子女就学困难时，都会给予资金救助，以拉拢少数民族群众。对以上问题，除不法分子在境外的活动我方无权干涉外，河口县委、县政府采取措施，及时派出民族工作部门和公安部门的领导干部前往相关地点，做好苗族和瑶族群众的思想工作，同时，逐步加强对不稳定地区的扶持力度，使不稳定事件得到了有效遏制。

从上述案例可以看出，境外势力主要以民族、宗教为借口来对我国边境地区进行渗透，从而对我国的边疆稳定和国家安全构成威胁。这些境外敌对势力渗透的地方，往往是滇越边境线上地处偏僻、土壤贫瘠、交通不便、信息闭塞、生活贫困、致富无路、思想观念处在薄弱环节的苗族、瑶族聚居区。由于经济发展滞后，生活水平低下，境外敌对势力可以通过承诺更好的生活条件而在边境地区兴风作浪。针对这种情况，公安、外事、民政以及民族工作部门应充分发挥作用，在相关地区加强国家民族政策和民族法律法规的宣传教育，引导群众从国家的角度和自身安全利益出发，进一步解放思想、提高认识，强化自我防范能力。另外，更应该大力发展边境地区的经济，改善少数民族的生活条件。

因此，我国各级党委政府和相关部门应该高度重视边境地区经济社会发展这个重大问题，不断加大对边境地区的投入力度，增加边民的经济收入，完善民族地区的社会保障制度，改善边民的生产生活条件。近几年来，我国各级党委、政府在实施新农村建设过程中，跨境民族的生活环境得到改变，但有些地方的生产力水平依然停留在20世纪70年代的基础上，甚至由于长期过度垦殖、毁林开荒，生态被破坏，造成水土流失严重。各级党委、政府应加大对不稳定地区的资金投入，不断改善群众的生产条件。

（二）努力促进由“输血”扶贫向提高边民“造血”能力转变，坚决打赢边境地区的脱贫攻坚战

2017年，中央根据“两个一百年”目标，做出了坚决打赢脱贫攻坚战的决定，这是决胜全面建成小康社会、实现中华民族伟大复兴的重要内容，也是十八大以来党和国家的重要战略部署。其核心要求是，到2020年实现现行标准下的农村贫困人口全部脱贫，绝不让一个少数民族、一个地区掉队。要实现这个重大而艰巨的任务，关键在于做到习近平总书记提出的精准扶贫。要在精准识别的基础上，做到对策、措施、方式的精准。我国的传统做法是通过“输血”方式进行扶贫，其弊端是当政府停止“输血”后，边民的生活很快又回到贫困的状态。因此，提升“造血”功能的扶贫就显得十分必要。为了促进边境地区的经济社会发展，国家加大了对滇越边境各县的财政支持力度，不断调整边境地区的产业结构，促使其转变经济增长方式。各级党委政府的这些努力，无疑促进了滇越边境地区各县经济社会的发展，在一定程度上改善了边民的生活。这种模式要求政府及相关部门发挥主导作用，推广经济作物的种植，并解决好销路问题。大多数边民的文化程度不高，无法准确把握市场行情，往往在市场交易中处于弱势地位。这就需要政府及相关部门尽力培育边民的市场意识，让他们充分理解市场需求与生产之间的关系，帮助他们逐步掌握“互联网+”技术，从而成为市场经济中具有较大主动权的现代农民。只有拥有好的“造血”能力，边民的生活条

件才有可能持续得到改善，当地经济社会也才能不断得到发展。

四　加大边境基础设施建设，努力改善边境管理条件

中越两国山水相连，后天划定的国界并非隔离两国友好交往的天然屏障。长期以来，滇越双方边民探亲访友、经济互换、文化交流较为频繁。但由于边境线漫长复杂，口岸有限，而陆界、河界上的民间通道和临时渡口较多，非法出入境就成为一个突出的问题。鉴于此，建议从以下方面加强管理。

（一）加强口岸建设

从口岸建设角度来说，一要加开口岸，为双方边民合法出入境提供便利。当前，在口岸设置方面，还存在边境口岸少、分布不均衡的情况。有的边民距离边界仅几十米或几百米，而在进行商品交换、探亲访友或参与对方的节日活动时，如果按照边境的管理要求通过正式口岸出入境，往往需要绕道几十公里，往返时间长、费用高、难度大。为满足边民的实际需要，可适当增设口岸，方便其经由口岸出入境。例如，可与越方政府共同协商，在人口密度较大而未设置开放口岸的瑶山乡五道河和南溪镇坝吉河建立省级开放口岸各一个。这是扩大开放的需要，也是解决边民非法出入境问题的关键所在。在金平、马关等滇越边境县，也应加开口岸，方便边民出入。二要加强对口岸出入境的管理。强化边境管控，大力推行口岸、通道执勤规范化建设，严格出入境证件的查验和登记制度，以治理口岸、通道为突破口，进一步规范出入境秩序。例如，马关县通过对都龙茅坪口岸出入境秩序的规范和治理，以点带面，在小坝子、金厂、保良街等三个边防工作站全面推广相关经验，防止了境外人员从小道、便道非法进入我国境内现象的发生。要认真落实便民利

民措施，跟进服务，树好窗口形象，增强公安民警及武警官兵依法执勤、文明执勤的思想意识和爱民固边意识，提升人民群众对公安机关的满意度。

（二）修建完善出入境通道，提高边民出入境的机动能力

近年来，越南政府集中了大量人力、物力和财力，加大了对边境公路的建设力度。在与河口、金平、马关等县接壤的越南县市，边境公路基本贯通，路面等级为三级以上水泥路或柏油路。而与之相反的是，除少数口岸外，我方通往口岸的出入境通道大多为崎岖不平的山路。虽然边民大多数会骑摩托车经出入境通道前往边境口岸，但由于路面高低不平，在很大程度上影响了通行的安全和速度。每逢雨季，这些出入境通道不仅满是泥泞，而且摩托车还常常因山体滑坡而无法通行，严重制约了边民使用交通工具出行。这也是一些边民在出入境时不通过边境口岸，而是经传统边民小道出入的原因之一。为此，建议各级政府加大资金投入力度，将出入境通道修建成利于通行的水泥路或柏油路，并加固道路两侧的护坡，以防雨季塌方。如果路面得到硬化，雨季不妨碍通行，边民从正规边境口岸出入的比例必将得到大幅度提升。

（三）修筑沿国境线柏油路，提高我方巡逻机动性

越南不仅将柏油路修到了国界线附近，而且将沿国界线巡逻的路也全部修成了柏油路。越南边境地区的柏油路路况很好，路两侧的护坡都呈斜状，并浇灌了水泥，军人可以开着摩托车巡逻。而与之相反的是，我方通往河口、金平、马关等县国界线的路多为崎岖不平的山路，遇到雨季还经常会塌方，只有摩托车可以通行。同时，沿国界线巡逻的路也全部为山路，边防军人巡逻完全靠步行，万一遇到紧急情况，我方的机动性就会受到影响。河口、金平、马关等

县的边民也希望能改善出行条件。因此，建议我国政府沿国境线修筑柏油路，提高我方巡逻的机动性，加强对非法出入境问题的管控。

五 加强边境管理队伍建设，不断提高边民跨境流动管理水平

我国经过半个多世纪的努力与建设，形成了以公安部边防管理局为边境管理最高机构，地方以省级边防总队，州市以边防支队，县以边防支队、派出机构公安派出所和边防工作站为层级的管理机构，成为管理边民跨境流动的主要机构与力量。不断加强和提升边防机关的能力建设，是做好边民跨境流动管理的主要途径。

（一）着力加强边境管理机构队伍建设，不断提升边境管理水平

边境管理机构和队伍是边民跨境流动社会管理的重要主体，是做好管理工作的组织和人力保障。针对目前存在的问题，一是要结合党和国家深化改革，特别是国防和军队改革的总体部署，解决好各级边防部队的组织机构建设和队伍配置等问题，为强化边境管理奠定坚实的组织和人力保障；二是滇越边境县的边境管理部门应邀请熟知国内外边境管理先进经验的专家学者，对管理人员进行培训、讲座，从理论上提升他们的管理水平；三是滇越边境县的边境管理部门可以选派骨干人员到国内外高校、科研院所进修、访学，通过学习锻造出一支熟悉国内外先进管理经验的高素质管理队伍；四是滇越边境县的边境管理部门可以选派人员到国内外管理水平较高的同行单位考察学习，通过实地参观、观摩、学习并掌握先进管理经验；五是滇越边境县的边境管理部门可以购置与边境管理相关的书籍，为边境管理人员随时补充相关知识提供条件。

（二）强化现代科技手段，不断提高执法能力

随着现代科技水平的不断提升，社会管理手段及方法也有了极大的进步。如：云南省公安厅正在尝试将人像比对识别技术运用到边境地区“三非”人员的管理工作中。由于中缅边境地区的缅方边民大多没有任何身份证件，对缅方边民进行身份识别及认定非常困难。很多受到处罚的缅方“三非”人员在下次入境时往往会随意改变个人信息，以躲避我方打击。针对此情况，云南省公安厅已在滇缅边境为进入我方境内的外籍边民建立档案，采集个人基本信息，并利用科技手段将其人像与历史信息进行比对，以核实其真实身份，明确其是否有违法记录。通过科技手段的运用，有望解决过去在管理工作中遇到的一些不易处理的问题，从而提升管理能力。

（三）加强专业执法力量建设，切实提高执法水平

公安出入境管理部门是我国实施对境外边民、“三非”人员管理的主要职能部门。受机构设置及警力的限制，公安出入境管理部门在完成相关任务的过程中，经常需要治安部门及派出所的配合。但由于该项工作并非治安部门及派出所的主要业务，他们在外语干部的配备及对相关法规的掌握方面还存在不足。而且我国涉外管理的程序十分复杂，与内部管理的程序有较大差别。这些情况也在一定程度上限制了治安部门及派出所发挥其作用。他们在发现相关情况后，在处理过程中往往还需要出入境民警的配合。这极大地降低了我国对境外边民与“三非”人员进行管理的效率和力度。从各国的管理经验来看，只有建立一支专业化、高素质、综合力量强大的执法队伍，才能确保法律和政策的有效实施，从而实现法律和政策的目标，维护国家和法律的尊严。因此，加强出入境管理部门及队伍建设，不断提高这支队伍的综合素质，完善装备建设，才能打造一

支专业执法力量强、管理水平高的出入境管理队伍，切实提高对边境地区“三非”人员的管理能力。

六　大力加强对边民的宣传教育，努力促进边民合法跨境流动

边民是跨境流动活动的主体，是跨境流动社会管理的主要对象。边民的意识、素质、行动决定着边民跨境流动的方式，影响着社会管理的成效，影响着边境的安全、边疆的稳定、国家间的关系。因此，做好边民工作是边民跨境流动社会管理中至关重要的一个方面。除上文所述的发展边境经济、做好边民扶贫脱贫工作外，还需要在以下方面做好工作。

（一）大力发展边境教育事业，不断提升边民能力与素质

基于历史和自然等原因，边疆地区的教育发展较为滞后，甚至还存在严重的缺位，在很大程度上影响着边疆民族地区人民群众的生产生活，也影响着边境民族群众的国家认同，这与新中国成立70年来的发展是不相称的。为此，各级党委政府要从政治高度充分认识这个问题的重要性与严重性，并制定倾斜政策，采取切实措施解决好边境边疆民族地区的教育发展工作。一是让广大边境边疆民族地区各民族群众享受国家改革发展的红利，真正实现教育公平，使广大边境边疆民族地区各民族群众增强国家认同意识；二是使边境边疆民族地区各民族子弟有机会、有条件接受国家的学前、基础和高等教育，让他们与内地和沿海地区青少年一样享有学习知识、增长才干的机会，成为对家庭、民族、社会、国家有用的人才，从根源上减少消极因素，有利于实现国泰民安的局面；三是通过发展教育，促进边境边疆民族地区文化、科技的发展，促进边疆繁荣发展，

促进边民素质和能力的提升，使他们能够安居乐业。

（二）大力做好宣传教育工作，努力提高边民的国家意识和法律意识

解决好思想先导问题，是做好边民跨境流动社会管理工作的重要前提。针对边境偏远、边疆闭塞、民族地区滞后等客观实际造成的信息不通畅、宣传教育难度大、政策法规传播不及时不到位等情况，需要解决好对边境边疆民族地区的群众进行宣传教育这个重大政治问题。一是要加大投入，改善边境边疆民族地区的通信设施的，为边境边疆民族地区的宣传教育工作准备好物质条件；二是要确保党和国家的路线、方针、政策和各级党委政府的重要决议、决定、精神传达传播的及时到位，解决目前边境边疆民族地区存在的信息闭塞状况，使党和国家的路线、方针、政策能够入头、入脑、入心，大力培育边境边疆民族地区各民族群众的政治意识、国家意识，使他们在思想和行动上主动与党中央保持高度一致；三是要加强边民的国家意识、民族历史、优秀传统文化教育，增强边境边疆民族地区各民族群众的文化自信和国家认同、民族认同；四是要加强法制教育，不断提升边境边疆民族地区各民族群众的法律意识，促进他们在跨境流动等方面依法行事、合法进出。

（三）认真践行群众工作方法，发动和依靠边民，做好跨境流动社会管理工作

“一切为了群众，一切依靠群众，从群众中来，到群众中去”，这是党的群众路线，也是做好各项工作的重要方法。离开边民这个主体，偏离群众路线这个重要方法，要想做好边民跨境流动社会管理工作是不可能的。边民跨境流动社会管理必须以边境边疆民族地区各民族群众的需要、需求、特点、实际为出发点和落脚点，以人

为本，为民服务，方能根据边民的诉求做好管理工作；鉴于边境漫长、小路分散、通行便利、进出隐蔽等实际情况，完全依靠边防等机关是很确保万无一失的，要发动群众，依靠群众，促进边民在自觉依法跨境流动、相互提醒教育、提供相关情报信息、阻止非法行为等方面发挥作用，以增强社会管理的整体作用与效应。

七　构建科学高效的联动机制，提升联合执法的效能与成效

（一）加强部门合作联动，切实管控好边境

目前，滇越边境地区在治安方面存在“三非”问题突出、边境少数民族跨境通婚、边境地区跨境拐卖妇女犯罪活动频繁、边境地区毒品交易呈蔓延趋势、枪支弹药、爆炸物品、管制刀具问题突出、走私严重、赌博卖淫屡禁不止等现象。以马关为例，由于边境通道多，堵截难度大，无法全面有效地打击边境的毒品交易；“三非”人员遣返工作的难度也非常大；越南边民与我方边民非法通婚后非法停留的现象较为突出，且呈逐年上升趋势；与我国边民非法通婚、非法停留的“三非”人员大都已生儿育女，因为婚姻、家庭、亲情难以割舍等原因，遣返工作阻力较大；打击边境毒品交易和清理遣返“三非”经费紧缺。而所有这些，均要求当地政府各部门之间加强合作，整合边境管理执法力量，切实管控好边境。

以“三非”人员为例，他们在我国滇越边境地区人数众多，已融入当地社会的多个层面。“三非”问题不只是一个边境管理的问题，更是一个民族、社会的问题。在对“三非”人员的管理过程中，仅仅依靠公安部门的力量显然是远远不够的，而是需要边防、公安、海关、卫生、妇联、民政、民宗、文化、外贸、劳动、旅游等多个部门联合执法。在对“三非”人员进行管理的过程中，各个部门要

明确自己的职责，通过多次的合作，统一思想，从制度建设上明确责任、更正误区、防止盲区。通过多部门的合作，锻炼出一支高效的边境管理队伍，在执法的过程中，实现原则性与灵活性的结合，注重实践成效，及时调整方法和对策。

在具体的执法过程中，应由各部门组成联合执法队，加强对“三非”人员的清理遣返工作。边防、公安、外事办、乡镇、村组应通力合作，加大对边防政策法规的宣传力度，增强边民的法律意识、国界意识。可由出入境管理部门与边境乡镇共同派出法制宣传组，深入各边境村寨，对边民进行边防政策法规教育，提高边民的法律意识、国界意识。同时，积极发动村组，搜集在我境内非法滞留的境外人员信息，并将相关信息及时上报给联合执法队。对于这些进入我国境的“三非”人员，可借鉴相关经验，由政府出资建立“三非”人员临时拘留机构，对身份不明或需要遣返但暂时不能实施遣返工作的“三非”人员予以暂时拘押，待查明身份，具备遣返条件后，再实施其他处罚或遣送出境。对在我境内从事刑事犯罪、危害国家安全及公共安全的“三非”人员及刑满释放的外国人，应坚决遣送出境。在遣送工作中，应视被遣送人的危险程度灵活调整押送民警的比例，而不应一律规定为1∶2。在“三非”人员遣送任务较重的地区，可将遣返经费列入政府预算项目之中，保障遣返经费开支。通过联合执法，依法清查清理在我国境内非法滞留的境外人员，净化边境地区社会治安环境，强化对边境地区社会秩序的管控能力，为创建和谐稳定的边境治安秩序打下基础。

（二）加强与医疗部门合作，防止潜在疾病威胁边境地区

滇越边境地区的人口流动，也给当地社会带来了潜在的疾病威胁。尤其是经济型跨境流动边民中的“越南妹”、社会型跨境流动边

民中的越南妇女，均因与当地男子之间存在的性关系而可能带来艾滋病、梅毒等疾病威胁。田野调查的结果也证实了这些担心。在河口越南街从事卖淫活动的“越南妹”以及边境村寨跨境婚姻中的越南妇女，很大一部分人感染有艾滋病、梅毒。而这些情况并未引起当地政府相关部门的重视。为避免潜在的疾病威胁边境地区，一要加强健康宣传，打击或者监控卖淫活动。首先，应该在当地加强关于预防艾滋病、性病知识的健康宣传，使每一个边民都能够清醒地认识到卖淫活动引发的健康风险；其次，应该加强对卖淫活动的打击；最后，应设立专门医疗机构，对从事卖淫活动的“越南妹”定期进行体检，减少隐患。二要对跨境婚姻中的越南妇女进行强制性婚前体检。首先，政府相关部门应在各村寨加大婚前体检宣传力度，促使边民清醒地认识到婚前体检对自身健康的意义；其次，政府相关部门应建立联动机制，安排跨境婚姻中的越南妇女在婚前到各乡镇卫生院进行婚前体检；最后，对于现有跨境事实婚姻中的越南妇女，也应进行体检，采取积极措施，并对感染艾滋病、性病者进行治疗。

八 强化中越互信与合作，加大国际综合施治力度

从世界各国对边境管理治理的经验来看，解决边境地区非法跨境流动问题不是仅靠一国的力量就能够实现的，而是需要跨境流动边民所经过的各个国家、地区的共同努力方能完成。因此，要切实解决滇越边境地区跨境流动中存在的问题，消除影响滇越边境地区稳定的因素，必然需要加强中越两国政府间的互信。

（一）加强政府间沟通，增强两国政治互信

基于复杂的历史与现实原因，越方在边境管理和与我国地方政府交往上存有不信任，防范心理较重。如在对越南籍“三非”人员

的遣返问题上，由于越方顾忌国家形象，担心我国利用遣返越南籍非法移民事件羞辱越南，对我国提交的身份核查函件极少回复，从而加大了我国对越南籍“三非”人员遣返的难度。因此，要想与越南切实加强合作，就必须打破这种不信任与顾虑。通过加强沟通，在制定政策时充分考虑对周边国家的影响，增加政府间人员往来，使周边邻国充分了解我国的善意。建立互通互信机制，才能精诚团结，共同解决面临的问题。

（二）加强对越南的帮扶，提高越方边境管理能力

一是加大对越南相关人员的培训和技术支持。越南属欠发达国家，由于经济落后，政府在管理能力、管理水平上都有较大欠缺。而我国在人口管理、维护社会稳定等方面有着较为丰富的经验，很多做法值得越南借鉴。因此，我国应加强对越南政府人员的培训交流及技术支持，既可提高越南的行政管理水平，又可通过培训建立良好的关系，进而增强双方互信。二是协助越南完善个人信息登记。建立健全的个人信息登记体系是人口管理工作的一项重点。由于不掌握自己国民的清晰信息，周边邻国无法核实我国提交的身份核查函件，给我国进行“三非”人员遣返工作带来巨大阻碍。更重要的是，只有周边邻国具备较为全面系统的个人信息登记体系，才能有助于我国在边境管理工作中查清进入我国的境外人员的真实身份，才能有的放矢地针对境外边民制定相关政策。三是加强对越南经济的帮扶。与大多数国家及地区相似，云南省边境地区“三非”人员产生的根源是国家与地区间经济发展的不平衡以及武装冲突频发、人民的安全得不到保障。与云南相邻的越南经济发展缓慢，人民生活水平普遍较低。特别是越南内陆边境地区，人民群众一直饱受贫困与落后煎熬。因此，越南边民普遍向往更加富裕、更加稳定的我

国境内的生活。在当前经济发展不平衡问题越来越严重，边境两侧人民的生活水平差距不断加大之际，要想从根本上解决“三非”问题是不现实的。应加强对外经济帮扶，实现边境内外共同富裕。贫富差距是产生非法移民的根源，通过对外经济援助、农业技术扶持，扩大经济交流，帮助越南经济发展，使越南籍居民生活水平得到提升，才能减轻和根除非法移民问题。

（三）加强联合普法宣传，共同管理跨境流动

一是进行边境地区联合普法宣传。法治化是现代社会的一个重要标志。中越边境地区边民仍按传统方式通婚、流动、过境的行为，已不符合社会发展潮流。中越应携手合作，共同加强边境地区的法治建设及普法宣传，使按法律程序办事的理念牢固树立在每一个边境地区居民的心中。二是加强沟通，解决好在非法出入境管理上彼紧我松的问题。中越双方出入境边民的管理措施不一致。多年来，对边民的管理一直是越紧我松。我方边民非法越境后，通常会被越方保安扣留并罚款，多则 2000 元，少则 100 ~ 200 元，而越方边民到我方，则是出入自由，往返平安。于是，“越方边民通过民间通道到我方——来回平安，我方边民通过民间通道到越方——往返受伤”已经成了我方边民的歇后语。这显然会对我方边民产生不太好的影响。因此，为解决双方边民出入境问题，中越双方政府应在平等互利的基础上，结合地方工作实际，尽快制定共同认可的、具有科学性和可操作性的边民管理办法，尤其是在对非法越境边民的处理问题上，应保持平等一致。

（四）妥当解决“难民”的国籍问题，切实解决“难民”的困难与隐患

河口等地的难民问题如果解决不好，将严重威胁到当地社会的

稳定，并有可能给国家安全带来不利影响。从道义的角度来说，这些难民在20世纪80年代曾帮助过中国政府，因而中国政府也应解决好这一问题。为了解决难民问题，建议政府从以下几方面入手。

一是落实难民的国籍，给予他们国民待遇。综观河口难民管理中出现的问题，最根本的原因在于他们属于无国籍者。无国籍也就意味着他们在中国境内不能落户，不能办理户口簿、居民身份证和其他证件，给其外出、务工、子女上学、就业等带来了诸多不便。换句话说，这种无国籍的状态给这群人带来的是无望的生活以及无所顾忌的犯罪。解决这群难民的国籍问题，最终还要依靠中国。这些难民事实上在中国的国土上生活了30多年，并且有强烈的加入中国国籍的愿望。所以，无论是从稳定边疆的角度，还是从人道主义的角度考虑，中国政府都应该切实解决这一问题，并给予他们相应的国民待遇。而从越南政府的角度来说，如果这群人迟迟不能解决国籍问题，必然会对越南边境地区的稳定产生消极影响。因此，中越两国政府应该采取具有前瞻性的措施，抛弃过去的恩怨，切实解决好这一问题。

二是在解决难民的国籍问题前，河口、金平、马关等当地政府应该认真贯彻中央和云南省委、省政府关于越南难民的一系列指示精神，对他们不嫌弃、不冷漠、不歧视，主动关心他们的冷暖疾苦，在国家政策法规允许的范围内积极为他们排忧解难，帮助他们发展致富。同时，边防、政府相关部门应协同配合，继续做好未取得身份证难民的核查甄别工作，准确核实其身份，防止境外“三非”人员乘机冒领或混领户口。

三是进一步加大政策法规宣传教育力度和对难民居住区的管控力度。边防、政府相关部门应深入难民居住区（点），广泛开展国家方针政策、边防法律法规宣传，教育和引导其自觉遵守我国相关政策法规，不断提高难民的知法、懂法、守法意识。对未取得身份证、思想上出现波动的难民，要严格落实管控措施，严防其在难民中挑拨离间、制造事端。同时，要进一步加大对有违法犯罪行为的难民的打击力度，依照《中华人民共和国治安管理处罚条例》《中华人民共和国刑法》等法律法规及时处理，绝不让其形成气候，全力维护难民居住区的社会稳定。

九 创新治理体系，实现由社会管理向社会治理转型

从1998年《关于国务院机构改革方案的说明》正式提出“社会管理”概念，到2013年十八届三中全会《中共中央关于全面深化改革若干重大问题的决议》正式对“社会治理”进行新的定义和解读，体现了国家治理和经济社会发展重大的需求变化，体现了党和国家执政理念的重大变革。滇越边民跨境流动现行社会管理主体的单一性、僵硬性、低效性，无法满足经济社会发展特别是边境地区主体诉求多元、形势瞬息万变、情况千差万别的需要。“加强社会治理制度建设，完善党委领导、政府负责、社会协同、公众参与、法治保障的社会治理体制，提高社会治理社会化、法制化、智能化、专业化水平。”[①] 打造边民跨境流动共建、共治、共享的社会治理格局。

为此，一要充分发挥中越各级党委政府和边防、武警、公安、海关、防疫、社区、边民等多元主体的作用，明晰各自责任，协调互动，形成合力；二要改变传统管理自上而下、单一向度、决策僵化、强制执行等弊端，充分发挥现代治理中民主协商、双向平等、

① 习近平：《决胜全面建成小康社会，夺取新时代中国特色社会主义伟大胜利——在中国共产党第十九次代表大会上的报告》，人民出版社，2017，第49页。

形成共识、共治共享的优势，有效化解矛盾、激发活力、顺势而为；三要积极探索、大胆创新滇越边民跨境流动社会治理的新理论、新理念、新思路、新途径、新方法，有效解决滇越边民跨境流动社会治理中出现的困难、矛盾与问题。

参考文献

中文著作文献

班固：《汉书》，中华书局，1964。

苍铭：《云南民族迁徙文化研究》，云南民族出版社，1997。

陈铁军：《云南30年的沿边开放历程、成就和经验》，社会科学文献出版社，2015。

《大清律例》，（台北）商务印书馆。

段成荣、杨舸、马学阳：《中国流动人口研究》，中国人口出版社，2012。

范宏贵：《越南民族与民族问题》，广西民族出版社，1999。

方国瑜：《中国西南历史地理考释》（上册），中华书局，1987。

郭成伟点校《大元通制条格》，法律出版社，1999。

怀效锋点校《大明律》，辽沈书社，1990。

黄胜陆等标点《岑毓英奏稿》（下册），广西人民出版社，1989。

黄志勇：《广西沿边地区开发开放报告》，广西人民出版社，2014。

兰强：《越南概论》，世界知识出版社，2012。

李诚：《国家构建与边疆稳定——基于中缅边境阿佤山区的实证

研究》，云南人民出版社，2013。

李光辉、宋志勇、袁波、梁明：《中国沿边开放战略》，中国商务出版社，2004。

李培林：《社会管理概述》，研究出版社，2012。

梁淑英：《外国人在华待遇》，中国政法大学出版社，1997。

廖乐声、熊娜：《“一带一路”建设与中越沿边开放经济带建设研究》，经济管理出版社，2015。

林文勋、杨先明、张国胜等：《重塑沿边经济地理与发展机制——以滇西边境地区为例》，社会科学文献出版社，2015。

鲁刚等：《社会和谐稳定与边疆稳定——基于地缘、民族、社会和宗教的实证研究》，中国社会科学出版社，2011。

马曼丽、张树清：《跨国民族理论问题综述》，民族出版社，2005。

满丽萍：《滇越边境地区人口跨境流动问题研究》，云南美术出版社，2014。

苗伟明：《边境管理学》，中国方正出版社，2010。

欧阳修等：《新唐书》，中华书局，1975。

《清实录》（第七册），中华书局，1986。

任佳、陈利军、李东云等：《构建中国沿边开放经济区研究》，中国社会科学出版社，2013。

阮元：《云南通志稿》，清道光十五年刻本。

佘贻泽编《中国土司制度》，正中书局，1944。

司家政等：《沿边开放和新疆边境地区开放型经济发展研究》，中国经济出版社，2011。

司马迁：《史记》，中华书局，1963。

宋培军：《中国边疆治理的“主辅线现代化范式”思考》，社会科学文献出版社，2015。

王钦若等编纂，周勋初等校订《册府元龟》，凤凰出版社，2006。

王云五编《万有文库》，商务印书馆，1933。

吴永章：《中国土司制度渊源与发展史》，四川民族出版社，1988。

《习近平谈治国理政》，外文出版社，2014。

《习近平谈治国理政》第2卷，外文出版社，2017。

徐顽强：《社会管理创新——理论与实践》，科学出版社，2012。

杨毅：《中国国家安全战略构想》，时事出版社，2009。

殷昭举：《社会治理学》，广东高等教育出版社，2014。

于沛、孙宏年、章永俊、董欣洁：《全球化境遇中的西方边境理论研究》，中国社会科学出版社，2008。

余潇枫、徐黎丽、李正元：《边疆安全学引论》，中国社会科学出版社，2013。

云南省历史研究所编《〈清实录〉越南缅甸泰国老挝史料摘抄》，云南人民出版社，1986。

张必清：《云南边境口岸物流体系研究》，中国经济出版社，2014。

张廷玉等撰《明史》，中华书局，1974。

张翼：《社会组织与社会治理》，经济管理出版社，2016。

郑汕：《中国边疆学概论》，云南人民出版社，2012。

中国第一历史档案馆编《雍正朝汉文朱批奏折汇编》（第四册），江苏古籍出版社，1989。

中国民间文艺研究会云南分会、云南民间文学集成编辑办公室编《云南民俗集刊》（第五辑）。

中华人民共和国外交部边界与海洋事务司编《中华人民共和国边界事务条约集（2004－2012年）》，世界知识出版社，2013。

周长城：《社会管理》，中国人民大学出版社，2016。

周建新：《中越中老跨国民族及其族群关系研究》，民族出版社，2002。

外文文献

〔越〕陈重金：《越南通史》，戴可来译，商务印书馆，1992。

越南社会科学委员会民族学研究所编《关于确定越南北方各少数民族的成分问题》，范宏贵等译，广西民族学院民族研究室，1978。

越南社会科学委员会民族学研究所编著《越南北方少数民族》，范宏贵等译，广西民族学院民族研究所，1986。

〔越〕黎清：《越中边境交流蓬勃发展》，（越南）《青年报》（周末版）2013 年 12 月 28 日。

〔越〕阮氏惠：《西部非传统安全挑战》，（越南）国家政治出版社，2012。

〔越〕阮庭廉：《中国军事崛起进程中的越中关系》，（越南）百科字典出版社，2014。

阮友章：《越南政区人口》，（越南）统计信息出版社，2012。

越南边界领土丛书委员会：《越南陆地边界》，（越南）世界出版社，2013。

越南公安部：《关于加强边境地区户籍管理的若干规定》，（越南）金盾出版社，2006。

《越南共产党文件全集（一）》，（越南）国家政治出版社，2002。

越通社：《冯光青大将视察 308 师》，（越南）《年轻人报》2013 年 4 月 27 日。

Ana Becerro, *The External Aspect of Migration Policy*, EUI-RSCAS Working Papers, 2004 (5).

Andrew Geddes, *Europe's Border Relationships and International Migration Relations*, Journal of Common Market Studies, Vol. 43, 2005 (04).

Christina Boswell, *European Migration Policies in FIux: Changing Patterns of Inclusion and Exclusion*, Blackwell Publishing Ltd, 2003.

GAO, *Department of Homeland Security: Addressing Management Challenges That Face Immigration Enforcement Agencies*, GAO -05 -664T, May 5, 2005, available at: http://www.gao.gov/new.items/d05664t.pdf.

Gordon H. Hanson, Raymond Robertson, and Antonio Spilimbergo, *Does Border Enforcement Protect U.S. Works from Illegal Immigration?*, The Review of Economics and Statistics, Vol. 84, No. 1, (Fenruary 2002).

Jeffrey S. Passel and D. Veracohn, *A Portrait of Unauthorized Immigrants in th U.S.*, April 14, 2009, p. 1, available at: http://www.pewhispanic.org/files/ reports/107.pdf.

Paul Weised, *The Refugee Convention*, 1951, Cambridge: Cambridge University Press, 1995.

Tito Boeri, Gordon Hanson, *Barry McCormick*, *Immigration Policy and Welfare System*, Oxford University Press, 2002.

Tomas Hammar, *Democracy and the Nation State: Aliens, Denizens and Citizens in a World of International Migration*, Avebury Aldershot, 1990.

United Nations, Department of Economic and Social Affairs, Population Division, *International Migration* 2006, www. unpopulation. org.

地方文献

河口瑶族自治县地方志编纂委员会编《河口县志》，生活·读书·新知三联书店，1994。

红河哈尼族彝族自治州志编纂委员会编《红河州志》，生活·读书·新知三联书店，1997。

《红河州文史资料选辑》（第四辑），云南人民出版社，1985。

江城哈尼族彝族自治县志编纂委员会编纂《江城哈尼族彝族自治县志》，云南人民出版社，1989。

金平苗族瑶族傣族自治县地方志编纂委员会编《金平县志》，生活·读书·新知三联书店，1994。

绿春县志编纂委员编《绿春县志》，云南人民出版社，1992。

麻栗坡县地方志编纂委员会编《麻栗坡县志》，云南民族出版社，2000。

马关县地方志编纂委员会编《马关县志》，生活·读书·新知三联书店，1996。

云南省地方志编纂委员会总纂《云南省志》，云南人民出版社，2004。

云南省富宁县地方志编纂委员会编《富宁县志》，云南民族出版社，1997。

中国人民政治协商会议云南省红河哈尼族彝族自治州委员会、文史资料委员会编《中国地方志集成·云南府县志辑》（45），凤凰出版社，2009。

期刊文献

岑毓英:《越南难民投奔滇境妥为安插折》,方国瑜主编《云南史料丛刊》(第九卷),云南大学出版社,2001。

陈文:《清代中越陆地边境跨境问题管理(1644-1840)》,《中国历史地理论丛》2011年第1辑。

黄惠莲:《越南输出难民问题概述》,《东南亚研究资料》1979年第2期。

梁炳猛:《越南西原地区民族分离主义研究》,《广西民族大学学报》(哲学社会科学版)2005年第3期。

孙宏年:《清代越南政治避难者问题初探(1644—1885)——兼论“一个安南(越南)”原则》,《南洋问题研究》2000年第2期。

后　记

本书为2013年云南省省院省校合作研究项目“滇越边民跨境流动社会管理对策研究”（SYSX201317）的主要研究成果。课题主要负责人为安学斌教授和中央民族大学博士生导师苍铭教授，安学斌和卢鹏承担了课题的整体设计、研究组织和通稿定稿等工作，曹志杰和安学斌负责“国外跨境移民流动社会管理的模式、实践与经验”部分的研究与写作，郑翠斌负责“滇越边民跨境流动及管理的历史表征”部分的研究与写作，赵卫华负责“越南边民跨境流动社会管理的实践与经验”部分的研究与写作，安学斌、卢鹏、曹贵雄、高文负责云南河口、金平、马关等地的田野调查与研究写作。课题完成的过程，是课题组全体成员团结协作、辛苦研究、学术探索的过程，也是滇越问题学术研究领域拓展、学术团队构建和青年学者成长成熟的过程。

衷心感谢云南省教育厅赵纯、朱金陵、白玉兵、刘鹏等同志给予的指导与帮助。

衷心感谢贺圣达、王文光、乔亨瑞、马翀炜、包智明、何跃、邹建达、周智生、高登荣、高志英、谷家荣等领导和专家在课题研究上给予的学术指导与无私帮助。

衷心感谢同行专家相关研究成果对本书给予的智力支持与灵感启发；真诚感谢社会科学文献出版社，感谢责任编辑周志静老师对本书所做的精心雕琢。

由于水平有限、投入时间精力不够，本书仍有诸多疏漏与不足，恳请各位专家学者批评指正。

2018 年 12 月

图书在版编目(CIP)数据

滇越边民跨境流动社会管理的历史与现实 / 安学斌等著. -- 北京 : 社会科学文献出版社, 2019.10
ISBN 978 -7 -5201 -5339 -3

Ⅰ. ①滇… Ⅱ. ①安… Ⅲ. ①人口流动 - 出入境管理 - 研究 - 云南 Ⅳ. ①D631.46

中国版本图书馆 CIP 数据核字 (2019) 第 172000 号

滇越边民跨境流动社会管理的历史与现实

著　　者 / 安学斌　卢　鹏 等

出 版 人 / 谢寿光
组稿编辑 / 宋月华　周志静
责任编辑 / 周志静

出　　版 / 社会科学文献出版社 · 人文分社 (010) 59367215
地址: 北京市北三环中路甲 29 号院华龙大厦　邮编: 100029
网址: www. ssap. com. cn
发　　行 / 市场营销中心 (010) 59367081　59367083
印　　装 / 三河市龙林印务有限公司

规　　格 / 开 本: 787mm × 1092mm　1/16
印 张: 16.25　字 数: 197 千字
版　　次 / 2019 年 10 月第 1 版　2019 年 10 月第 1 次印刷
书　　号 / ISBN 978 -7 -5201 -5339 -3
定　　价 / 138.00 元

本书如有印装质量问题, 请与读者服务中心 (010 - 59367028) 联系